「説明表現能力」育成のための学習指導論

萩中　奈穂美

HAGINAKA　Naomi

序

　「説明する」という言語行為は、きわめて日常的である。それゆえ、言語生活における必要度と価値はきわめて高い。また、「説明する」ことは、他の言語行為の要素となり、その言語行為を支えている。一方、表現者は「説明する」ことを容易なことと考え、安易に行っている。それゆえ、学習者・指導者ともに、「説明する」ことの学習の必要感が希薄である。

　しかし、「説明する」際に必要な能力は高次かつ複雑であるがゆえに、学校教育において意図的かつ系統的に教えられなければならない。

　さて、学校教育での説明表現能力育成の際に問題となるのは、その能力の解明であり、説明表現プロセスにおける学習者の思考や心理の解明である。この2つが解明されれば、学習指導に有効であることは間違いない。しかし、それがそんなにたやすいことでないことは、実践的研究に取り組んだ者であれば、すぐに分かることであり、よく知っていることでもある。

　著者は、学習者の生産物（作文やワークシート等）だけでなく、学習者一人一人に丹念な聞き取り調査を行う手法で、学習者の思考や心理を掘り起こすことに心を尽くした。そして、それはそのまま表現指導のあるべき姿をも示している。

　そのようにして得られた学習者の実態から、「説明表現」に必要な言語能力を次の4つに分類、提案している。いずれも著者の研究的実践とその分析により析出されたもので、臨床的教育研究の理想的な姿を示している。

　　1　問いを把握・想定する能力　　2　対象認識する能力
　　3　文章表現する能力　　　　　　4　自己批正する能力

　1は「説明」という言語行為の出発点である「問い」の明確な把握能力への指摘である。この能力は、学校教育の場において看過されている現状があり、著者の指摘はそこに鋭く迫るものである。

　2は、説明対象となる事柄の分析の的確さを指摘したもので、1と同じく、学校教育の場において指導の必要性に対する意識の希薄な現状があ

り、著者の指摘が、鋭く問題提起と解決策を示唆している。

　3は、1・2の分析から導かれる適切な表現内容や表現方法が求められる点について、表現のプロセスを追いながら、相手の理解を得るために必要な能力を具体的に指摘している。

　4は、自己批正を一つの能力として捉え、自己批正を表現のプロセスに適宜配置して、常に表現の妥当性を学習者に意識させることが表現力の向上につながるという指摘は、まさに研究的実践の成果であると言える。

　以上述べたように、著者の研究論文・実践論文における分析・考察は、緻密かつ慎重であり、日々学習者と接していることの利点を生かした、学習者の悩みや不安を的確に捉えた綿密な提案は、本書のきわめて優れた特色であり、強い提案性を持っているものである。

　ところで、著者との関わりは、著者が富山大学大学院教育学研究科に現職教員として入学したときからのものである。その後、富山大学人間発達科学部附属中学校に転じた著者は、すぐにその手腕を発揮し、校内では研究主任として学校研究を牽引し、公開研究会でレベルの高い授業を公開する一方、対外的には富山県・富山市等の地域の研究推進役だけでなく、全国レベルでの仕事も多くをこなし、その力を余すところなく発揮している。

　研究会等での著者は、研究仲間の意見を謙虚に聞く姿勢と、その意見を次の実践に反映させようという意欲に満ちており、本書の刊行は、ともに研究を進める仲間の喜びでもある。

　今後は、表現指導研究の対象を広げるとともに、国語科教育学の他の領域にも研究を進めて、さらなる研究実証の進展に期待したい。

　終わりに、本書の刊行に際し、多大かつ格別の御高配を賜った溪水社の木村逸司社長、御担当の木村斉子氏に厚く御礼申し上げる次第である。

　平成 29 年 9 月 1 日

　　　　　　富山大学人間発達科学部教授　　米　田　　　猛

はじめに

　本研究は、学習者に分かりやすく説明する力を付けることをめざした実践的な研究である。小・中学生を主たる対象としているが、実のところ私自身が「説明下手」で、何かを説明する度にうまく伝えられないもどかしさを味わってきている。上手な説明に憧れるものの、しかたがないとあきらめてもいた。そんなとき「説明する力は国語の授業で高められる、高めていくべきである」という知見に出会った。説明する能力は天性のものと思いこんでいた私には目から鱗であった。目の前の子どもたちが私のようにならないよう、国語科の授業で力を付けられるのなら、ぜひ取り組みたい。子どもたちの悩みに寄り添いながら「説明する能力」を高める国語科の学習指導について模索してみよう。そのような思いで踏み出した研究である。

　さて「説明」というと、「話す」説明を指すことが多いが、本書は「書く」説明、つまり「文章による説明」を取り上げている。両者には共通する部分も多いものの、まずは「文章による説明」を研究対象とした。方法としては、学習者の実態調査からつまずきを見出し、そこから育成すべき能力を明らかにし、それを高める授業を構築して提案するというものである。とはいえ、何からどう取り組むべきか、研究内容と研究方法を並行して追うという暗中模索の道のりであった。

　本書は、「説明する能力解明編」と「説明する能力育成編」の二部構成で以下のようにまとめている。

　第1章は、本研究の意義と目的である。学習者の「生きる力」の一つとしての「説明する能力」の重要性、それを育成する必要性を述べる。また、「説明する能力」の解明と指導法開発のための研究方法についても述べる。本研究の方法的特徴は、学習者のつまずきや困難を主とした実態に着目していることにある。この方針のもと、学習者に潜在する意識や判断基準等をなるべく多く引き出せるよう面接調査を重視した。したがって学

習者の文例や面接での発話の具体を適宜示すこととした。

　前半は、「説明表現能力解明編」である。第2章では、「説明」という言語行為の特性、また4つに大別した「説明する能力」についてまとめる。文献研究から得た知見に基づいて、そもそも「説明」とはどんな言語行為であり、大まかにどのような能力が遂行を支えるのかを整理する。第3章から第6章までは、分かりやすい「説明」を支える4つの「説明する能力」について順に詳述する。ここでは調査に見られた学習者の姿を提示しながら、どのような能力を育成することが求められるのかを述べる。とりわけ事柄相互の関係付けに必要な論理的な思考力が、分かりやすい説明には欠かせないと考えている。

　後半は、「説明表現能力育成編」である。第7章は、指導の現状と課題である。小学校教員対象の質問紙調査の回答をもとに、国語科で説明する力を付けようとする場合の課題について私見をまとめている。第8章から第11章までは、4つの「説明する能力」をそれぞれ国語科の授業でどう高めるかについて題材や指導法の一端を提案する。いずれの授業も実施しているため学習者の具体的な反応例も示す。

　第12章は、本研究のまとめである。成果として解明された4つの能力を整理し「説明する能力」育成の指導系統表や題材案一覧表等を示したい。最後に、今後の課題を挙げる。

　なお、本研究は、富山大学大学院教育学研究科教科教育専攻国語教育専修における修士論文をまとめなおしたものである。

　まとめとはいいながら、先行研究の理解、研究方法の妥当性、データの分析、結論の導き方等、大変拙く未熟である。これが一里塚に過ぎないこともよくよく自覚している。各位にはお目を通していただけるだけで幸い、ご批判を頂戴できればこの上ない喜びである。

　2017年8月

萩中　奈穂美

目　　次

「説明表現能力」育成編

第7章　指導の現状と課題

※注は各章の末尾にまとめて示した。

「説明表現能力」育成のための学習指導論

第1章 研究の意義・目的・方法

第1節 研究の意義

第1項 説明する能力の必要性

1 学習者の将来を支える説明する能力

　私たちの日々の生活には、公私を問わず説明する機会が頻繁にある。果たして私たちは、うまく説明できているだろうか。特に問題意識のない人は「できている」と答えるかもしれない。しかし、書店で「分かりやすい説明」という文言の入ったビジネス書を見れば、説明下手を自覚し説明する能力の向上を求める人が少なくはないことが推察できる。とはいえ、大半は自分の説明の良し悪しやその要因に強い問題意識をもつこともなく、毎日説明という言語行為をくり返しているのではないか。それはおそらく説明という言語行為が、あまりにも日常的で頻度の高い言語行為だからである。頻度の高さは必要不可欠を意味する。また、多種多様な情報が溢れ、私たちを取り巻く環境が複雑かつ不明瞭になればなるほど、説明が必要な状況は増す一方である。つまり、自覚するしないにかかわらず、誰にも分かりやすく説明する能力が求められる。

　分かりやすく説明する能力が高まれば、複雑な事柄の整理、自分の考えの表明、円滑なコミュニケーション、責任の遂行と信頼の獲得等が実現する。今後、情報の複雑化・多様化、コミュニケーションの希薄化はますます進むと言われる。学習者には、そのような将来の社会をよりよく生きてほしい。説明する能力は、学習者の将来を支える必須の「生きる力」なのである。

2 学習者の現在を支える説明する能力

説明する能力は将来にのみ必要なわけではない。説明は、学習者の現在の学校生活・家庭生活・社会生活を支える言語行為でもある。授業中に引き算の筆算方法を説明する、友達に遊びのルールを説明する、家族に帰宅が遅れた事情を説明する、近所の人にガラスを割った経緯を説明するなどである。九九を習得していないのに日常生活で九九を使うことはあり得ないが、説明する能力の習得が不十分であっても説明は行っている。それは、学習者の現在の日常生活にも説明しなければならない場面が多いからである。その際、その場の状況や文脈の助け、相手の補完的な理解によってなんとか伝わるときには、抵抗や困難を感じることはあまりないかもしれない。しかし、誤解を招いたり一部しか理解されなかったりすることも多く、ときには苛立ち、説明することをあきらめてしまうケースも見受けられる。

このように説明する能力は、将来だけではなく現在の言語生活の支えとしても必要な「生きる力」なのである。

第2項　説明する能力を育成する必要性

1 思考力を育成するために

思考力の育成については従前からその必要性や重要性が主張されてきた。小学校学習指導要領においても、昭和33年版から平成20年版まで（昭和52年版を除く）、「国語科の目標」の中に一貫して、「国語で思考する能力」「思考力」の育成が掲げられてきている（**表1－1**）。ところが、最近になって改めて「論理的な思考力」を中心に「思考力」の育成が喧伝されている。見方を変えれば、昭和33年以来、目標に掲げられてきた「思考力」だが、その育成は必ずしも十分ではなかったということにもなろう。実際、平成11年には文部省が「文章表現力や論理的な思考力は、計算の技能や文章の読み取りなどに比べてやや低いこと。」を指摘している[1]。

また、昨今「思考力」の育成が強く求められるようになった背景には、

OECD による「生徒の学習到達度調査」（いわゆる「PISA」調査）や文部科学省による「全国学力・学習状況調査」等の結果があると推察できる。

表1－1　小学校学習指導要領における国語科の目標に見られる「思考力」

※　下線は筆者

版	小学校学習指導要領における国語科の目標
昭和 26 年版（試案）	ことばを効果的に使用するための習慣と態度を養い、技能と能力をみがき、知識を深め、理解と鑑賞の力とを増し、国語に対する理想を高めること。
昭和 33 年版	1　日常生活に必要な国語の能力を養い、**思考力**を伸ばし、心情を豊かにして、言語生活の向上を図る。 2　経験を広め、知識や情報を集め、また、楽しみを得るために、正しく話を聞き文章を読む態度や技能を養う。 3　経験したこと、感じたこと、考えたことをまとめ、また、人に伝えるために、正しくわかりやすく話をし文章に書く態度や技能を養う。 4　聞き話し読み書く能力をいっそう確実にするために、国語に対する関心や自覚をもつようにする。
昭和 43 年版	生活に必要な国語を正確に理解し表現する能力を養い、国語を尊重する態度を育てる。このため、 1　国語で**思考し**創造する能力と態度を養う。 2　国語による理解と表現を通して、知識を身につけ、心情を豊かにする。 3　国語による伝達の役割を自覚して、社会生活を高める能力と態度を養う。 4　国語に対する関心を高め、言語感覚を養い、国語を愛護する態度を育てる。
昭和 52 年版	国語を正確に理解し表現する能力を養うとともに、国語に対する関心を深め、言語感覚を養い、国語を尊重する態度を育てる。
平成元年版	国語を正確に理解し適切に表現する能力を育てるとともに、**思考力**や想像力及び言語感覚を養い、国語に対する関心を深め国語を尊重する態度を育てる。
平成 10 年版	国語を適切に表現し正確に理解する能力を育成し、伝え合う力を高めるとともに、**思考力**や想像力及び言語感覚を養い、国語に対する関心を深め国語を尊重する態度を育てる。
平成 20 年版	国語を適切に表現し正確に理解する能力を育成し、伝え合う力を高めるとともに、**思考力**や想像力及び言語感覚を養い、国語に対する関心を深め国語を尊重する態度を育てる。

いずれにしても、「思考力」の育成は喫緊の課題といえる。特に、学校教育法第30条第2項に、学力の要素の一つとして「思考力，判断力，表現力その他の能力をはぐくむ」ことが必要であるとの旨が明示されたことは注目すべきである。

　これを受けた平成20年1月の中央教育審議会の答申には、基本的な考えの一つとして「④思考力・判断力・表現力等の育成」がある。また、これについて学習指導要領総則の第1章総説の1「改訂の経緯」の中で、次のように解説している。

　　　④の思考力・判断力・表現力等をはぐくむために，観察・実験，レポートの作成，論述など知識・技能の活用を図る学習活動を発達の段階に応じて充実させるとともに，これらの学習活動の基盤となる言語に関する能力の育成のために，小学校低・中学年の国語科において音読・暗唱，漢字の読み書きなど基本的な力を定着させた上で，各教科等において，記録，要約，説明，論述といった学習活動に取り組む必要があると指摘した。

　育成すべき学力として「思考力・判断力・表現力等」と並べてあるが、「判断力」「表現力」を支えるのは「思考力」である。思考せずに判断も表現もできないからである。なお、思考は「言語」によって行うため、先の解説にもあるが「思考力」と「言語に関する能力」との間には強い相関性がある。思考力の育成に「言語活動の充実」が欠かせないのはそのためである。その中でも「説明」は「思考力」が強く関与する言語活動である。説明は感覚的には行えず、単に情報を再生するようなものでもない。説明対象に含まれる個々の事柄と事柄相互の関係性をつかみ、相手に合わせて最適に言語化することが求められる高次な言語活動である。裏を返せば、「説明」は「思考力」を育成するための格好の言語活動と言える。

2　様々な言語活動の適切な遂行のために

　私たちは日々多種多様な言語活動をしながら生活している。それらの言語活動の多くに、「説明」的な要素が含まれる。つまり、説明する能力

は、「説明」という単一の言語活動のみならず、多くの他の言語活動を支える能力でもある。巳野欣一（2000）[2]は、そのような「説明表現活動の種類」として以下のような活動を挙げている。

　　①説明・解説

　　②通告・指図

　　③紹介・報告

　　④感想・発表

　　そのほか、演説・討論・説得・主張・勧誘など

　②以下は、「説明の要素を含み、基盤としながらそれぞれの表現目的を達成しようとする活動」としている。

　さて、小学校学習指導要領（平成 20 年版）では、同（平成 10 年版）において「3 内容の取扱い」にあった「言語活動例」が、「指導事項」と並び「2 内容」に示されている[3]。「指導事項」は「言語活動」を通して指導することはもちろん、その「言語活動」は国語科の「指導内容」でもあることが示されたわけである。中学校学習指導要領においても同様である。

　「言語活動例」の中に、表現としての「説明」や「説明」の要素を含む言語活動はどれほどあるかピックアップしてみた（**表 1 − 2**）。小学校学習指導要領（平成 10 年版）では、言語活動としての「説明」は「A 話すこと・聞くこと」の「第 3 学年及び第 4 学年」に一例挙げられているにすぎなかった。それに対し、同（平成 20 年版）では、「A 話すこと・聞くこと」では全学年に、「B 書くこと」でも「第 1 学年及び第 2 学年」、「第 3 学年及び第 4 学年」に示されている[4]。「紹介」や「報告」等、前述の「説明」の要素を含む活動も加えたならばさらに増える。このことから、「説明」という言語活動は、国語科において重要視される傾向にあると受け止められる。

表1－2　学習指導要領（平成 20 年版）の「言語活動例」に見られる「説明表現」の要素を含む言語活動　　　※　下線は筆者

	学年	A話すこと・聞くこと	B書くこと	C読むこと
小学校	第1学年及び第2学年	・事物の**説明** ・経験の報告 ・感想を述べる ・紹介	・経験を報告する文章 ・観察記録する文章 ・事物を**説明**する文章 ・紹介する文章	・感想を書く ・紹介する
	第3学年及び第4学年	・出来事の**説明** ・調査の報告 ・意見を述べる ・図表や絵、写真などからの読み取ったことを話す	・調べて報告する文章 ・学級新聞 ・資料を効果的に使い、**説明**する文章 ・物語を書く	・感想を述べ合う ・読んでまとめる ・**説明**する
	第5学年及び第6学年	・資料を提示しながらの**説明**や報告 ・助言や提案 ・討論 ・事物や人物の推薦	・意見を記述する文章 ・活動を報告する文章 ・紹介する文章 ・物語を書く ・随筆を書く	・推薦の文章を書く
中学校	第1学年	・報告や紹介 ・質問や助言 ・対話や討論	・鑑賞したことを書く ・図表などを用いた**説明**や記録の文章 ・案内や報告をする文章	・紹介する
	第2学年	・**説明**や発表 ・意見を述べる ・討論	・意見を述べる文章 ・物語などを書く	・感想の交流 ・内容や表現の仕方について自分の考えを述べる
	第3学年	・スピーチ ・説得のための意見の述べ合い	・批評する文章 ・様々な文章を編集する	・物語や小説を批評する

3　他教科等の「思考力・判断力・表現力等」を高める「手段」として

　小学校学習指導要領（平成20年版）では、「思考力・判断力・表現力等」の育成のために国語科のみならず各教科等においても、「言語活動の充実」を強調している[5]。「言語活動」としては「説明」のほか、「レポート作成」「論述」「発表」等が例示されている。前述のように、説明する能力は、それら様々な表現活動を支える基礎的な能力となる。具体的には、『小学校学習指導要領解説　総則編』第3章第5節1に以下のように例示されている。「説明」という用語が入っているものを挙げる。（下線は筆者）

　　・「三角形，平行四辺形，ひし形及び，台形の面積の求め方を，具体物を用いたり，言葉，数，式，図を用いたりして考え，説明する」といった算数的活動の充実（算数）

　　・「観察，実験の結果を整理し考察する学習活動や，科学的な言葉や概念を使用して考えたり説明したりするなどの学習活動」の充実（理科）

　　・「衣食住など生活の中の様々な言葉の実感を伴って理解する学習活動や，自分の生活における課題を解決するために言葉や図表などを用いて生活をよりよくする方法を考えたり，説明したりするなどの学習活動」の充実（家庭）

　例えば、理科の学習において、科学的な事象を「説明」することは、科学的な思考力等の高まりに資する。つまり、「説明する能力」を育成することは、各教科等で育成すべき「思考力・判断力・表現力等」の効果的な向上に繋がるのである。

第3項　思考や作文能力の発達的段階や作文指導の
**　　　　系統に関する先行研究**

　ここまで述べてきたように、説明を書くことは「思考力」に強く関係する。そこで、思考や作文能力の発達的段階と作文指導の系統に関する先行

研究の整理を試みた（**表1－3**）。大まかな傾向として言えることは、小学校低学年で多く見られる「自己中心」という語が、中学年になると「論

表1－3　思考や作文能力の発達的段階また作文指導の系統に関する先行研究

研究者	就学前	小学校				
		低学年			中学年	
			1年	2年	3年	4年
井上尚美 (1993)[6]		物事を論理的・客観的に考えることができず、自分の立場から一方的に見たままを信じてしまう。「自己中心性（または中心化）」（ピアジェ）羅列的・表面的な思考になってしまう。中心的なことと枝葉なこととの区別がつかず、ずらずら書き並べる。			「脱中心化」自分の立場を反省したり、自分を離れて客観的に物事を見たり記述したりすることが可能になってくる。	
ピアジェ (1896 ~ 1980)	Ⅰ 「感覚運動期」0歳～1歳半・2歳 行動（感覚運動）による思考の段階	Ⅱ 「前操作期」1歳半・2歳～7・8歳 イメージ（直観）による思考の段階			Ⅲ 「具体的操作期」7・8歳～11, 12歳 具体的事物に対する論理的思考の段階 （但し、晩年にはⅡ・Ⅲの時期を合わせて具体的操作期とし、合計三つの段階に分けている）	
波多野完治 (1972)[7] 日本作文の会 (1966) の定式を考察		第1段階 叙事的・自己経験的			第2段階 記述的・対象化的	
井上尚美 (1993)[8] 東京都立教育研究所 (1991) の調査報告をまとめる		印象に残ったことの記述。客観性がない。羅列的。ダラダラ文。			多方面に関心を持ち始める。一文に多くの内容を含める。（ネジレ文）。順序意識が出てくる。	
井上尚美 (1993)[9]		対象認識能力	自己中心的		客観的	
			羅列		分類	
			一面的・部分的		多面的・複数場面的	
		文章構成能力	語彙	未分化、		
				非本質的・偶有的特性	個人生活語（身内ことば）・特殊的	
			文法	文意識	段落意識	
			レトリック	〔文彩〕直喩、擬声語・擬態語、擬人法 　　　　→　　　→　　　→		
				〔発想〕一面	〔発想〕多面	
				〔配置〕自己中心	〔配置〕相手意識	
櫻本明美 (1995)[10]		調査結果に見られた傾向	「順序」や「理由づけ（因果関係）」が中心となっている。		「順序」や「理由づけ（因果関係）」に加えて「類別」や「定義づけ」も見られる。	
		関係づける力それぞれの指導段階	比較する力	身のまわりの具体的な事物を知覚することにより、個別の事象・現象にある類似点や相違点をみつける「比較する力」○1年・2年の重点	実験・観察・調査等により実証したり物事を類別したりすることにつながる「比較する力」	
			順序をたどる力	実際にしたことや見たこと、聞いたことなどに含まれる物事の簡単な手順や大まかな時間の経過、大体の位置関係などをたどることにより、物事への関心をもつ「順序をたどる力」○2年の重点	実験・観察・調査等に含まれる物事の簡単な手順や大まかな時間の経過、位置関係などをたどることにより、事象・現象の変化をとらえる「順序をたどる力」	
			類別する力	身の回りの事象・現象をとらえて比較し、類似点や相違点をみつけ、それらをまとめたりまとまりごとにわけたりすることにより、物事の特徴をつかみ整理してみる「類別する力」	実験・観察・調査等によって得た資料の共通点に着目して観点をみつけ、その観点から対象をとらえることにより、物事の構造化や問題解決をはかる「類別する力」○3年の重点	
			定義づける力	身近な事柄について、その名を挙げて特徴をことばでより具体的に説明し、ことばが幾つかの意味内容を内包していることに気づく「定義づける力」	既知の事柄、あるいは実験・観察・調査等をとおして類別した結果に基づいて、それを端的に言い表すことばを探したり、その言葉の意味を説明したりして、言葉による認識を確かにする「定義づける力」○4年の重点	

　理的」「客観的」「相手意識」等の語に変わり、高学年では「全体」「構成」「判断力」等の語でその特性が示されるようになるということである。

高学年		中学校			高等学校
5年	6年	1年	2年	3年	
内容を離れて形式的・抽象的に思考することができるようになる。「もし～なら～のはずだ」というような仮説をたててそれを検証していくという思考法も、この段階になってはじめて可能になる。物事を総合的にとらえたり、単なる客観的な「記述」に止まらず、一定の立場になって「説明」することもできるようになる。言語の形式面に注意深くなり、皮肉や隠喩・象徴も理解できるようになり、「屁理くつ」をこねまわすようになる。					
Ⅳ 「形式的操作期」11・12歳～14・15歳　形式的・概念的・抽象的思考の段階　・大熊徹氏によると「でも」から「しかし」に変わる時期と一致する。井上尚美・大熊徹『授業に役立つ文章論・文体論』(1985 教育出版)					
第3段階説明的・自他＝事物と事物関連的		第4段階概括的・意見、論理的			第5段階総合的・表現的・感動・説得的
主題意識がある。しかし観念的・一般的で具体性なし。文章全体の構成・配置を考える。しかし段落がうまく分けられない。相手への効果を考える。		反論への反論を出す。条件を仮定して論じることができる。複眼的・多視点。			広い視野から多面的に見る。論点をしぼる。見聞きしたこととと自分の大典を結びつける。物事を両面から見る。
主体的（自己の立場）					
統合					
全面的・統合的					
分化					
一般的・抽象的・本質的					
文章（全体構造）意識					
〔文彩〕 隠喩、象徴、反語、皮肉					
〔発想〕全面					
〔配置〕相手への配慮（効果）					
「理由づけ（因果関係）」が中心である。「順序」も多い方である。					
様々な事象・現象をとらえることにより、自分の立場を決める・判断するなどにつながる「比較する力」					
様々な事象・現象に見られる物事の手順や時間の経過、位置関係などをより幅広くあるいは緻密にたどることにより、考えを深める・判断するなどの「順序をたどる力」					
様々な事象・現象の共通点に着目して観点をみつけ、その観点から対象をとらえることにより、物事の構造化や問題解決をはかる「類別する力」					
様々な事象・現象をとらえ類別した結果に基づいて、それを端的に言い表すことばを探したり、その言葉の意味を説明したりして、言葉による認識を確かにすることばをみつけたりそのことばの意味内容を説明したりして、物事の本質に迫ろうとする「定義づける力」					

原因や理由を求める力	実際にしたことや、見たこと聞いたことなどとの身近な事柄について、それぞれの原因や理由を求めることにより、物事への関心をもつ、「原因や理由を求める力」	具体的な物事について、実験・観察・調査等の経過や結果から、あるいは既知の事柄から、事象・現象についての原因や理由を求めることにより、物事の認識を確かにする「原因や理由を求める力」 ○３年・４年の重点	
推理する力	問いに答えるために、実際にしたことや、見たこと聞いたこと等の身近などの身近な事柄に基づいて推理し、物事のいろいろな側面に気づいて推理し、物事のいろいろな側面に気づく「推理する力」	疑問を解くために、既知の事柄あるいは実験・観察・調査等をとおして得た結果に基づいて推理し、間の経過、位置関係などをたどることにより、物事の認識を確かにする事象・現象の変化をとらえる「推理する力」	

西郷竹彦 (1983)[11]	○観点─目的の意識、価値意識 ○比較（分析・総合） ○順序 ○対読者意識（だれに何のために何を）	○観点 ○比較 ○順序 ○理由 ○予想（必然性をふまえて想定する） ○類別 ○構造（関係・機能） ○対読者意識（わかるように書く）

小林喜三男 (1994)[12]

「部分的分析→一面的総合」先行経験が未熟であるため、対象の諸部分の間の連関が把握されない。だから、分析も部分的（列挙的・並列的）であり、その総合も一面的である。

「断片並べ型」75％	「それから並べ」「たら…ので型」「文・文・文型」と、時間的順序での記述に移行していっている。

文意識をもって記述できる能力	段落意識を、もって記述できる能力	主題意識をもって記述できる能力	相手を意識して記述できる能力

笠原慎太郎 (1993)[13]

入学してくる１年生の児童は、かなり文字力を身につけている。しかし個人差があり、作文においても個人差の大きいことが特徴。①文字や表現、文法上の誤りが多い。②文題に合わない事柄を書くことがある。③思いつくまま書き、事柄の順序がはっきりしない。④記述量が、学期ごとに多くなる。	文字や表現上の誤りのうち、字形や拗音、促音、長音の表記などの誤りは少なくなるが、他の誤りは記述量が多くなるのであまりかわらない。①主・述の不明確なもの、助詞の誤りが多い。②句読点の使い方が不十分である。③筋の通った、まとまった文章が書けるようになる。④物の見方、考え方が、まだ自己中心的であるが、友達や家庭にも目が向くようになる。	いろいろな種類の文章を書くことができ、対象を観察する力がついてきて、文章を詳しく書くようになる。①文字や表記上、文法上の誤りが少なくなる。②書きたい事柄を詳しく書くことができるようになる。③対象を観察して、客観的に、具体的に書くことができるようになる。④会話を入れて、情景や場面を描写できるようになる。	論理的に考える力が身についてきて、それが作文を書く上で生かせれてくる。そして、構想を立てて文章を書くことができるようになる。①段落意識が身につき、改行するようになる。②文章の組み立てを考えながら文章を書くことができるようになる。③書いた文章を読み直し推敲することができるようになる。④記述量が停滞したり、減少したりするものが出てくる。

様々な事象・現象の事実をとらえ、より幅広くあるいは緻密に因果関係を探ることにより、考えを深めたり的確に判断したりする「原因や理由を求める力」 ○5年・6年の重点 問題を解決するために、様々な事象・現象の、より幅広くあるいは緻密にとらえた事実に基づいて推理し、考えを深めたり的確に判断したりする「推理する力」 ○5年・6年の重点年の重点		
○観点 ○比較（「選択」において効果を比較＝後述） ○順序（「選択」において効果的な順序を考える＝後述） ○理由 ○予想 ○類別 ○構造 ○選択（効果、工夫） ○関連 ○対読者意識（効果的に書く）		
「体系的分析→体系的総合」先行の経験を多く引き入れて、対象の現象を体系的に知的分析し、体系的に知的総合できる段階の素地ができる。		
論理的構想意識をもって記述する能力	自己の言行を客観化して書く能力	
物の見方、考え方がさらに進み、判断力などもついてきて、文章の構成や言葉の使い方を工夫するようになる。 ①段落のまとまりを考え、改行するものが多くなる。 ②物の見方や考え方に個性が見られる。 ③文章の構成が、徐々に組織的になる。 ④推敲能力として、良不良、適否などの力がある程度つく。	さらに、思考力が発達し、批判するだけでなく、対象を総合的に見ることができるようになる。 ①主題把握の観点が個性的になり、思想性が見られる。 ②叙述上の必要、不必要によって、詳しく書いたり、簡単に書いたりすることができるようになる。 ③使用語彙が広がり、読書語彙、専門語彙などが加わる。	

第4項　説明に焦点を当てた先行研究

　国語教育学において説明する能力を育成する学習指導に焦点を当てた先行研究には、管見の限り以下が挙げられる。

① 　平井昌夫 (1972)[14] は、「説明するということは、相手が知らない事がらや、知っていても不じゅうぶんにしか知らない事がらについて、定義したり、理由や原因を順序だてて明らかにしたり、既知のものと比較したり、実例を示したり、統計を用いたり、視聴覚に訴えたりして、繰り返したり、解釈したりすることです。描写することは読み手や聞き手の感覚に訴えることだとすれば、説明することは読み手や聞き手の理解に訴えることです。」と述べ、「説明の方法のおもなもの」として、次の9つを示している。

　　　定義による方法、順序だてる方法、比較による方法、実例による方法、分類による方法、証明による方法、統計による方法、視聴覚に訴える方法、解釈による方法

② 　青木幹勇 (1976)[15] は「説明文教材の指導に、ある限界が見えてきたようなさびしさを感じ」たことを契機に、説明文を「書くこと」の指導を実践している。その結果として、説明文の読解と説明文の作文の関連指導の相乗効果、説明文を書くことに対する意外なまでの子どもの興味、作文意欲を高めたり作文領域を拡大したりする可能性を述べている。また、作文指導における題材の重要性や児童の必要感を指摘している。

　　本研究もまた、説明する文章を書く活動は学習者が興味をもちながら思考力、記述力等を伸ばしていく最適の言語活動であるとの認識に立っている。また、題材とする説明対象の整理を試みた（第4章・第12章参照）。なお、説明的な文章の読解学習との関連については本研究では射程外としたため、今後の課題としている。

③ 　速水博司 (1976)[16] は、私たちの周囲にある様々な「疑問に遭遇した

り、こうした疑問を仮定したりしてそれに答える形式でまとまった知識・情報を正確にわかりやすく述べるのが説明文である」としている。

　また、同じく速水博司（2002）[17] は、大学生のために「さまざまな文章」を作成する方法を示し、その中に「4　説明文を書く」という項を設けている。そこでは説明文を書くための基本として、説明文は「〔どういう読者を相手とするか〕〔どのような形式で説明するか〕〔何を説明するか〕」に応じて区分されることを示した上で、「①主題…何について、どんなことを、どの程度説明するのかを、はっきりと知る。説明の対象をよく調査、観察したりして、必要なことを理解する。」「②材料…相手の必要、興味、理解の程度を考えて、それに合わせて材料を集め、選ぶ」「③構成…相手に必要な事項・方法を選ぶ。どんな順序で述べたらよいか、全体の構成はどのようにしたらよいか、考える」と留意点を述べている。さらに、説明の方法として「①定義する」「②証明する」「③分類する」「④分析する」「⑤比較・対照する」「⑥引用・写真・図解・統計数字などを用いる」を、説明の順序として「①大小や伝統的な順序」「②時間の順序」「③空間の順序」「④興味の順序」「⑤感動の順序」「⑥わかりやすさの順序」を示し、説明文の叙述については「①文は短く、主述関係を明確に」「②読者に合わせた文体、難解語句の説明」「③見出し」「④箇条書き、文中であれば接続表現を使用」「⑤イラスト・図・表・写真の活用」「⑥『たとえ』や擬音語の活用」「⑦読者へアッピールする順序や表現の工夫」を示している。

　さらに、「説明・解説文の書きかた」[18] として、以下の4段階を留意点も合わせながら整理している。

　　（1）　相手が必要とする知識は何かを知る。何について、誰に、なんのために説明・解説するのかを理解する。

　　（2）　説明・解説の方法を決め、説明・解説の対象を詳しく正確に知り、それを読む相手に必要な材料を集め、選ぶ。

　　（3）　対象・目的・読者に合わせて、絵・図・写真・統計数字なども用意して、アウトラインを作る。

（4）　読者に適した叙述で、正確・明瞭・完全・簡潔に分からせる
　　　ようにする。

　こうした速水氏からの知見は、説明する文章を書くプロセスを整理し
たり、能力を解明したりする際の導きとなった。特に「①主題」のう
ち、「何について」は本研究でいう「説明対象」であり、「どんなこと
を」は「問い」、「説明の対象をよく調査、観察したりして、必要なこと
を理解する」は「対象認識」として本研究でさらに詳細にその内実を追
究する。「説明文の叙述」についても、説明の文章表現における適切さ
の観点としての参考としている（第5章）。

④　興水実（1984）[19] は、「説明文は、小中学校の段階、あるいは高等学校
の段階まで、ほとんど書いたことがなくて、大学にはいると『レポー
ト』を書かされてこまるということになる。」と当時の説明文の作文指
導の実態に課題を見出している。また、諸外国の修辞学のテキスト等を
踏まえながら、「説明には、なぜそうなのかの説明と、どうするかとい
う方法過程の説明とがある。」と述べている。また、伝統的レトリック
のテキストに取り扱われている項目から説明の種類、方法、形態を分析
し、共通するものとして、「定義」「比較対照」「分類」「イラストレー
ション」「分析」「過程」をあぶりだしている。これは、第4章で述べる
説明における対象認識に必要な「思考法」に通じるものと言える。

⑤　木原茂（1967）[20] は説明について、相手の疑問とその疑問に答える方
法を関連付けながら以下のようにまとめている。

　　　Ⅰ　具体を示す　具体的事実をあげる
　　　（どういう事実があるかに答える方法）
　　　Ⅱ　他と区別する
　　　　A定義（それは何かに答える方法）
　　　　B分類・分析（どんな種類があるかに答える方法）
　　　Ⅲ　生成関係を示す
　　　　A原因・理由（なぜかに答える方法）
　　　　B原理と機構（どのような原理と働きによるか答える方法）

　　　　C 歴史（どのような変遷をしたかに答える方法）

　　　　D 過程（どうすればよいかに答える方法）

　　Ⅳ　意義・価値を示す　評価・解釈

　　　（どのような意味・価値をもつかに答える方法）

⑥　植垣節也（1986）[21] は、「説明文を書く技術」について述べている。注目すべきは「説明の態度」である。特に読者の力量の推測の必要、論理的納得だけでなく感情的納得への留意の必要、疑問の先取りと解消等の必要について強調している。また、説明の到達目標として、「説明文がわからせるためにかく文章であるからには、（1）何をわからせるか、（2）読んで何が残るか、の二点が注意されていなければならない。」として、読者に一定の知的充足感を与えることの重要性を説いている。特筆すべきは説明に向かう態度について「親切」「不親切」という語を用いて説いている点である。これについては、米田猛（2006）[22] も「説明」は他者のニーズにサービスする言語行為であるとの認識の下、「相手への思いやりや配慮」が必要であると説いている。なお、本研究において実施した指導者対象の質問紙調査の結果として、一部の指導者には「説明文は無味乾燥である」という、これらの認識とは全く相反する捉えが見て取られた（第7章に詳述）。こうした実態からも、これらは説明する能力の育成のための指導に重要な示唆を与える指摘と言える。

⑦　小田迪夫（1986）[23] は、「説明的文章において、理解学習を表現学習に接続、発展させる指導」の実践を取り上げ、紹介している。さらに、それが、結果として「構成面で学んだことを作文能力として身につけさせようとする指導である」ことを指摘し、「構成面のみならず叙述の面からも高められるよう指導される必要がある」と説いている。その指導法の一例として視写に近い模写文体で叙述をなぞりながら別の題材で書くことを提案している。また、「〜の作り方」といった説明書きの作文指導を説明叙述の表現学習の支柱として活用する有益性を示唆している。

　　さらに小田迪夫（1996）[24] は、「説明文」の作文技術としても考えをまとめている。その指導のねらいを「説明表現力を育てる」ことにおく。

説明表現は様々な種類の文章に混入しているため「説明文」が従来の作文指導では独立したジャンルとして対象にはなりにくかったと述べたうえで、「知識・情報を相手によくわかるように解き明かし伝えるわざは、コミュニケーション技術の中心となるべき技能である」と「説明文」の作文指導の重要性を説いている。さらに、説明の目的を達成するためには、「①説明者が説明対象をよく理解しておくこと、②相手の必要、興味、理解力に応じて説明内容を選択すること、③説明内容の特質と、相手のそれに関する "前理解"（既有経験、既有知識）のありようをふまえて、説明の仕方をくふうすること、が必要である。」としており、これら①②③に対応するように、「説明文」作成の技術として、「ア　明確な説明内容を作り出すために説明対象を分析的に理解、認識する技術、イ　説明対象に関する相手の興味のありようや "前理解" のありよう、思考力のレベルを想定して、説明内容を選定する技術、ウ　相手の理解をより容易に、しかも明確に達成させる構成、叙述の技術、がのぞまれる。」と述べている。

　本研究においては、アを概ね「対象認識する能力」にまとめ、イの「相手の興味のありようや "前理解" のありようを想定して説明内容を選定する技術」を概ね「問いを把握・想定する能力」とし、説明のプロセスに合わせ、「対象認識の能力」の前に位置付けた。また、ウは概ね「文章表現する能力」とした。ウにある、構成や叙述がめがける「より容易に」と「より明確に」は、つまり説明がめがける「分かりやすさ」であり、本研究ではそれぞれ「相手の理解の早さ」「相手の理解の確かさ」とし、両者の並べ方を逆転させた。それは、説明において「相手の理解の確かさ」は必須条件であり、「相手の理解の早さ」は可能な限り望みたい条件であるためである。なお、本研究では、求めたい能力にもう一つ「自己批正する能力」を加えた。これは相手がこれで理解できるのか常にメタ認知する能力であり、小田氏の言うイの「相手のありようをふまえて」という要素を大いに含むものである。

⑧　井上尚美（1993）[25] は、子どもの論理的な文章を書く能力の発達につ

いての東京都立教育研究所（1991）による調査結果等を手がかりにして「説明的文章の作文指導系統作成へのヒント」を述べている。そこでは文章表現能力を大きく「対象認識能力」と「文章構成能力」に分けている。低・中・高学年の段階を示して解説し、さらに、実際的なヒントとして次の6点を提示している。①発達については大まかな把握をする、②理解は表現に先立つため下の学年の読解教材の応用を考える、③各文種にそれぞれ発達があるため文種を学年配当しない、④はじめから「説明文」を書かせるのは中学年からで低学年は文章の一部に説明を取り入れる、⑤短作文と呼ばれる課題作文の導入を考える、⑥言語論理教育の観点からもカリキュラム化が必要である、の6点である。また、説明する文章に限定したものではないが作文能力の発達については、井上氏が述べているように様々な調査結果が報告されている。また、系統案も提出されている。これについては管見の限りをまとめた（**表1－3**）。本研究では児童の説明する能力を解明するために実態調査を実施したが、発達の傾向を明らかにする目的ではなかったため、こうした知見及び井上尚美氏の「説明的文章の作文指導系統作成へのヒント」は貴重な示唆であり、説明する能力を育成するための指導系統表や題材案一覧表を考案する上で参考にしている（第12章）。

⑨　櫻本明美（1995）[26] は、学習者の作文の分析を通して、「説明的表現」を支える論理的思考力の要素を取り出し、それらの構造を明らかにしている。また、思考の各要素に表現例を挙げている。さらに、「関係づける力」の活性化に重点をおいた指導の系統を示している（**表1－3**）。本研究の中で、説明対象を認識する際の事柄相互の関連付け（第4章）とその関連付けに応じた表現例の提示（第4・5章）を行っているが、これは櫻本氏の発想に学んだものである。

⑩　巳野欣一（2000）[27] は、作文指導における「説明文」を規定し、説明の種類による話題・題材と学習構成・課題条件の例、説明表現指導の重点目標設定の観点などを明らかにしている。巳野氏は「説明表現活動の種類」として、「通告・指図、紹介・報告、感想・発表、演説・討論・

説得・主張・勧誘等」も挙げているが、これは「説明の要素を含み、基盤としながらそれぞれの表現目的を達成しようとする活動である」としている。巳野氏は「単一の説明活動を扱い、慣れるにつれて順次複合の活動を扱う順序に留意したい」と述べている。本研究は、巳野氏の定義を基盤に「説明」を定義し、研究対象についても狭義の説明（巳野氏の言う「単一の説明活動」）に絞っている（第2章）。したがって、意見、紹介等については狭義の「説明する能力」が支える言語活動として、本研究では特に取り上げず、説明する能力の解明と育成についても狭義の説明を射程とする。

なお、巳野欣一（1981）[28] は早くから説明表現指導実践を行っており、「課題条件法による指導事例〈説明〉」（「宿望」という熟語の読み方・意味を知るための漢和辞典のひき方の説明）を紹介している。

また、巳野氏が会長を務めた「奈良県国語教育研究協議会」は、説明表現の授業実践を通して、「説明能力」の分析やその育成のあり方の解明を試みている[29]。「能力分析表（書くこと～説明文～）」には、説明する文章作成を5つの段階に分けて、育成すべき能力を総計34の能力を列挙されている。またそれぞれの能力と育成すべき系統的段階を小1・2、小3・4、小5・6、中1、中2・3の中で示している（能力は、複数の段階にわたるものもある）。本研究では、これに倣い、またさらに「説明」という言語行為の特性を重視しながら、調査を通した児童の実態から能力分析を試み、「説明を書く能力」の指導系統表を示した（第12章）。

⑪　井上一郎（2005）[30] は、「説明力」の重要性を述べ、「子どもの説明力だけでなく、保護者にも、そして一般的な人々にも、役に立つようにまとめ」ている。「分かりにくい説明のランキング」のほか、主体、表現様式、表現方法、ナビゲーション、明解さに応じた説明力についてそれぞれ多様な視点やパターンを挙げている。また、井上氏は、説明力の実質をなす表現様式を構想して「対象のカテゴリーによる説明の表現様式」として整理している。

　速水氏の挙げた説明のもとになる「私たちの周囲にある疑問」や、そ
れを踏まえた井上氏の「対象のカテゴリーによる説明の表現様式」か
ら、筆者は説明する能力やその育成について追究していくうえで重要な
知見を得ている。ただし、速水氏は表現学の立場からであり、井上氏は
一般の人に通用する説明力を見据えているため、国語科学習指導として
はやや複雑すぎる。そこで筆者は、育成すべき思考法との関連も考えな
がら、これらについて、数を減らす方針で整理しまとめた。(第3章)

⑫　米田猛（2006）[31] は「説明力」を「説明理解力」と「説明表現力」に
二分し、それぞれをさらに文章と音声の両面から能力分析を行ってい
る。さらに、「話すこと・聞くこと」「書くこと」「読むこと」等、各領
域における中学校での授業実践を挙げながら、「説明力」を高める授業
のあり方を具体的に示している。実践は、学習者が題材に関心をもちな
がら意欲的に多様で総合的な説明力を高めることを目指して行われてい
る。そのため、狭義の説明に絞るものではなく、「パネル・ディスカッ
ション」「読書報告文を書く」「語句に着目した説明文教材の読解」等、
説明を要素として含んだ言語活動への取り組みが紹介されている。

⑬　綿井雅康（2007）[32] は、説明を目的とした文章を「説明文」とし、文
章表現の特性を次のようにまとめている。

　　　　文章による説明の特徴として、第一に「姿のみえない」被説明者
　　　を具体的に想定したうえで、説明の内容や文章の形式を確定する必
　　　要があること、第二に、説明者と被説明者が対面しないこと、言い
　　　換えれば、説明者の手を離れ完結した文章だけが被説明者に届くこ
　　　と、第三に、被説明者は、文章化された説明を読み進めながら、そ
　　　の内容の理解と知識形成を自力で進めていくこと、等が挙げられ
　　　る。

　上記も含め、国語教育において大いに参考になる示唆があり、例え
ば、「説明者が説明の主題や説明すべき内容をよく知っていると感じて
いる場合ほど、それらは潜在記憶となっていることが多」く、「文章と
して表現するためには、無意識のうちに利用している知識や情報の内容

を、改めて意識的に思い起こし整理することが必要」だという指摘は、本研究における「対象認識」の段階で図解などして関係性を知覚化することの必要性を示すうえで参考になっている。また、「次の項目について、被説明者の様子を具体的に想定すべきだ」としているが、これも説明を書く際の「相手分析」の視点となる重要な指摘である。

・認知欲求：説明文から何を知りたいのか
・行動欲求：説明文を読んでどうしたいのか
・既有知識：説明する内容に関連する知識や情報をどの程度保持しているのか
・興味関心：説明する内容に対する興味や関心の程度
・基礎能力：文章読解にかかる基本的能力や特性（例えば、言語能力、推論能力、認知スタイル）の様子

　以上、こうした先行研究からは、説明という行為の特質を踏まえた指導の手がかりを得ることができる。そこで、本研究ではこうした先行研究に学びつつ、学習者の実態を分析しそれをもとに、育成が求められる「説明する能力」を解明する。またそれらを育成する指導の在り方についての提言を行うことを目指す。

第2節　研究の範囲と目的

第1項　研究の範囲

1　説明を「書く」ことに限定

　「説明」と言えば、口頭による説明を指すことが多いものの、文章による説明もある。本研究は後者を対象とする。両者には共通する部分が多いものの、それぞれの場面状況や表現媒体の特性により異なる能力も要求される。

　「文章による説明」（書く）は「口頭での説明」（話す）に比べ、説明内容

や説明方法を吟味する時間的余裕がある場合が多いものの、正しい理解に導くために、相手の反応をふまえて修正したり補完したりすることはかなわない。一方、日常的に頻度の高い「口頭での説明」は、場面や相手によっては心理的影響が大きかったり、状況に応じる瞬発的な能力が要求されたりする。何より、「発すると同時に消える」という特性から、自分が行う説明の省察には困難が伴う。そこで今回は「文章による説明」をベースに、「説明する能力」として両者に共通する部分も含めて研究を進め、「口頭での説明」独自の能力については、今後積み上げていくこととする。

2　狭義の説明に限定

「説明」という語の指す範囲は定まってはおらず、「説明」という言語行為は状況によって様々に解釈される。「報告」「紹介」「論説」等も広義には「説明」とされることが多いが、本研究において、それらは「説明的な表現」とし、それらの要素となっている狭義の説明を対象とする。狭義の説明に絞ることで、ミニマムな「説明する能力」を見きわめることができ、対象外とした説明的な表現（「報告」「紹介」「論説」等）に求められるそれぞれの特有の能力も解明しやすくなると考えたからである。

第2項　研究の目的

本研究の最終的に目指すところは、必要に応じて「分かりやすい説明」をするには学習者にどのような能力が必要であり、その能力を育成するにはどのような国語科の授業を構想し実践していけばよいのかについて提案することである。義務教育9年間を見通しつつも、今回は小学生を対象とする。

研究は次のようなステップを踏んで進める。

① 「説明」という言語行為の特性、「説明」を成立させる要素やそのプロセスを整理する。

② 学習者に対して行う調査結果から「説明」を支える能力を解明する。

また、育成すべき思考力・知識・技能・態度等を整理する。

③ 「説明する能力」を育成するための指導の系統や重点について、喧伝される「論理的な思考力」との関係も明らかにしながら提案する。

④ 一部とはなるが、付けたい能力に合わせた国語科の授業における題材や指導法を開発し、実践をもとに提案する。

第3節　研究の方法

第1項　説明という言語行為の整理

文献研究により「説明」という言語行為の特性、認識力や作文能力の発達段階、国語科で育成すべき能力等に関して、基礎的知見を得る。その際、狭義の「説明」について、直接の範疇である国語科教育学だけでなく、関連諸科学からも学ぶ。

第2項　学習者の実態把握のための調査

1　調査の目的

本研究では「説明する能力」の解明をめがけ、学習者の実態調査を行う。これを通して、学習者が説明を書く際の課題把握、対象認識、文章表現の様相、それらの過程で働く思考や判断基準、そこに見られる課題等を明らかにしていく。学習者のつまずきや困難感から、育成すべき「説明する能力」が抽出できると考えている。調査では「どのようなつまずきがどの学年に多いか」といった学年段階よりも、「学習者はどのようなことにつまずいたり困難を感じたりするのか」を多様に引き出すことを重視する。

2　調査の概要

調査は平成 21 年 2 月、A小学校の在籍児童を対象に実施した。調査の

目的に合わせ、仕上がった文章の分析だけでなく、文章を作成していく学習者を観察し、受容的に面接も加えながら、課題把握、対象認識、文章表現における思考や判断の様相、その時々の学習者の悩みや判断基準を見取ることに意を用いる。

3　調査の課題

　調査の課題は以下の５つである。課題に含まれる「問い」、必要な「思考法」、記述上の複雑さ等が多様になるよう筆者が自作したものである。

（１）課題１（分類の説明）

①【課題１の提示】

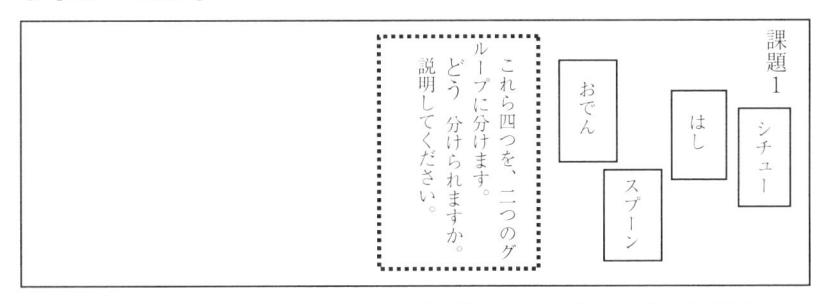

　　　　　　　　課題１

　　これら四つを、二つのグループに分けます。どう分けられますか。説明してください。

　　おでん　はし　シチュー　スプーン

※４つはカードで提示する。文字のみで絵などは入れない。

②【課題１で想定される記述例】

例１　おでんとはし、シチューとスプーンという仲間です。なぜかというと、おでんははしで食べて、シチューはスプーンで食べるからです。

例２　おでんとシチューは食べる料理で、はしとスプーンは食べるときに使う道具だから、料理グループと道具グループに分けます。

例３　はしとシチューには「し、シ」がついて、おでんとスプーンには「ん、ン」がつくので、はしとシチュー、おでんとスプーンに分けます。

③【課題１における分析観点】

○　分類の思考は働くか。その観点とそれを観点にした理由は何か。

　　・　食事様式別（洋食と和食）　←関連付けや組み合わせ

- ・ 　概念別（食器と料理）←　具体の一般化・抽象化
- ・ 　言語形式別（同じ音同士、平仮名と片仮名、長音ありと長音なし）
- ○　「どう分けられますか」に対し、理由も述べようとするか。
  - ・ 　展開は「理由⇒結論」か「結論⇒理由」か。なぜそうしたのか、意図があるのか。接続語を用いるか。
- ○　分け方をいくつ述べるか。一つなら、それしか思いつかなかったのか、それだけを書いたか。複数ならなぜその順番に書いたのか。
- ○　2つのグループのまとまりをどのような語句や文型で表現するか。
  - ・ 　「●と▲が仲間で、□と○が仲間です。」
  - ・ 　「一つ目のグループは〜、もう一方のグループは〜」

（2）課題2（描画の手順の説明）

① 【課題2の提示】

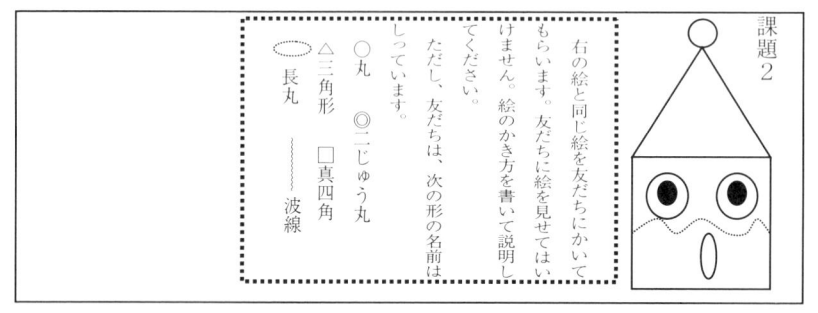

② 【課題2で想定される記述例】

1　サンタクロースみたいな絵ができます。

2　まず、真四角をかきます。

3　次に、その真四角の上に三角形を端と端がそろうようにのせます。

4　その次に、今かいた三角形の頂点に小さい円をのせます。すると帽子のような形ができます。

5　それから、真四角の中に、真四角を上下半分に分ける横の波線をかきます。

6　そして、その波線の上半分に同じ大きさの丸を横に並べて二つか

き、それぞれの中に一回り小さい丸をかいて、その中はぬりつぶして
ください。

7　最後に、その波線の下半分の真ん中に、縦長の長丸をかきます。

③【課題２における分析観点】

○　順序の思考は働くか。

・　順序を表す言葉、あるいはナンバリングを適切に使っているか。

・　絵を全く知らない相手への配慮があるか。独りよがりではないか。

・　描きやすい順序（外枠から内側へ、粗から細へ等）で書いているか。

・　先に「～に似ている絵を書きます」等、全体像をつかませているか。

・　相手の誤解を予想し、それを先回りした表現を心がけているか。

○　空間・位置を表す用語を正しく使っているか。

・　接する・離れる、内側・外側、右側・左側、上・下、縦・横、～より大きい・小さい　等

（３）課題３（擬態語の相違点の説明）

①【課題３の提示】

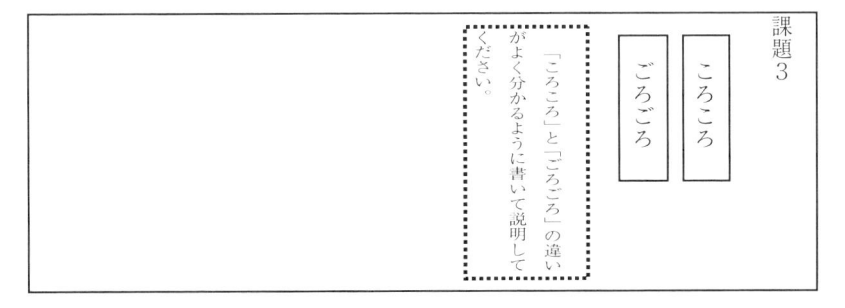

課題3

ころころ

ごろごろ

「ころころ」と「ごろごろ」の違いがよく分かるように書いて説明してください。

②【課題３で想定される記述例】

　「ころころ」も「ごろごろ」も転がる様子を表す言葉ですが、違いがあります。「ころころ」は、小さいもの、軽いもの、丸いもの等が転がる様子を表します。例えば、「ボールが『ころころ』転がる」のように使います。これに対し、「ごろごろ」は、大きいもの、重いもの、でこぼこしたもの等が転がる様子を表します。例えば、「岩が『ごろごろ』転がる」の

ように使います。また、寝転がって何もしないでいるという意味で使うこともあります。

③【課題３における分析観点】

○　比較の思考が働くか。

　・　共通点（「転がる様子を表す擬態語」である）

　・　相違点（大きさ・重さ・形・速さ等の同一観点で違いを見出す）

○　比較を表す文型を用いているか。また、２者の対応関係は適切か。

例　△が○なのに対し、▲は●である。　△は○であるが、▲は●である。△は○である。一方（これに対して）▲は●である。

○　意味の違いについて、事例を挙げているか。

　・　挙げた例は、特徴を典型的に反映した例か、よく知られている例か。

　・「例えば」「〜のように」「〜など」の例を示す表現を用いているか。

（４）課題４（限られた情報を根拠にした判断の説明）

①【課題４の提示】

②【課題４で想定される記述例】

　４人の背の高さの順番についてははっきりとは決められません。ただし、ともみ以外の３人の順番については分かります。高い方からよしこ、まり、あいです。理由は③と⑤の絵にあります。③の絵からよしこは台の上のまりよりも高いことが分かります。⑤の絵からまりはあいよりも高い

ことが分かります。①の絵から背の高さを決めることはできません。

　ともみについての情報は②④の絵にありますが、どちらからも背の高さは分かりません。だから、ともみが4人のうち何番目かは分かりません。

③【課題4における分析観点】

○　比較の思考・理由付け・限定の思考が働くか。また、表現できるか。

・　～と～で比べると、…だと分かる。

・　（　）番の絵からは～だということがわかる。

・　3人だけに限って言えば、…。

○　目的に合わせて使える情報を取捨選択するか。

・　一人しか描かれていない①や④は順序の判断材料にならない。

・　ジャンプしている②では背の高さの比較はできない。

○　それは判断の根拠として適切かを吟味しているか。

○　判断できないことをどう表現するか。

・　分からないことは「分からない」と表現するか。断定するか。

・　「おそらく～だろう」「～と考えられる」など推量の表現を使えるか。

（5）課題5（問いが不明瞭な場合の総合的な説明）

①【課題5の提示】

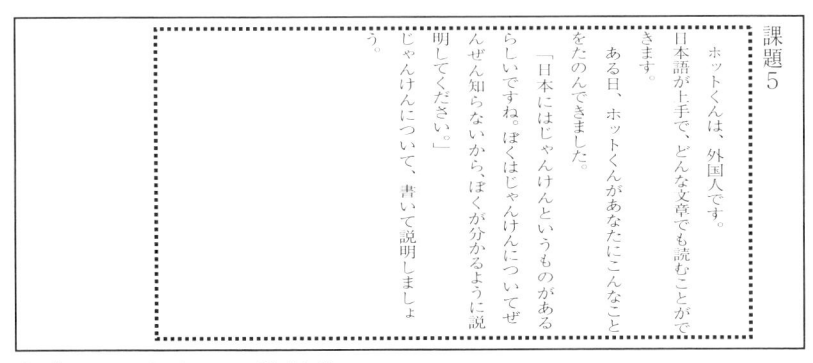

課題5

ホットくんは、外国人です。

日本語が上手で、どんな文章でも読むことができます。

ある日、ホットくんがあなたにこんなことをたのんできました。

「日本にはじゃんけんというものがあるらしいですね。ぼくはじゃんけんについてぜんぜん知らないから、ぼくが分かるように説明してください。」

じゃんけんについて、書いて説明しましょう。

②【課題5で想定される構成例】

　　1　じゃんけんとはどんなものか（定義）

　　2　「グー」「チョキ」「パー」の用語（それぞれが表現するものや手の形）

3　勝ち負けの決め方（三すくみ）とその理由

4　じゃんけんの手順とルール

5　あいこの場合

③【課題５で想定している記述例】

　じゃんけんは、手を使って簡単に勝ち負けを決める遊びです。

　じゃんけんの勝負に使うのは、グー、チョキ、パーの３種類です。

　手を握って石を作ったのがグーです。人差し指と中指だけを立ててはさみを作ったのがチョキです。手のひらを開いて紙を作ったのがパーです。

　次に、勝ち負けについて説明します。グーはチョキに勝ちます。石（グー）ははさみ（チョキ）を傷つけるからです。チョキはパーに勝ちます。はさみ（チョキ）は紙（パー）を切ることができるからです。パーはグーに勝ちます。紙（パー）で石（グー）を包んでしまえるからです。

　それでは、二人の場合のじゃんけんの仕方を説明します。「（最初はグー）じゃんけん、ポン」と言って、「ポン」と同時にグー、チョキ、パーのうちのどれかを出します。何を出すかはその人の自由です。勝ち負けが一度で決まればいいですが、二人とも同じものを出したら、あいこです。その時は「あいこでしょ」と言って、「しょ」と同時に手を出します。勝負がつくまで、「あいこでしょ」を繰り返します。同時に出すことがルールです。遅れてから出すと「あと出し」といってルール違反です。

　ここまでの説明は二人の場合ですが、じゃんけんは、もっと多くの人数でもできます。また、いろんな場面で勝負を決めるときに使えます。

④【課題５における分析観点】

◯　相手分析を行っているか。相手の理解の筋道を予想しているか。

◯　この説明に必要な要素を含んでいるか。

◯　事柄ごとのまとまりへの意識はどうか。

◯　定義、順序、理由付けなどの思考が働いているか。

　　また、それを表現するのにふさわしい文型が使われているか。

4　調査課題別の分析観点

以下、○を該当する観点、◎を重点的な観点として分析した。

表1－4　実態調査の課題別の分析観点の一覧

観点	課題	課題1 分類の方法	課題2 描画の手順	課題3 擬態語の相違点	課題4 限られた情報をもとにした判断	課題5 問いが不明瞭な場合の総合的な説明
課題把握	「問い」の把握	○	○	○	○	
	「問い」(複数)の想定					◎
どんな「問い」に答えようとする説明か	どんなふうか・どんなものか(内容・事実・状態・形態)			○	○	○
	どんなものと言えるか(定義)	○		○		◎
	どんな目的や働きがあるか(意味・ねらい・価値・機能)			○		○
	どのようになりたっているか(組織・構造・分類)	◎				○
	どのようにして今に至ったか(変遷・過程・成立・展開・変化)					
	どんなわけがあるのか　なぜか(理由・原因)				◎	◎
	どのようにすればよいのか(方法・手段・手順)		◎			◎
用いるべき思考法	観点	○	○	○	○	○
	比較	○		◎	○	○
	順序		◎			○
	分類	◎				○
	原因・結果　理由づけ	○			◎	○
	条件・限定				◎	○
	類推	○				○
	一般化・抽象化・帰納・全体			○		○
	個別化・具体化・演繹・部分			◎		○
	評価				○	
態度	正確さを大事にする				◎	
	客観性を大事にする	○			○	
	相手のつまずきを予測する		◎			◎
課題把握 対象認識 文章表現	必要な項目を不足なく入れる			○		
	不必要な項目を入れない				○	
	多様な観点で認識し説明する	◎		◎		
	既有経験・知識・概念の影響	○	○	○	○	○
	図・表などで整理	○		○		○
	情報材料の取捨選択				◎	
	まとまりをつける	○		○		○
	全体像をしめす	○		○		○
	ナビゲーション(見出しも含む)			○		◎
	内容が並列するとき同じ文型でそろえる。	○		○		○
	事例を示す			◎		
	必要に応じて理由を書く	○			○	
	理由→結論　か　結論→理由	◎		○	◎	◎
	確かさの判断に応じた表現	○			◎	○

5 実態調査の実施計画 （調査1、調査2ともに調査者は筆者）

表1−5 学習者の実態調査

	【調査1】 文章作成過程における観察・面接調査
明らかにしたいこと	・どれぐらいの時間をかけるか ・説明課題をどのように把握するのか。 ・説明対象分析の過程とそこに働く思考や判断、またそこに潜在する課題はどのようなものか。 ・文章化する過程とそこに働く思考や判断、またそこに顕在する課題はどのようなものか。 ・同一児童であっても、説明を求められる問い・題材などの種類によって適切に説明することに差異が認められるか。差異があるとすれば、それは何に起因するのか。 ・対象認識と文章表現との違いがあるか。 ・文章完成までに、どのような道すじをたどるのか。判断の分岐はどんな点にあるのか。何に強くこだわるか。
対象児童	抽出児童　　各学年（1〜6年）2名ずつ12名（課題はできれば2種類） 　※　考えたこと思ったことをすぐに口にするタイプ 　　　検査という特別な環境にあって緊張しないタイプ
調査内容	「つぶやき」 　　思ったこと考えたことはなるべくつぶやき（独り言）として音声化するよう、児童に事前に依頼する。 ・課題理解しようとするとき・対象分析しているとき・構想を練るとき・文章化しているとき・推敲しているとき 「質問への回答」 　　調査者が必要に応じ、児童の思考をとぎらせないように配慮しながら質問する。児童にはそれに答えてもらう。（このときの質問は、指示や指導にならないようにし、あくまでも児童のありのままの実態をとらえる。） 「文章」と「メモ（覚え書きや関係性の整理など）」　調査2に同じ
日時	平成21年1月〜2月　（一人あたりの調査約1時間）

の実施方法

【調査2】　　文章の記述調査・質問紙調査
・説明にはどんな能力が必要か ①精神面　　思考力　知識・経験　集中力　思いやり（相手への配慮）　根気　判断力 ②内容面　　説明対象の正しい認識　対象分析力　説明に必要な項目を列挙する力 ③構想面　構成力（展開・順序を考えて、まとまりよく組み立てる力） ④記述面　記述力　語彙力　求められる分量に収める　書き出しと結びの工夫　正しい主・述の対応や適切な接続語の使用 ⑤推敲面　メタ認知力　批正力 アンケート調査 ・課題に応じた文章を書くまでの間にどんなときに、どんな困難を感じたか。（難しかったこと・迷ったことなど）
A小学校の全児童96名（各学年一人あたり　1～2種類の課題）（調査1の抽出児童も含む） 1年（17名）：課題1　（仲間分け） 2年（15名）：課題1と2（仲間分け・絵描き） 3年（12名）：課題2と3（擬態語・絵描き） 4年（11名）：課題3と4（擬態語・背比べ） 5年（23名）：課題4か5（背比べ・じゃんけん　半数ずつ） 6年（18名）：課題4か5（背比べ・じゃんけん　半数ずつ）
「記述」（文章として完成されたもの） 　原則として、時間制限なしで書かせる。修正は消さないで行うよう、児童に伝える。必要ならば、新しい用紙に書き改めたりしてもよいことを知らせておく。また、鉛筆（2B）は用意する。 「メモ（覚え書きや構想図など）」 対象分析しているときや構想を練っているときが主となるが、記述の途中にも、推敲段階でも見直したり、加除修正したりすることが考えられる。思考の跡を残すため、メモは消さないよう被験者に事前に知らせる。 「アンケート」 ・難しかったことやうまく説明できたことなど
平成21年2月下旬　（各学年とも45分間）

	抽出児童と調査者と1対1の個別調査
	児童の横にビデオカメラ設置、課題に対して児童に説明文を書いてもらう。必要に応じて調査者が質問し児童に答えてもらう。
方法	調査の流れ
	a　着席する。
	b　検査の流れを説明する（調査者）。
	c　課題・資料を与える。
	d　課題把握段階の観察―課題について、質問を受け付ける。
	（作文で取り上げる内容や説明の仕方について指示しない）
	e　分析段階・構想段階の観察（メモ）。
	※罫線なしの用紙
	f　記述段階（作文）の観察。※罫線のみ（行間あり）の用紙
	g　推敲段階の観察―必要に応じて新しい用紙を与える。
	h　被験者が「できた」と判断したところで、ストップし、時間の測定。
	記録に用いる機器
	・IC レコーダー→机上に置く
	・デジタルビデオカメラ
	①被験者の表情・目線・体の動きを撮影する【姿カメラ】。
	②被験者の手元（書いている部分）を撮影する【手元カメラ】。

<u>悉皆調査</u>
・消しゴムを一切使わない。（修正・メモなどは自由にさせる）
・事後のアンケートに回答してもらう。

| 調査の流れ |

a　着席する。
b　2Bの鉛筆2本・作文用紙（メモ欄付き）を配布し記名させる。
c　検査の流れと約束を説明する（担任）。

> 「これはテストではなく、作文を仕上げるまでに頭でどんなことを考
> えているのかを知るための調査なので、先生はどう書けばいいかは
> 教えないこと、友達にも教えない」
> ・時間制限はない
> ・「文を書いて」説明する
> ・消しゴムを使わず、二重線で消したりそばに書き込んだりして修正
> する。清書する必要はないが、用紙が必要ならとりに来てよい。
> ・「これでよし。直したいところはもうない」と思ったら、前に提出す
> る。（作文用紙・メモ用紙・鉛筆）
> ・終わったら他の友達の邪魔をしないよう席を立たずに読書をする。

d　課題・資料を与える。
　　課題は黒板をつかって調査者が提示する。
　　※　子供たちのメモ用紙にも課題は記載してある。
e　「始めましょう」
　　　開始時刻を記録しておく（担任）。
f　メモなどを利用しながら、各児童が自分のペースで課題をこなせるようにする。
　担任と調査者は、教室を回りながら、課題や単純な作業に関する質問は受けつける
　が、内容や説明の仕方について指示しない。新たに用紙を要求した子供には渡す。
　その際、すぐに記名させる。
g　子供は「これでよし。」と思ったら、用紙・鉛筆を担任に提出する。名簿にそれぞ
　れの終了（提出）時刻を記録。ただし、提出されたものに明らかに不明点があれば、
　本人に問う。（2種類の説明文を書いている、文の横に語句が書かれているがどこに
　入れるのか不明……など）
h　記述した用紙を提出した児童には、アンケート用紙を渡す。
k　アンケートを回収→書いていない児童には書き上げを促す。

第3項　指導者の意識や指導の実態把握のための調査

1　調査の目的

本調査は、「説明する力」の育成に関する指導者の意識や指導の実態を明らかにしようとするものである。学習者が身に付けている「説明する力」には、自然習得によるものと指導によるものとがあろう。必要であるのに身に付いていない「説明する力」があるとすれば、指導の欠如や偏り等が要因になっている場合も考えられる。本研究の目的は、「説明する力」の育成に資する指導の在り方の提案にある。そのため、学習者の実態と並んで指導の実態を把握し、そこに改善のポイントを見出すことが肝要である。

そのため、一部ではあるが、現役の小学校教員を対象に、児童の実態、指導に対する意識等について記述式の質問紙調査を行った。自由記述を中心にしたのは、指導者が「説明」という言語行為や「説明」に関する学習者の実態をどうとらえ、指導の必要性をどう認識し、どのような指導をしているかについて、本音に近い実態を把握するためである。頻出する語句や回答の順序等に意識が表れると考えている。

2　調査の概要

表1－6　指導者の意識調査の概要

	指導者の意識調査の概要
内容	○　指導者の意識とその問題点 ・児童の実態に対する意識 ・「説明」という言語行為に対する意識 ・説明する力を付ける指導に対する意識 ○　指導の実態とその問題点
方法	・自由記述を主とした質問紙に回答を求める。
対象	公立小学校教員 116 名、うち回答者数 86 名（回収率 74%） 無記名回答による
期間	平成 21 年 10 月実施

所要時間	回答に要するおよその時間　　約5～10分間
観点	・学習者の説明の実態をどのようにとらえているか。 ・「説明」という言語行為の特性をどうとらえているか。 ・説明する力を付ける指導はどれほどどのように行われているか。 ・どんな指導に重点がおかれ、どんな指導がされにくいか。 ・どのような題材で説明の指導がされるのか。 ・指導上、どのようなことに悩んだり迷ったりしているのか。

3　質問紙

質問項目は、以下のとおりである。（すべて複数回答可）

表1－7　指導者の意識調査の質問項目

質問1　　子どもたちが学校生活で「説明」する場面を見ていて、感じられることや気づかれることを思いつくままに書いてください。

質問2　　「説明」において「分かりやすい」とは、どういうことでしょうか。

質問3　　国語科の「書くこと」領域（日常や他教科・総合などではなく）の中で、何かの「説明」を書く指導をされたことがありますか。教科書の教材でも、そうでなくてもかまいません。
　　　　　　　　　　ある　　　　　　　　　　ない
ある方は、何年生対象に、どんな題材で　何を指導されましたか。
　　　　（学年はおよその記憶でかまいません）

質問4　　「説明」を書く指導をされていて、迷うこと、困ること、難しいと思われることはどんなことですか。思いつくままに書いてください。

質問5　　「説明」を書く指導の題材として、こんなものがあるのではないかと思われるものがあれば、思いつくままにお書きください。
　　　　・「　　　　　　　　　　」（を）説明する文章

質問6　　子どもたちの「説明」する力を高めていくための指導で、こんなことが知りたい、こんなものがあれば役に立つと思われるものがあれば、思いつくままにお書きください。

第4項　教材や指導法の開発と検証授業の実施

　調査結果をもとに育成が求められる能力を整理し、それを育成するための教材や指導法を開発する。検証授業は、平成22年10月から12月、著者が担任する第4学年の児童を対象に行う。4年生以上の学習者であれば発達段階的に抽象的な思考が可能になる段階とされているためである。なお、検証授業の結果について確固とした一般化は難しいが、今後、指導の在り方を考えていく上での参考になるとは考えている。

【注】

1　文部省『小学校学習指導要領解説総則編』（平成11年5月）2頁
　第1章総説2「改訂の基本方針」に以下のような記述がある。
　　　文部省において実施した「教育課程の実施状況に関する総合的調査研究」（平成4年度から平成8年度）の調査結果をはじめ各種の調査から明らかになった次のような教育課程実施の現状を十分考慮した。
　　ア　計算の技能や文章を読みとる力などは比較的よく身についており学習に対する関心や意欲も高いものの，文章表現力や論理的な思考力は、計算の技能や文章の読み取りなどに比べてやや低いこと。
2　巳野欣一「説明表現能力育成の学習強化の構想」増田信一先生退官記念論集刊行委員会『増田信一先生退官記念論集』（2000）　110-111頁
3　文部科学省『小学校学習指導要領解説国語編』（平成20年版）7頁　第1章総説3　国語科改訂の要点　（3）言語活動の充実　（2008）
4　文部科学省『小学校学習指導要領解説国語編』（平成20年版）130-133頁　各学年の目標及び内容の系統表（小・中学校）〔A話すこと・聞くこと〕〔B書くこと〕における「言語活動例」（2008）
5　文部科学省『小学校学習指導要領解説総則編』（平成20年版）第5節　教育課程実施上の配慮事項　1　児童の言語環境の整備と言語活動の充実（2008）
6　井上尚美『レトリックを作文指導に活かす』（1993明治図書）119-121頁　ピアジェの子どもの知的発達の段階や波多野氏の論をもとにしながら小学生の学年ごとの様相を解説している。

7　波多野完治「作文教授過程の定式化について」『作文と教育』(1972 百合出版) 11・12 月号

　日本作文の会 (1966) が発表した「生活綴方教育の定式と実践」では、第二段階に説明風な書き方の指導が、第三段階では説明形表現形体を入れる指導が、第四段階では概括的な説明の指導が提案されている。波多野氏はこれを「指導段階」が「心理発達段階」を踏まえていることを高く評価したうえでさらに改善点を提示している。

8　前掲書 6　124-125 頁

　東京都立教育研究所 (1991) が、論理的な文章 (説明文・意見文) を書かせ、各能力がどのように発達していくかを調査した報告書を井上氏がその発達の様相をまとめている。「学年ごとに異なるテーマで書かせたため、比較しにくい」としながらも「事前指導をせずいきなり時間内で書かせたため、児童・生徒の実態がそのまま出ている」としている。

9　前掲書 6　125-126 頁

10　櫻本明美『説明的表現の授業 – 考えて書く力を育てる – 』(1995 明治図書) 59-62 頁

　作文に表れている中心的思考 (「関係づける力」) の傾向を明らかにしようとした調査である。文集「大阪の子」に掲載されている小学生の作品 (1 年 10 点 2 年 23 点三年 27 点 4 年 65 点 5 年 99 点 6 年 120 点) を対象としており、文種も題材も異なる。

11　西郷竹彦『作文の指導』(1983 明治図書) 290-298 頁

認識の発達段階に即して中心課題を系統化した作文指導全般の指導案を提出している。

12　小林喜三男「文章表現・系統的指導 (試案)」　飛田多喜雄・野地潤家監修、大内善一編集『国語科教育基本論文集成 第 9 巻 国語科表現教育論Ⅱ 作文教育論 (2)』(1994 明治図書)

　児童言語研究会 (1960) が、①子どもの分析・総合能力の学年ごとの実態②その発達のみちすじ　③発達を促進・強化する指導の技術を明らかにすることを目的に行った調査。「運動会」という同一課題で書かせている。

13　笠原慎太郎「作文能力」の項　藤原宏・八田洋彌『小学校作文指導事典』(1993 教育出版) 18-19 頁

国立国語研究所の調査 (昭和 28 年 29 年入学児童を対象にした 6 年間の追跡) の結果を取り上げている。同一児童・同一課題である。

14　平井昌夫『新版文章を書く技術』(1972 社会思想社) 132 頁

15　青木幹勇『授業技術集成 第 4 巻 話しことば・作文』(1976 明治図書) 171-182 頁

16　速水博司「説明文の書き方」林大・林四郎・森岡健二編『現代作文講座 4　作文の過程』（1976 明治書院）145-175 頁

17　速水博司『大学生のための文章表現入門　正しく構成し、明快に伝える手順と技術』（2002 蒼丘書林）96-102 頁

18　速水博司「説明文・解説文」の項　藤原宏・渡辺富美雄監修「表現事項事典－国語資料図解－」（1985 全教図）171 頁

19　輿水実『輿水実 国語科の基礎・基本著作集⑤ 作文指導の基礎・基本』（1984 明治図書）

20　木原茂「解説文（高等学校）」　森岡健二・永野賢・宮地裕・市川孝編『作文講座　第 3 巻』（1967 明治書院）195-199 頁

21　植垣節也「説明文を書く技術」　樺島忠夫・植垣節也『表現学大系各論篇第 26 巻　説明・記録の表現』（1986 教育出版センター）11-38 頁

22　米田猛『「説明力」を高める国語の授業』（2006 明治図書）30-34 頁

23　小田迪夫『説明文教材の授業改革論』（1986 明治図書）118-129 頁

24　小田迪夫「説明文の作文技術」の項　国語教育研究所編『「作文技術」指導大事典』（1996 明治図書）255-257 頁

25　井上尚美『レトリックを作文指導に活かす』（1993 明治図書）124-127 頁

26　前掲書 10

27　前掲書 2　109-115 頁

28　巳野欣一「説明・報告を書くことの指導」　飛田多喜雄編『書く意欲・書く力を重視した表現指導法の開発』（1981 明治図書）174-179 頁

29　奈良県国語教育研究協議会編『表現指導 音声言語授業分析研究 (2) 説明能力育成指導の研究』2001　4-5 頁

30　井上一郎『誰もがつけたい説明力』（2005 明治図書）147 頁

31　前掲書 22

32　綿井雅康「説明と文章表現」　比留間太白・山本博樹編『説明の心理学　説明社会への理論・実践的アプローチ』（2007 ナカニシヤ出版）65-79 頁

「説明表現能力」解明編

第2章　説明とそれを支える能力

第1節　説明という言語行為

第1項　説明の定義

1　先行研究における「説明」及び「説明文」の定義

説明とはどのような言語行為であるか。あるいは説明文とはどんな文章であるか、一般的な意味、文章学、国語学、国語科教育学（書くこと・作文・文章表現の領域におけるものを中心に）の見地からの先行的な定義を列挙する。なお、これらの定義については、説明対象（何を）、説明者（誰が）、相手（誰に）、目的（何のためにどうする）、説明の方法や説明における留意点に相当すると筆者が解釈した箇所に、それぞれ下線を付した。

（1）一般的な意味

　　①事柄の内容や意味を、よく分かるようにときあかすこと。「事情を―する」②（explanation）記述が事実の描写や確認にとどまるのに対して、事物や出来事が「何故かくあるか」の根拠を示すこと。科学的研究では個別事象を一般法則と初期条件から導き出すこと。　　「説明」の項（新村出『広辞苑第6版』2008 岩波書店）

（2）国語学的及び文章学的な見地から

　①　説明文は道理を説明する文章で、英語にては、exposition といふ。記実文、叙事文がおもに外界具体の事物を主題とするのに対して、是れはおもに内界抽象の理を証断することを目的とし、記実文、叙事文が読者の想像感情に訴ふるに対して、是れは知識理解力に訴ふること

を本領とする。従つて説明文に要する所は偏見、独断、先入等の私人的感情を交へずして、構成冷静に事理を解説するに在る。

（五十嵐力『新文章講話』1909 早稲田大学出版部）

② 「レトリック時代の4形式」の一つとして、「説明文」（exposition）について次のように説明している。

説明とは、記述文が物質的・精神的対象を描写するのと異なり、観念として対象を概括し、意味を固定することである。つまり、付随的なことがらを省いて、そのものを概括して意味をのべることであり、それが何であるか、その性質・趣旨・範囲・限界などをのべるのである。記述文の場合は、具体的な特殊性を描こうとするが、説明文では事物そのものでなく、観念あるいは一般概念を扱うことになる。説明の方法としては、ことばの解釈や定義、ことがらの分析とその分類などがあげられる。

要するに、説明はいろいろの場合に必要であるが、思考のタイプとしては、「何か」（what is it?）という疑問に答えることであり、人々のもっている範疇や分類体系の枠の中に対象を整理して、「何か」を理解させようとするのである。（森岡健二『文章構成法』1963 至文堂）

③ ある事柄について、そのことについてよく知っている人が、知らない人、わからない人に理解させるように実物・模型・図解などを操作して話す言語活動で、聞き手の理解・納得をもって終る。（「説明」の項　大久保忠利）

（国語学会編　『国語学辞典』　1955 東京堂出版）

④ ある対象に接している人（または接した人）に、外見や客観的な観察だけではとらえることができにくい構造・機能・作用・効果・価値・成立・由来・原因・結果・未来に対する予想などを知らせること。（「説明」の項　樺島忠夫）

（国語学会編『国語学大辞典』1980 東京堂出版）

⑤ 相手に事実・知識・情報・考えを伝えることを主目的とする文章。

（木原茂『文章表現十二章』1983 三省堂）

⑥　説明文とは、あることがらを読み手にはっきりと説明する（わから
せる）ための文章である。書き手の観察力や洞察力によってわからせ
ることが目的なので、説明文の範囲は広く、ごく平叙的なもの、論説
的なものなど多様であるが、そのいずれの場合でも、読み手の立場を
考え、目的や場に応じて平易に書くことが必要である。

（森岡健二『文章構成法』1989 東海大学出版会）

（４）認知心理学的な見地から

　説明とは、「よくわかるように述べること」（大辞林、三省堂）という
意味である。つまり、説明を求める者にとってわからないことを、言葉
によってわからせるという活動を指す。

（比留間太白『よい説明とは何か』2002 関西大学出版部）

（５）国語科教育的な見地から

①　説明 explanation　explain　説きあかすこと。口でする場合と書い
てする場合とがある。後者は説明文 exposition である。説明の本質は
明らかにすること、わからせることにある。…（中略）相手が知ら
ないこと、相手にわかっていないことを知らせる、わからせるという
作用であって、お話（物語）よりは知的である。したがって、その
「なぜ」という理由や、それがほんとうには「なんであるか」という
ことを自分でも考えておかないと、ほんとうの説明はできない。…
「説明」の項（輿水実『国語科基本用語辞典』1970 明治図書）

②　説明というのは、ある疑問にこたえて、疑問とされている対象につ
いて、相手の必要な、まとまりのある正確な知識を、わかりやすく、
提供することであり、そのような文章が説明文である。

（飛田多喜雄・大熊五郎『文章表現の理論と方法』1975 明治図書）

③　説明文とは、書き手が、ある内容（知識・情報など）を、それにつ
いて知りたいと思っている人に、要点を整理して、よくわかるように
「説き明かす」文章のことである。（作文指導「説明文」の項　吉田裕

久）

(田近洵一・井上尚美編『国語教育指導用語辞典』1984 教育出版)

④ 説明とは、聞き手が、話される事柄について知らない（知っていてもその一部であるか不確かなもの）ということを前提とし、聞き手に知らせ、わからせるために行う言語活動である。そのうち、文章でなされるのが説明文（説明的文章）である。（「説明・発表」の項　出野宏）

(田近洵一・井上尚美編『国語教育指導用語辞典』1984 教育出版)

⑤ ある事柄について、よく知っている表現者が、その事をまったく知らないか、よくは知らない相手に対して、事柄を整理し、順序立ててわかりやすく説き明かす文章をいう。相手に理解させることを目的とした知的な言語活動であり、正確な内容と客観性が求められる。（「説明文（作文教材）」の項　巳野欣一）

(国語教育研究所『国語教育研究大辞典』1991 明治図書)

⑥ あるものごとをとりあげ、その成りたちや仕組み、はたらき、価値などを、それらが成り立つ理由、根拠、条件、などとともに明らかにして、それを知らない人に伝えわからせる文章。（「説明文」の項　小田迪夫）　　（国語教育研究所『「作文技術」指導大事典』1996 明治図書）

⑦ 説明文は、自然や社会の事物や事象について疑問に思えることを突きとめて、「それは……だからこうなるのです。」と説き明かす文章である。（書くことの指導「説明文」の項　前田真証）

(大槻和夫『重要用語 300 の基礎知識③　国語科重要用語 300 の基礎知識』2001 明治図書)

⑧ 説明文とはある物事の成り立ちや仕組みを、その事物に関して未知な読み手に対してその理解を得るように一定のものの見方・考え方から説き明かして伝える文章のことである。（〈書くこと〉「説明文」の項　大内善一）　　（日本国語教育学会編『国語教育総合事典』2011 朝倉書店）

⑨ 説明とは、ある事物を取り上げて、その内容や意味をよく知らない人にそれがどんなものかわかるように解き明かすことである。「問いと答え」の構造を基本とする。ある物事に関する成り立ちや仕組み、

働き、価値など、様々な側面からその特徴や様子を取り上げ、情報を的確に伝えることに主眼を置く。(書くことの指導「説明文」の項　櫻本明美)

(髙木まさき・寺井正憲・中村敦雄・山元隆春編『国語科重要用語事典』2015 明治図書)

⑩　説明とは、ある事柄についてその意義や価値を反映しつつ、すじみちだてて解き明かすことである。事柄に関する情報を論理的に組み立てて、受け手に納得できるように展開させることが必要である。広義には、説明文は、記録文や報告文、論説文や評論文を含むが、狭義には上記の機能を備えた文章を指す。(読むことの指導「説明・解説」の項　植山俊宏)

(大槻和夫『重要用語300の基礎知識③　国語科重要用語300の基礎知識』2001 明治図書)

⑪　説明は、ある事物や事態、事象、現象の本質、種類、構造、経緯、機能、価値、原因、法則などに関わる問いに、情報や論理を整理して筋道立てて解き明かす機能のことで、これを備えた文章が説明文である。(読むことの指導「説明・解説」の項　寺井正憲)

(髙木まさき・寺井正憲・中村敦雄・山元隆春編『国語科重要用語事典』2015 明治図書)

　こうしてみると、「説明(文)」の定義には幅があり、説明者の考えを入れるのか客観的に書くのかについては定まってはいない。また説明対象については「ある事柄」という漠然としたものから、ある事柄の性質、仕組み、原因、価値等のように絞られるものまであるが年代が下がるにつれて絞られる傾向が見える。共通するのは、対象についてよくは分からない相手に理解させることに目的としている点である。

2　本研究における説明の定義

　本研究では、これらに学び、国語科の授業を念頭におきながら、「説明」という言語行為を次のように規定することとする。

説明とは、ある対象について、よく知っている人（説明者）が、その対象について全く分からないか、よくは分からない人（説明の相手）に対して、その人の認識や行動を助ける知的な理解に導くこと（説明の目的）をめざしてその対象に含まれる事柄や事柄相互の関係性（説明対象）を客観的に整理し、順序立てて（説明の方法）説き明かす言語行為である。知的な理解を促すため、説明者には、説明対象の特性と相手の理解の筋道に沿った「分かりやすさ」（留意点）が求められる。

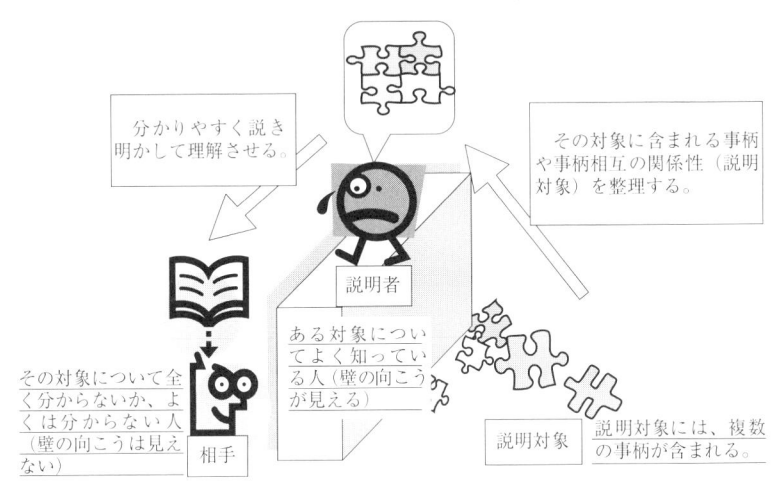

図2－1 「説明」という言語行為のモデル図

第2項 説明という言語行為の特性

1 説明の3要素

　説明とは、「相手（だれか）」に「説明者（だれか）」が「説明対象（何か）」を理解させるために行う言語行為である。よって説明を構成するのは、相手、説明者、説明対象の3つの要素であり、定義に基づけばそれぞれ次のような特性を有する。（表2－1）

表2－1　説明の３要素とその特性

相手	・説明対象のことが全く分からないか、よくは分からない。 ・説明対象のことを理解しようとする気がある。 ・説明者の説明で理解しようとしている。
説明者	・説明対象のことをよく知っている。 ・相手に説明対象について理解させようという気がある。 ・説明に際しては、説明対象を再度認識することになる。
説明対象 （内容）	・それ自体に複数の事柄を含んでいる。 ・相手にとっては分かりにくいことである。 ・説明者にとっては既知のことである。

2　説明者と相手との関係

　説明が成立する前提として、説明者と相手との間に２つの条件がそろわなければならない。一つは、何らかの対象に「問い」を抱いた相手が説明者に対してもつ「この人の説明で対象を理解しよう」という信頼と期待である。もう一つは、説明者が「この相手に対象を理解させよう」という必要や責任である。それらがあって説明は始まる。説明者が「相手に対象を理解させよう」と「説明対象」を認識し、言語表現して相手の「問い」に「答える」ことは、相手の信頼や期待に「応える」という責任の遂行でもある。「説明」は相手が説明対象を理解できたときに終わる。そのため「説明」の学習指導には、こうした関係が成り立つ状況が必要になる。（図２－２）

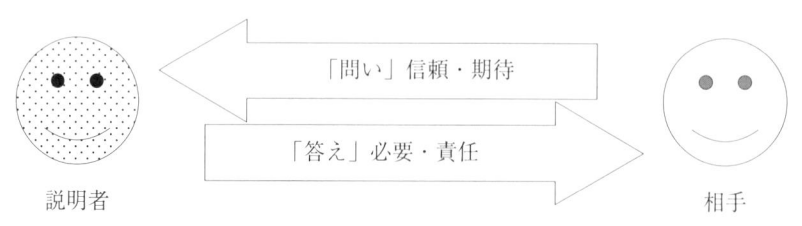

説明者　　　　　　　「問い」信頼・期待　　　　　　　相手

「答え」必要・責任

図２－２　説明における「説明者」と「相手」の関係

　米田猛（2006）[1]は、次のように説明に際して説明事項の分析と相手分析を行う必要を説き、説明は相手のニーズに応えるためにさまざまな工夫をするサービスだとしている。これらの視点をもつことが、相手の信頼や期待に応える説明に繋がることを指導する必要がある。

よい説明文を作成するための条件
① 　説明事項について、表現者（説明者）がよく理解していること。そのために表現者（説明者）は、
　ア　説明事項についての知識を確認し、必要であれば調査・研究を行う。
　イ　説明事項の説明要素（手順・機構・ことがら等）について徹底して分析する。
② 　説明事項について、相手がどのような状態でいるかを分析すること。そのために、表現者（説明者）は、
　ア　説明事項に関する相手の知識や経験の程度、興味や関心の程度、抱いている感情などを調査または推察する。
　イ　アで明らかになった相手の知識・経験に結びつける工夫をする。
③ 　相手の必要にかなっていること。①と②を統合・勘案して、相手が必要としている内容と、相手に分かりやすい説明手順とを考えること。そのために表現者（説明者）は、
　ア　相手の状態や必要に応じ、説明事項の説明要素を取捨選択する。
　イ　相手の理解の程度を考慮して、説明要素の並べ方を考える。
　ウ　必要であれば、図解・図示や補助資料の活用を考える。
④ 　相手に分かりやすい文型や用語であること。特に、専門用語や仲間うちの用語などの使用には注意を払うべきである。
⑤ 　説明事項について、正確な内容を把握するとともに、主観性を可能な限り排除して述べること。

3　説明の目的と説明者の役割

　説明の目的は、相手の認識を深めたり相手の行動を助けたりするために、説明対象（ある事柄や事柄相互の関係性）について相手を「知的な理解」に導くことにある。ここで言う「知的な理解」とは、関係付けを伴う理解であり、単に情報を「知る」ことではない。このため、説明者には、「情的な説き伏せ」ではなく、「知的な説き明かし」が求められる。「説き明かす」ことは単に「個々の事柄を知らせる」ことではなく、また「説得」「勧誘」「主張」のように、相手の「共感」「賛同」「行動化」までをねらうわけでもない。説明対象に含まれる事柄の内実を明らかにし、事柄相

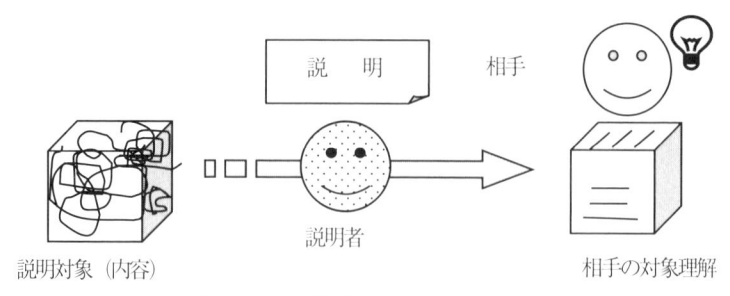

説　明　　　　相手

説明者

説明対象（内容）　　　　　　　　　　相手の対象理解

図2－3　説明の目的と説明者の役割

互を関係付け、整理し、順序立てて、相手に提供し、理解に導くのである。説明対象について分からない、あるいはよくは分からない状態にある相手は、説明者というフィルターを通して対象を理解することになる。それゆえ「何をどのように」理解させるかは、説明者次第なのである（図2－3）。よって学習指導に当たっては、学習者にも、相手の理解は自分次第だという構えで「説明」にとりくませたい。

第3項　望ましい説明

1　説明が成立するための絶対条件

自明のことだが「説明対象について相手が理解すること」は説明成立の絶対条件である。したがって、相手が少ししか分からない説明はあり得えても、相手が全く分からない説明には、「説明」としての存在意義を認めにくい。

2　相手が求める説明

「説明者」は、「相手」がどんな「説明」を求めているかを常に吟味しなければならない。では、「相手」はどんな説明を求めるか。

①　説明してほしいことを説明してくれる説明（要求の充足性）

理解したいことが理解できる、「ぴったり」と的中した説明。これが満たされないと相手にとって無意味な説明になる。

②　誤解することのない説明（正確性・客観性）

　理解したいことが正しく理解できる、「しっかり」とした説明。これが満たされないと相手にとってかえって迷惑な説明になる。

③　楽に分かる説明（省力性）

　理解したいことがたやすく理解できるように導いてくれる、「すっきり」とした説明。これが満たされないと相手にとって苦労の多い説明になる。

3　「分かりやすい」説明

（1）「分かりやすさ」とは

　「説明」の必要は、相手が説明対象について、分からない、あるいは、よくは分からないために生じる。つまり、説明対象は相手にとってそもそもが分からないこと、分かりにくいことなのであり、それを「分かりやすく」理解に導くことこそ、「説明」の本質的な意義である。その「分かりやすい」とは、「分かる」ことが「たやすい」状態を言う。

　では、そもそも「分かる」とはどういうことか。「何かを『わかる』とは、ものごとの相関関係が見えている状態である。私たちの脳は簡単なことしか理解できないため、難しいことも簡単でわかりやすい状態に変換して吸収するのだ」[2]という解釈がある。それならば、説明者が説明段階で相手にとっての「易しい形」に変換してくれれば苦労は軽減される。難しい事柄を「易しい形」で提供することは、説明者から相手へのサービスと言える。つまり「分かりやすさ」は相手を早く確かな理解に導く工夫であり、相手を対象理解させるという目的をよりよく達成する。

（2）「分かりやすさ」が左右するもの

　説明の「分かりやすさ」は、相手の対象に対する「理解の確かさ」（正確性）と「理解までの早さ」（効率性）を左右する。

①理解の「確かさ」（分かりやすい説明ほど確かに分かる）（図2－4左）

　「分かりやすさ」は相手が説明対象（内容）をどの程度「確かに」理解

できるかを左右する。「分かりやすく」説明できれば、相手はより確かな理解にたどり着ける。逆に、説明が「分かりにくい」と、相手は、誤った理解、狭い理解、浅い理解、偏った理解、曖昧な理解に陥る恐れがある。

②理解までの「早さ」（分かりやすい説明ほど早く楽に分かる）（図2-4右）

「分かりやすさ」は相手が説明対象の理解にどの程度「早く」たどり着けるかを左右する。「分かりやすく」説明できれば、相手はわずかな労力で楽に早く理解にたどり着ける。逆に、説明が「分かりにくい」と、相手は、結論や全体像や関係性等が見えない不明瞭さに耐え、迷いながら自力で情報の変換、関係付け等を行うという苦労を負わなくてはならず、なかなか理解にたどり着けない。

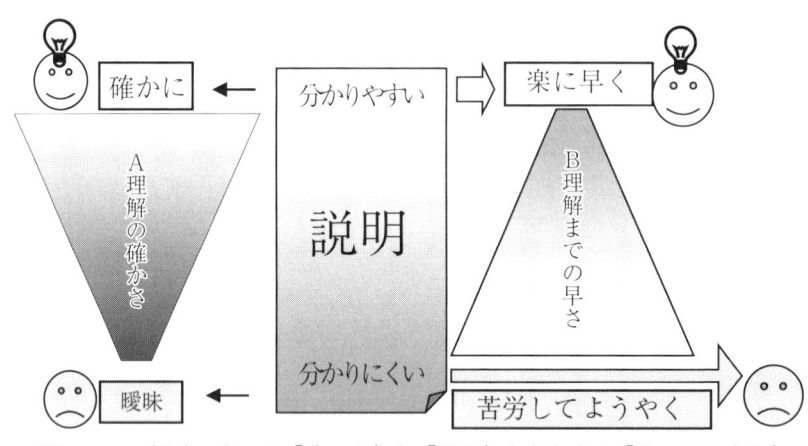

図2-4　相手の分かる「確かさ」と「早さ」を左右する「分かりやすさ」

（3）「分かりやすさ」を規定するもの

説明をするのは説明者だが最終的に理解するのは相手である。これは、料理をするのは料理人だが最終的に食べるのは相手であることと類似している。「食べる」には「食べやすさ」「おいしさ」が重要であり、これらを決めるのは、「素材」に合っているか、「食べる人」に合っているか、である。同様に、「分かる」には「分かりやすさ」が重要であり、その「分か

りやすさ」を決めるのは、「説明対象」に合っているか、「相手」に合っているか、である。当然、説明者が説明対象を扱えることが前提である。

① **「説明対象」に応じた「分かりやすさ」**

　相手にかかわらず、Aについて説明する場合とBについて説明する場合では、説明の仕方は異なる。例えば、「○と△の相違点」を説明する場合、「比較」の思考を促しながら、対比的に説明するのが分かりやすいだろう。また、「□の変遷」を説明する場合、「順序」の思考を促しながら、時間的な順序で説明するのが分かりやすいだろう。「説明対象」による「分かりやすさ」の規定はある程度絶対的と言える。説明対象に応じるには説明対象の特性を分析する必要がある。（対象分析）

② **「相手」に応じた「分かりやすさ」**

　同じ内容であっても、aさんには分かりやすい説明が、bさんには分かりにくいということがある。「相手」による「分かりやすさ」の規定は、相対的、個人的と言える。説明者が自分とは別人である相手に応じるためには、説明対象に関する相手の「経験・興味・関心・知識の有無や程度」を分析する必要がある。（相手分析）

　ただし、書くことによる説明は、話すことによる説明よりも、不特定な相手に対して行うことが多い。この場合は、相手の説明対象に関する「経験・興味・関心・知識の有無や程度」や「説明を理解する能力」等を分析しにくい場合が多い。そのため、それらを説明者側で想定したり平均化したりして「分かりやすさ」を追究することになる。（相手像の想定）

（4）分かりやすさを支える「易しさ」と「優しさ」

　相手をたやすく理解させる「易しさ」を実現させるのは、「優しさ」に支えられた配慮であることを学習者に理解させる必要がある。具体的には、相手の問いに即す、相手のつまずきを先回りする、相手の既有知識を使う、相手が確実に理解できる語句を用いるなどである。もちろん、「優しさ」さえあれば「易しく」説明できるというわけではなく、相手の理解の筋道に沿って説明するための適切な思考・判断・表現が求められる。

第2節　説明のプロセス

第1項　説明の4段階

「説明」のプロセスには4つの段階（I〜IV）があると考える（**表2−2**）。これらは不可逆的ではなく、立ち止まったり戻ったりしながら進むと考える。これは、学習者の実際の「説明」の様子から確かめられる。

　学習者は「問いの把握」から始め、対象認識、文章表現と段階を進めるが、そのあと再び対象認識に戻っている。また、自己批正は最後に行うのではなく、自らの「問いの把握・想定」「対象認識」「文章表現」に対し、その都度行われている。このように、説明を書く過程は一定の方向性をもちながらも複雑に試行錯誤を繰り返しながら成立に向かうと言える。

表2−2　説明のプロセスに見られる4つの段階

4つの段階		「説明者」の行為
I段階	問いを把握・想定する段階	相手が発した「問い」を把握する。「問い」が漠然とした要求（「〜について」という形）の場合や相手が不特定多数の場合には、説明者の方で「問い」を想定することになる。
II段階	対象認識する段階	対象認識の手段を選択する。それから、思考法を駆使しながら「説明対象」に含まれる個々の事柄を分析し、それらを関係付けて統合する。その結果、説明者の「対象認識」が確かになる。
III段階	文章表現する段階	与えられている条件に合わせ、自分が認識した「説明対象」について、線条的に「言語表現」することで、相手の「問い」に対する「答え」を説き明かしながら伝える。
IV段階	評価する段階	説明対象は、相手にどの程度、どのように理解されそうか、理解されているかを自己評価する。ただし、文章による説明の場合には、相手の実際の理解の程度は確かめにくい。

　次に示すのは、実際に学習者が説明を書くときの様相とそれに対する考察である。

【学習者の「説明」を書く様相】

課題1	分類の説明（おでん・シチュー・はし・スプーン）	言語行為の
学習者	小4　　Y男	プロセスの考察
「問い」把握 対象認識	（黙って課題を読む）うん。 「食べ物と食べるのに使う物、食べる「料理」 と食べるときに使う「道具」。」	○ラベリングし ながら、分類 しようとして いる。（分類
対象認識	とつぶやきながら、スプーン・はしのカード、 シチュー・おでんのカードをそれぞれ組にする。	の思考）
確認の質問 記述	「ここに書けばいいの？」 ✎このように分	○一般化の思考 （「料理」、道 具」）を働か せて言いかえ ている。
自己批正 記述 つぶやき 記述 自己批正 自己批正 記述 記述	「あっ、だめだ」と言って二重線で消す。 ✎ぼくは、おでん 「なんか、オデン食べたくなってきた」 ✎し 「あっ、ひらがなで書いてしまった」 シに直す。 ✎シチュー、はしとスプーンに分けました。 ✎（改行して）それは、おでんとシチューは食 べるもの、 文頭から読み返す。	○この「ここに 書けばいい の？」と尋ね ているので、 ひとまず対象 分析が終了し たと自覚して いることが分 かる。
自己批正 記述 自己批正 記述	✎はしとスプーンは食べるときに使う道具 ここで、手を止めて前文からすべて読み直す ✎だからです。	
つぶやき	┌─────────────────────┐ │ぼくは、おでんとシチューに、はしとスプー│ │ンに分けました。それは、おでんとシチュー│ │は食べるもの、はしとスプーンは食べると│ │きに使う道具だからです。│ └─────────────────────┘ 「できた。」	○まずは、問い に対して答え を述べ、その あとで理由を 述べている。
自己批正 対象認識	調査者「できたの。」 「うん。これでいい。」 「（4枚のカードを見て）ちょっと待って。」 カードを動かしながら 「これとこれは『ん（ン）』がついて、これとこ れは『し（シ）』がついて『ん（ン）』がついて いない。こっちは、『し（シ）』が付いていない。」	

記述	❀もう一つは、おでんとスプーン、シチューとはしに分けました。それは、おでんとスプーンは「ん（ン）」がついて、シチューとはしは「し（シ）」がついているからです。	
対象認識	「まだある。」	
記述	❀もう一つは、シチューとスプーン、はしとおでんに分けました。それは、はしとおでんは、日本の	
自己批正 対象認識	「えっ、でもおでんって、日本のものなんかなあ。」 そうつぶやいたあと、書いた上部をすべて、二重線で消す。 読み返す。あっ、	○自身の対象認識に対しても、自己批正をし、正確さに自信がないために言語表現を取り下げている。
自己批正	❀「もう一つは」を二重線で消す。 （消したそばに） ❀ぼくは、二つ目を考えました。、それは、	
自己批正	先ほどの２文目の「それは」を二重線で消す。 ❀（消したそばに）理由は、 文頭から読み直す。 「に分けました。」を二重線で消す。 ❀（消したそばに）です。	
「問い」の確認 〔最終記述文章〕	課題文を読み直す。	○把握した「問い」はここまで、保持されてきているが、それでも最終的に再確認しようとする慎重さがうかがえる。
	ぼくは、おでんとシチューに、はしとスプーンに分けました。理由は、おでんとシチューは食べるもの、はしとスプーンは食べるときに使う道具だからです。 ぼくは、二つ目を考えました。それは、おでんとスプーン、シチューとはしです。理由は、おでんとスプーンは「ん（ン）」がついて、シチューとはしは「し（シ）」がついているからです。	

第２項　説明の３要素と４段階との関係

　「説明」とは、「だれか（「説明者」）」が「だれか（「相手」）」に「何か（内容となる「説明対象」）」を理解させるために行う言語行為である。つまり、「説明」を規定するのは、「説明者」「相手」「説明対象」の３要素とい

うことになる（**表2－1**）。3要素の関係はどんな場合も対等（正三角形[3]）というわけではなく、状況や目的等によって異なり、目的や条件に合わせてバランスのとれた「説明」を目指すことになる。

　学習者に「説明」に取り組ませようとするとき、次の図（**図2－5**）の3要素と4段階（Ⅰ～Ⅳ段階）それぞれに、説明させようとする事柄や活動を当てはめてみることで、どんな説明を目指すのか、必然性はあるか、相手の設定は適切か、どんな条件を与えるべきか、何を考えさせなければならないか、学習者にはどんな困難があるか等、「説明」の全体像が見え、授業を構想、学習活動を具体化することができる。下記はコンパスの説明を例に、それぞれ事柄や活動を当てはめたものである。

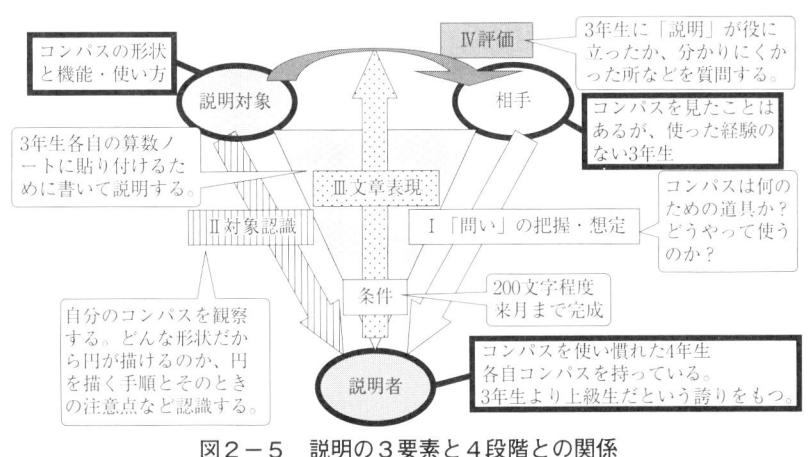

図2－5　説明の3要素と4段階との関係

第3節　4つの説明する能力

第1項　4つの説明する能力とその必要性

本研究において「説明する能力」とは「分かりやすい説明を支える能

力」を言い、説明に必要とされる意欲・関心・態度等の情意的能力、思考力・判断力、知識・技能等、分かりやすい「説明」を支えるすべての能力を含むものとする。なお、「説明する能力」には、大別して以下４つの能力が存すると考える。これらは、説明の４段階における活動やそこでの学習者のつまずき等から析出したものである。これらは活動ではなく能力としてとらえ、育成すべき対象とする。

1　相手の「問い」を把握・想定する能力　－説明する能力１－

「問い」は、相手が何らかの対象に対してもった疑問を解決すべく発するもので、説明とは、その「問い」に答えることである。したがって、説明者には、相手の「問い」を的確に把握・想定し、それを対象認識、言語表現、評価の各段階まで保持、適用する能力が求められる。いわば、この第１能力は「相手の問いをつかむ能力」で、この能力が相手の「問い」に「ぴったり」と答える説明を実現させる。なお、相手の「問い」を把握しにくい状況であったり、発せられる「問い」が漠然としていたりする場合は、相手の求める「問い」を説明者の方で想定する必要がある。

2　「対象認識」する能力　－説明する能力２－

説明とは説明対象に含まれる事柄や事柄相互の関係を説き明かす行為である。説明者が説明対象をよく分かっていなければ、相手を理解に導くことができない。したがって、説明者には、説明対象を正確に認識し、言語表現、評価段階まで保持、適用する能力が求められる。いわば、この第２能力は「説明対象をとらえる能力」で、この能力が説明対象を「しっかり」と提供する説明を実現させる。なお、説明対象の認識には、多様な思考法が要るため、対象認識する能力には、思考法に関する知識、技能をも含める。

3　「文章表現」する能力　－説明する能力３－

説明における「言語表現」とは、理解させようとする「説明対象」（「内

容」）をある「言語形式」を用いて表現することである。書いて説明する場合には、適切な材料を選び、構成し、適切な語句を用いながら文章化する能力（これを「文章表現する能力」[4]とする。）が求められる。いわば、この第3能力は「説明対象に適切な言語形式をあてがいながら説き明かす能力」で、分かりにくいことを「すっきり」と説き明かす説明を実現させる。なお、言い当てた表現をするには、多様な言語形式を知っていなくてはならない。

4　「自己批正」する能力　－説明する能力4－

「自己批正」とは、「自分が行う把握・認識・表現」が「相手の理解を保障するような把握・認識・表現」となっているか、相手の立場になって批判し、訂正することである。説明には、「相手にとって」という視点をもち続けながら主観を極力排し客観的に自己批正することが求められる。独りよがりでは、分かりやすい説明は実現しない。いわば、この第4能力は「自分を厳しくメタ認知する能力」で、自らを「きっちり」吟味し、表現の改善を図ることでより分かりやすい説明に導く。

第2項　説明の4段階と4つの説明する能力との関係

説明における4つのプロセスと4つの「説明する能力」はどんな関係にあるのかをまとめた（**表2－3**）。

表の項目の配列についてである。縦軸には、先に示した「説明」の4段階を順に並べた。横軸には4つの「説明する能力」を並べ、それぞれの能力に含まれる下位能力を知識・思考力・態度に分けて列挙した。

横軸に並ぶ4つの能力をそれぞれ下段へと順に見ていくとその能力がどのプロセスでどのように働くか、求められるかが分かる。当然ながら、網掛け部がそれぞれの能力が主として発揮される段階である。第1・2・3の能力は、それぞれ説明のプロセスのⅠ・Ⅱ・Ⅲの段階を遂行するために欠かせない能力だからである。ただし、これだけではない。それ以前（点

線矢印部分●…▸）やそれ以後（実線矢印部分●─▸）のプロセスでも働くものと考えている。

　まず、それ以後（実線矢印部分）のプロセスで働く場合である。例えば、第1能力であるが、プロセスのⅠ段階で「問い」を的確につかんでも、それより後の段階に移ったときに、「問い」を忘れてしまっては意味がない。プロセスのⅡ段階では、「問い」を念頭に置き、必要に応じた対象認識をしなくてはならない。次のプロセスのⅢ段階では、「問い」に照らして過不足なく書く必要がある。Ⅰ段階で的確に「問い」を把握・想定したのはこのようにその後のプロセスでも機能させるためである。

　次に、それ以前（点線矢印部分）のプロセスで働く場合である。これは、プロセスとしては逆行するようだが、既有の能力が発揮される場合である。例えば、第3の文章表現する能力であるが、Ⅲ段階の前のⅠ段階やⅡ段階でも求められる。問いを想定するとき（Ⅰ段階）に、「目的」という語句や「△は・・・のためにあります」という文型を用いることで、「問い」を想定しやすい。また、対象認識するとき（Ⅱ段階）に「□に着目すると、○は・・なのに対し、△は・・・です。」という文型を用いることで、対象認識を明確にすることができる。ただし、このような既有の言語表現に関する知識を学習者が自ら発揮するのは難しい。そこで、指導の際には代わりに、教師の方から、構成・文型・語句などの表現形式を提示する手だてが考えられる。

　一方、縦軸に並ぶ4つの各段階をそれぞれ右列へと順に見ていくと、その段階では、どんな能力が必要か、育てられるかが分かる。今行っているのは説明のどの段階かを明確にして、付けるべき力を育成していくことが必要である。なお、第4能力は、4つの各プロセスを側面からメタ認知する重要な働きをしている。（◂─部）

表２－３　「説明」の４段階と「説明する能力」との関係（試案）

「分かりやすい」説明を支える４つの「説明表現能力」				
		（1）　第1能力「問い」を把握・想定する能力	（2）　第2能力対象認識する能力	（3）　第3能力文章表現する能力	（4）　第4能力自己批正する能力
4つの上位能力		的確に「問い」を把握・想定し、それを保持・適用する能力	説明対象に関する既有知識を生かしながら、正確に分析し、対象認識する能力	文章表現の既有知識を生かしながら、説明対象を「問い」に合わせて適切に文章表現する能力	自分の行った把握・想定、対象認識、言語表現を客観的に批正する能力
下位能力	知識	「問い」の概念、「問い」の形式に関する知識	認識方法に関する知識思考法に関する知識	語彙・文型・構成法等に関する知識	批正の観点に関する知識
	思考力	推察力洞察力観察力	情報収集力多面的な思考力図解力	構成力　記述力語彙力　言語感覚	メタ認知力妥当な評価力
説明の4段階	態度	社会性誠実さ配慮目的意識	責任感誠実さ脱主観集中力	丁寧さ実践力根気	厳しさ　謙虚さ根気
Ⅰ段階「問い」を把握・想定する		相手の状況や対象の特性に合わせて、的確に「問い」を把握・想定する。	対象に関する既有知識の範囲でそれを生かして大まかに「問い」を把握・想定する。	「答え」を出してみて、その文型などから、「問い」を把握・想定する。	相手の立場になって客観的に把握・想定する。
Ⅱ段階対象認識する		「問い」に応じて必要に合わせて対象認識をする。	説明対象を分析・統合し、正確に対象認識する。	文型や語彙などの既有知識を生かし、文章表現してみることで、対象認識をする。	正確さや客観性を常に吟味しながら対象認識する。
Ⅲ段階文章表現する		「問い」を保持・適用し、過不足なく答えて書く。	対象認識を保持しながら書く。	材料、構成、文型、文末表現、語句等を選びながら適切に効果的に書く。	相手の立場に立ってモニタリングしながら書く。
Ⅳ段階結果を評価する		相手の「問い」に応じられたかをふり返る。	正確に内容を理解させられたかをふり返る。	目的や条件に合わせて適切に書き表せたかをふり返る。	客観的に評価をふり返る。

【注】

1　米田猛『「説明力」を高める国語の授業』（2006 明治図書）　16-17 頁
2　梅津信幸『「伝わる！」説明術』（2005 筑摩書房）
　　　梅津は「何かを『わかる』とは、ものごとの相関関係が見えている状態
　だ」（32 頁）と述べる。また、「私たちの脳は、簡単なことしか理解できな
　い」（87 頁）とし、「何かを理解するという脳の働きは、
　　　1　まず、ものごとをわかりやすいように変換する。
　　　2　変換して柔らかくなった状態で、それを吸収する。
　の二段階になっている」（88 頁）と述べる。
3　井上一郎『誰もがつけたい説明力』（2005 明治図書）76 頁
　　　井上氏も、同様に、三角形の図を示している。そこでは、説明には「主体
　に応じた説明力」が必要で、主体がどんな目的をもっているかを見るときに
　は、これらの観点で見ることが大事である。表現様式はそのうちどれを主と
　するかで変化する、と述べている。
4　井上尚美『レトリックを作文指導に活かす』（1993 明治図書）　125 頁
　　　井上氏は説明的文章の「文章表現能力」を大きく「対象認識能力」と「文
　章構成能力」に分けている。本研究においては、「対象認識する能力」は「文
　章表現する能力」に含めず、外に出し別の能力として扱う。そのため、本研
　究における「文章表現する能力」は、井上氏のいう「文章表現能力」のうち
　の「文章構成能力」に相当することとなる。

第3章　問いを把握・想定する能力

−説明する能力1−

第1節　説明における問いの把握・想定とその必要性

第1項　問いとは

1　疑問と問い

　木原茂（1963）[1]は、「説明文の練習」として、まず「説明」について以下のように述べている。

> 　説明とは、人間の持つ無数の質問に答えることである。私たちが知らないこと、疑問に思うことはほとんど無限に存在している。「それは何か」、「なぜそうなのか」、「それにはどのような種類があるのか」、「それはどのような要素から構成されているのか」、「それはどのような働きを持つか」、「それはどのように変遷して来たのか」、「それはどういう意味か」、「それはどのようにすればよいか」など私たちの質問は数えたてていけば限りがない。このようなさまざまな質問に答えて、読者を、その未知の状態から理解の状態にまで引き上げるのが説明文の目的である。

　このように説明が必要になる場面や状況を踏まえておくことは、説明する文章を書く能力を育成する指導を構想する上で大変重要である。ただし「疑問」は必ずしも明確に相手から「質問」として外言化されるとは限らない。相手が疑問に思うだろうことを想定して説明をすることもありうる。そこで、本研究においては、木原氏のいう「質問」については「問い」という用語に吸収し、相手の中にふと生まれる「疑問」とは区別することとする。

　実際、私たちは日頃、身の回りの様々な対象に疑問を感じる。ところ

が、雑多な中で過ごしているため、多くの疑問は解決を求めないまま放置され、消滅する。しかし、疑問の中には、解決を求めるものもある。このとき「疑問」は「問い」となる。その場合、解決の方法は二つある。一つは、自力で答えを求める方法である。疑問の対象が自分の範疇にある事柄であれば、それが最も納得のいく方法かもしれない。もう一つは、問いという形で他者（書物等の場合もある）に説明を求める方法である。例えば「恐竜はどうして絶滅したのか」「目の前の人はどのような仕事をしているのか」「駅までどのようにいくか」等、自力解決が不可能だったり非効率だったりするときには後者の方法をとる。

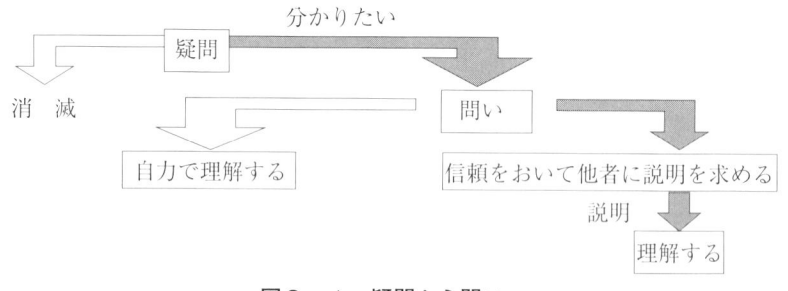

図３－１　疑問から問いへ

　もちろん、説明者の方から、分からせたい対象や問いが提起される場合もある。植垣節也（1986）[2]は「説明が必要なときとは、相手が知りたがっているときと、こちらが知らせたがっているときとである。前者の場合は、相手が知りたい分かりたいという意思で精神を集中してくれるから、わずかな説明で納得してくれる期待がある。後者の場合は、無関心な相手に知らせたい分からせたいのであるから、（場合によっては、意識的に知りたくない相手だって予想される。）まず注意をこちらに向けさせなくてはならない。それには相当のテクニックが必要だ。」と自身の体験を提示して述べている。たとえこのような場合であっても、相手がどこかの時点でその説明対象を「分かりたい」「どういうことだろう。まずは理解だけはしてみよう」と思えば、きっかけは外からとはいえ、相手の中に「問い」が

生じたことになる。つまり、説明対象についての疑問が説明を通して分かろうとする要求になったとき、それを「問い」とする。さらに、小田迪夫（1996）[3]にならい、説明を「問いと答え」という構造で捉え、述べていく。

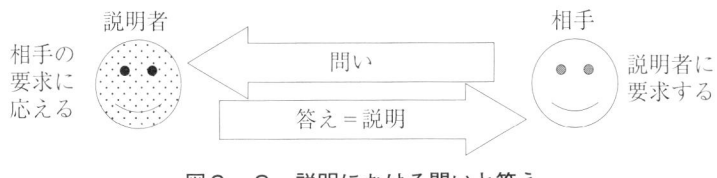

図3－2　説明における問いと答え

2　答え方の違いによる問いのタイプ

輿水実（1975）[4]は、新聞報道をもとに「説明が出てくる問題設定」を取り上げ、5W1H を以下のように整理して解説を加えている。

①事実・事件の認知（いつ、どこ、だれ）

　・表面に出ている「事実」である。

　・一つの孤立した事実、事件。

　・事実を事実として知ったにすぎない。「わかる」ではなく「知る」。

　・ふつうは簡単に答えることができる。

　・この設問で一つの説明文ができるというほどのものではない。

　・「どこ」とか「いつ」とか「だれ」とかいう問いも、用意しなければ答えられない、特別の知識を持っていなければ答えられないということになると、説明になってくる。

②本質・過程・理由の解釈（なぜ、どのようにして、何）

　・事実に解釈が入る。

　・特別の知識を持っていなければ答えられない。

　・そう簡単に答えられない。

　・説明文のための設問になる。

　こうした考察から輿水氏は、「説明文のための設問として、なぜ、どのようにして、何という三つが基本的なものである。」としている。ただし、「何」については、特に次のような注意を促している。

・「何」というのは、それを本格的に問えば説明になるが、「何が見えますか」「川が見えます」という程度ではまだ説明とはいえない。しかし、「１ＰＰＭとは何か。」というようなことは、知らない者には、説明してもらわないとわからない。

・「何」は問いの根本である。「なぜ」も「どのようにして」も、「……の理由は何か」「……の方法は何か」、「経過は何か」というように、「何」にしてしまうこともできる。

このような輿水氏の整理は、「単に答える」ことと「説明する」こととの差異を区別にする必要性を示唆している。この輿水氏の整理を参考にしながら、また輿水氏のいう「そう簡単には答えられない」理由を説明対象に含まれる事柄相互の関係付けが求められるからだと考え、学校現場で使える平易な形で提示する（表3−1）。

表3−1　知らせタイプの問いと説き明かしタイプの問いの例

問い	例	①知らせ	②説き明かし
who	あなたはだれか	○	×
where	はんこはどこにあるのか	○	×
when	荷物が届いたのはいつか	○	×
what	「滑川市」は何と読むのか	○	×
what	マニフェストは何語か	○	△
which	その問題の正解はどちらか	○	△
whose	この孫の手はだれのものか	○	×
why	どうしてそんな名前が付けられたのか	×	○
how	荷物が届けられたときはどうだっか	△	○
how	マニフェストとはどのようなものか	△	○
how	まごの手はどんなふうに役立つのか	×	○
how	政権交代によって私たちの生活はどうなるのか	△	○
how	これらの道具はどのようにわけられるのか	×	○
how to	カレーを作るにはどのようにしたらよいか	×	○
how	その問題はどのように考えるべきか	×	○

① 知らせタイプ

　答えを「知らせる」ことで理解を得るタイプの問い群である。例えば、what・when・who・whose・which・where を問う問いであり、「～はだれか」「ＡとＢのどちらか」等がこのタイプにあたる。

　これらの問いには「３日です」「Ａです」等、単語のみで答えられる。

② 説き明かしタイプ

　答えを「説き明かす」ことで理解を得るタイプの問い群である。例えば、how・why を問う問いであり、「～は今どうなっているのか」「～はなぜ変わったのか」「～はそもそもどのようなものか」等がこのタイプにあたる。

　これらの問いには、単語のみでは答えとしては不十分で、「～が～であるために～は～から～に変わった。」など、単語と単語をつなぎ合わせなければ答えられない。そのため、複数の事柄の整理、事柄相互の関係付けが求められる。

　上記①②ともに、分かりたい疑問を問いの形式で示し、答えを求めていることには変わりないが、答え方は大きく異なる。知らせタイプの問いへは単語でも答えられるのに対し、説き明かしタイプの問いへは単語と単語をつなぎ合わせなければ答えられない。①の知らせタイプの答えが「点」であれば、②の説き明かしタイプの答えは「線」あるいは「面」である。つまり、線や面が点でできているがごとく、説き明かしタイプの下位には、知らせタイプがある。例えば、「どのようにしてその問題は解決したか」のような説き明かしタイプの問いに答えるには、「いつ、だれが、何をして」等、知らせタイプの問いに分解し、それらの答えを相互につなぎ合わせなければならない。そのため、説き明かしタイプの問いに答えるには、高次な思考力・判断力・表現力等が求められる。

　アンケートによると、指導者は「学習者は単語でしか表現できない」実態を問題視している。つまり、知らせタイプの問いにしか答えられず、説き明かしタイプの問いにはうまく答えられないということである。これは、単語で答える問題に比べ、記述式の設問が苦手で「書けない」「書か

ない」ことが多い実態とも重なる。一方、いわゆる「一問一答式」の発問等、指導者が、単語で答えて済むような知らせタイプの問いを発するところにも課題がある。指導者は、どちらの答え方を要求している問いなのかを識別しつつ指導することが大切である。

　なお、説明は、事柄相互の関係性を説き明かし、相手が「知る」ではなく「分かる」ことをめがけるため、本研究においての「問い」は主として「説き明かしタイプ」となる。

3　思考法に着目した問いの分類

　問いにはどんな種類があるのか。本研究上の説き明かしタイプの問いを用いる思考法や説明の仕方によって、７種類にまとめた（**表３－２**）。これは、井上一郎（2005）[5]の「対象のカテゴリーによる説明の表現様式」や速水博司（1976）[6]の「私たちの周囲にあるさまざまな疑問」や木原茂（1963）[7]の「質問の種類」に学びながら、網羅したうえで分類整理したものである。表では、説き明かすべき事柄相互の関係性を図解し、主として用いる「思考法」との関連も示すようにした。説明では、「思考法」を用いて事柄相互の関係付けを行う必要があるからである。

　例えば、「正三角形はどんな形か」（**表３－２の２「定義」**）の説明を求められたとする。まずは、辺や角の数や長さ・大きさ等を「観点」にして他の三角形と「比較」する。そこに共通点や相違点を見出し「分類」することで「３辺の長さが等しい」という特性に気付く。そして、「３つの等しい長さの直線で囲まれた形である」という性質で「一般化」する。さらに、それは正しいか、具体的に様々な正三角形に当てはめてみる（「特殊化」）ことで、その定義の妥当性を「評価」する。様々な「思考法」を駆使して「正三角形はどんな形か」（定義）という問いに答えるのである。

　このように問いを７つに大別したが、これらの問い（**表３－２の１～７**）は、図解例のような単純な形で提示されることはむしろ稀で、実際には変形型や複合型になることが多い。例えば「この木が学校のシンボルとなった経緯」を説明する場合、これは「変遷」（**表３－２の６**）の説明に当

表3−2　「問い」の分類とそれぞれの「問い」の説明に用いる主な思考法

問いの分類（試案）		井上一郎（2005）「対象のカテゴリーによる説明の表現様式」	速水博司（1976）「私たちの周囲にあるさまざまな疑問」	木原茂（1963）「質問の種類」	図解	用いる思考法 主：下線
問いの概念語	問いの形式					
1 内容 事実 状態 形態	どんなふうか・どんなものか	②成分的　何でできていますか ④形態的　どんなかたちをしていますか ⑩分布的　どこにありますか ⑫問題論的　何が問題となりますか ⑭反応的　どんなかんじがしますか	⑧それはどんなであるか。—形態・生態・分布など。			観点 比較 分類 評価
2 定義	どんなものと定められるか	①内容的　何ですか	①それは何であるか。—内容・種類・事実・状態など。	(1)……とは何か〈定義〉		観点 分類 一般化 具体化 評価
3 理由 原因 因果	どうしてそうなのですか。	⑥理由的　どうしてそうなっているんですか	⑩それはなぜそうなのか。—理由・原因・原理など。	(5)……はなぜか〈原因・結果〉		原因・結果 条件・限定 類推
4 意味 ねらい 価値 機能	何のためか	⑦機能的　どんな働きをしますか ⑧目的的　どんなことに使いますか ⑮関連的　どんなふうにかかわりますか	②それはどんな意味があるか。—意義・価値・重要性など ④それはどのような働きをするのか。—機能・効能・成分など。 ⑤それはどんな狙いがあるのか。—目的・意図・効果など			原因・結果 比較 分類
5 組織 構造 分類 仕組み 原理	どのようになりたっているか	③分類的　どんな仲間に入りますか ⑤構造的　どんなふうになっていますか	③それはどのように組み立てられているか。—組織・構造・体系など。	(2)……にはどのような種類があるか〈分類〉 (3)……はどのような構成要素から成り立っているか〈分析〉 (4)……はどのようなしくみで動いているか〈原理と機構〉		観点 比較 分類
6 変遷 過程 成立 展開 変化	どのようにして今に至ったか	⑪変容的　どのように変わりますか ⑬歴史的　どのようにしてできたのですか	⑦それはいつ起こったか、存在したのか。—成立・展開・歴史など。 ⑥それはどうしてそうなったのか。—変遷・経緯・過程・事情など。	(6)……はどのように変わってきたか〈歴史〉		順序 類推
7 方法 手段 手順 手続き	どのようにすればよいのか	⑨方法的　どんなふうに使いますか	⑨それはどうしたらよいのか。—方法・手段・案内など。			順序 具体化

たるので、「順序」の思考法（「○○のとき～となり、○○年に～となった。」）を用いるが、そこに原因・結果（「大きくなりすぎたため○○に移植された」）の説明が入り込むこともあろう（**図3-3**）。また、原因・結果の説明（**図3-4**）の中には、一つの原因で複数の結果が生じる場合もあれば、複数の原因で一つの結果に至る場合もあろう。つまり、同じ種類の問いであっても、下位に様々な問いを含み、複雑になっているため、単一の思考法で解決するのではなく、いくつか思考法を組み合わせて用いている。

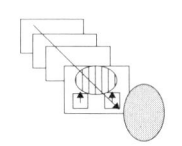 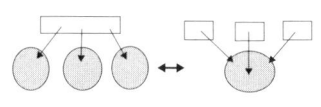

図3-3　変遷と原因・結果との複合型　　図3-4　原因・結果の変形型

第2項　問いを把握・想定する必要性

　説明にはまず、相手に「何」を理解させるか、つまり、「何を」説明するかをつかむことが肝要である。「何」には問いが含まれる。相手の問いを把握したり、相手に必要な問いや理解してほしい問いを想定したりすることが、問いに的確に答えるために不可欠である。

　日常生活の中で、問いが生じ、他者に説明を求めたり、あるいは何かの書物に説明を求めたりすることがある。その際、「説明してほしいことではない」「その説明は私には必要ない」と思うことがある。このように問いとずれる説明をしてしまう原因は、相手の問いを把握しようとしなかったり誤解したりすることにあると考えられる。

第2節　問いの把握・想定のプロセス

第1項　問いの把握・想定のプロセスの概略

　説明における問いの把握・想定はどのように行われるか、そのプロセスを考察する。説明対象の難易、親疎、広狭、相手の状況、説明者の状況等によって、省略、同時進行、逆行もあり得るが、大まかには以下のようなプロセスをたどると考える（図3－5）。

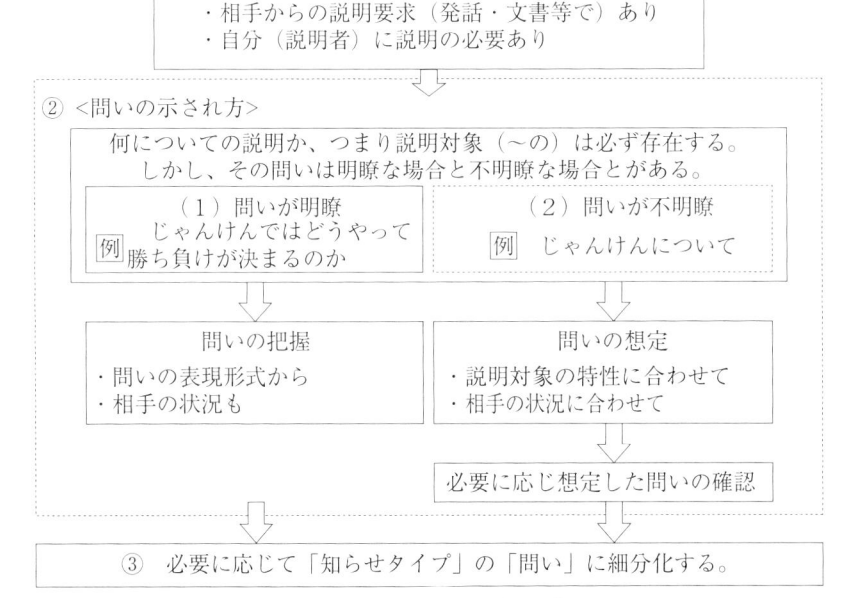

図3－5　問いの把握・想定のプロセス

第2項　問いの把握・想定の各プロセス

1　説明の契機（図3-5の①）

　私たちは、様々な対象に疑問をもつ。それらはそのまま消滅していくことも多いが、ときにその答えが分かりたくて、問いの形で他者に説明を求める場合がある。これに応じた人が「理解させよう」としたとき、説明は始まる。また、誰かに問われたわけではないが、説明者の方に理解させたい対象があり話題を提示する場合がある。これに応じた人が問いをもち「理解したい」と思ったとき説明は始まる。つまり、相手と説明者のどちらが契機になろうとも、ある対象について「理解しようとする人（問いをもつ人）」と「理解させようとする人（答えをもつ人）」がいてこそ「説明」は始まる。

2　問いの示され方（図3-5の②）

　速水博司（1976）[8]は、「私たちの周囲には様々な疑問がある。…（中略）…こうした疑問に遭遇したり、こうした疑問を仮定したりして、それを答える形でまとまった知識・情報を正確にわかりやすく述べるのが説明文である」と述べている。「疑問との遭遇」や「疑問の仮定」を、本研究においては「問いの把握」と「問いの想定」とした。本研究では「疑問」や「質問」を包括して「問い」とする。そして、その「問い」に答えるのが説明であるが、「問い」を「把握」するのか「想定」するのかは、問いの示され方によって決まるものと考える。

（1）問いが明瞭な場合は問いを把握する

　「～はど○○…ですか」と既に明瞭な問いになっている場合である。あるいは「ど○○…ですか」という問いの形式ではなくても「作り方」「仕組み」「効能」等、問いを含む概念語で示される場合もある。

　相手は、説明対象について既有知識をもち、その説明対象の「何」を理

解したいのかが明確である。このように問いが明瞭に示されている場合には、示されている問いの形式を手がかりに、「何が」問われ、「何を」説明すべきかを把握しなくてはならない。そのときに相手の状況をもつかんでおくとよい。**（表3－3上段）**

（2）問いが不明瞭な場合は問いを想定する

　説明対象だけが示され、問いが不明瞭な場合である。相手は、説明対象について既有知識がない可能性もある。そのため、その説明対象の「何」を理解したいのかも明確でない。この場合には、説明者の方で「説明対象の特性」と「相手の状況」を考慮しながら、必要な問いを想定する必要がある。その際には、明瞭な問いの形式か、概念語にする。できれば、想定した問いについて相手に確かめるとよい。

　とりわけ「文章」による説明では、相手と説明者、問いが発せられる場面とそれに答える場面との間に、時間的・空間的な隔たりがあるため、問いを想定しなくてはならない。**（表3－3下段）**

表3－3　説明の契機と問いの明瞭さ

契機／問いの明瞭・不明瞭	相手から説明要求あり	説明者に説明の必要あり
（1）明瞭な「問い」がある場合 ※この場合、相手は説明対象について少し知識がある、全体像はつかんでいることが多い。	例 ・コンパスはどんな役に立つのか教えてほしいなあ ・富山駅までの道順を教えてほしい ・なぜこんな地名がついたのか	例 ・相手の誤解を解きたい ・貸す道具に使い方の説明を書き添えておこう
（2）説明対象はあるものの「問い」は漠然通していて不明瞭な場合 ※この場合、相手は説明対象について、ほとんど知らないことが多い。	例 ・じゃんけんのことを知りたいな ・インフルエンザについて教えて ・地球温暖化のことを知りたい	例 ・ノーゲームデーについて分かってもらおう ・この商品のことを教えたい

3　問いの細分化

　問いには粗いレベルから細かいレベルまでさまざまなものがあり、それらは上位・下位、並列等の関係にある。相手の問いに過不足なく答えるには、問いを自在に集約・分解しなくてはならない。提示される問いが大まかすぎるなら、それを細かい問いに細分化することが求められる。例えば、「外国語活動とはどんなものか」のままでは問いが大まかで、説明の見通しが付きにくい。「外国語活動にはどんなねらいがあるのか」「外国語活動ではどんな活動をするのか」「外国語活動は誰が行うのか」「外国語活動は週何回するのか」「外国語活動にはどんな問題があるのか」等、具体的な問いに細分化しなくてはならない。そうすることで問いに答えやすくなる。（図3－6）

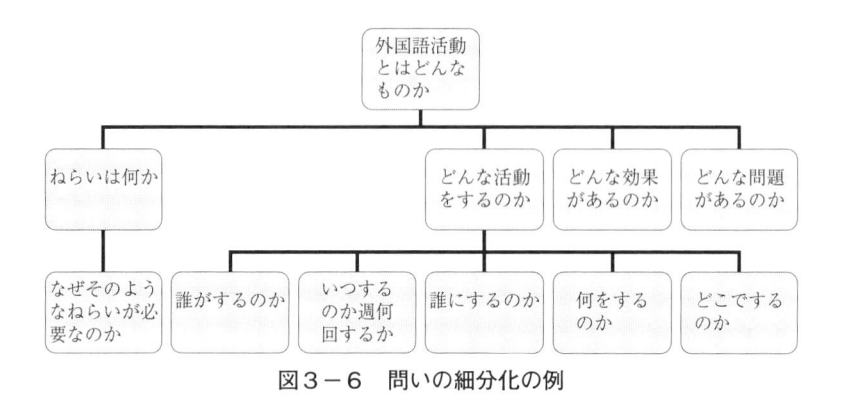

図3－6　問いの細分化の例

第3節　問いの把握・想定に関する学習者の実態と育成すべき能力

第1項　問いの把握・想定に関する学習者のつまずきや困難

　「問いの把握・想定」に関する学習者のつまずきや困難の実態をもとにして、「問いを把握・想定する能力」を具体的に挙げてみた。

1　要求の中に問いを見出すことができない
2　相手の問いを同情的に受け止めることに偏る
3　問いを誤って把握する
4　問いが示されない場合に何を説明すればよいか考え付かない
5　問いに対する答えを書かない
6　問いの示され方が変わると問いが把握できない

1　説明要求の中に問いを見出すことができない

　相手の説明要求の中から、相手は自分に何を問うているのかを見出すことの必要性をまずは認識させなくてはならない。そのためには生活文や意見文等自分の書きたいことを書く活動だけでなく、説明文等の相手に求められていることを書く活動を増やすことが必要である。国立国語研究所が行なった国語学習指導アンケート（2004）の結果によると、よく書かせる作文（9種から3種選択）の80.0％が生活文で、説明・記録・報告文はわずか26.3％となっている。どれだけ生活文を書かせても「要求の中に問いを見出した上でそれに答えて書く能力」については高められない。

【事例1】	要求の中に問いを見出すことができない
学習者	小2　A子
調査課題	1（分類の説明）おでん・シチュー・はし・スプーン
作成文章	たべものとつかうものがあります。たべれるものとたべれないものがあるからです。
面接応答	面接者「今は、何を説明してくださいって書いてある？」 A子　「これ」（といって4つを指さす） 面接者「この4つのことだけど、今、出された問題は？」 A子　「・・・」 面接者「何を聞かれたの？」 A子　「・・・」
考察	A子の場合、課題について適切に考えることはできているが、4つの要素の分け方を示さなくてはいけないことについては理解できていないようである。「何が問われているか」という感覚を持ち合わせていない可能性もある。

2 相手の問いを情的に受け止める

　相手の問いを情的に受け止め、それを重視する問題である。分からない相手に対する「共感」（【事例２】の波線部分）を大切にし、肝心のじゃんけんの説明では、必要な事柄が欠如していたり順番が不適切だったりして、相手の理解の道筋に立っていない。このような場合には、情的な前半部分を「相手の立場になっていて優しい」とその心根をほめた上でさらなる指導が要る。感情豊かな表現、特異な表現を「子どもらしい」「個性的」と高評価することは、それ自体問題ではない。しかし、相手の「知的な理解」を目的に書いた文章である限り、その目的に照らして評価すべきである。説明に必要な「相手意識」は相手の要求や理解の程度を意識することであって、「分からない」ことに同情することは第一義ではない。

【事例２】	相手の問いを情的に受け止めることに偏る
学習者	小６　Ｎ子
調査課題	５（問いが不明瞭な場合の総合的な説明）じゃんけん
作成文章	私もじゃんけんというものはだれから教えてもらったわけでもないのですが、しぜんと覚えました。私のように日本の子はみんな知っていると思います。これは、生まれてからしぜんとその国の言葉を覚えることといっしょだと思います。だから、ホット君は「じゃんけん」というものを知らないのかもしれません。だから、私たちも外国の知らないこともあると思います。じゃんけんには、３つのぶきがあります。でも、パーはグーに勝ちます。けど、グーはチョキ勝ちます。でも、チョキはパーに勝ちます。だから、どれが強いわけでもありません。だから、３人でじゃんけんしたとき、３つのぶきがそろうと勝負がつきません。２組だけがでると勝負がつきます。じゃんけんというのはそういう手の遊びです。それと、じゃんけんというのはおにごっこを知るときのおにを決めたりとトランプするとき、だれが最初にするかなどを決めたりするとき、みんなでやります。
考察	作成文章の前半（全体１／２）を占めている表現は、相手への共感、同情であり、「相手意識」がある。その上で、相手が要求しているじゃんけんの説明をもっと充実させ知的な理解を促す必要がある。

3　問いを正しく把握できない

　説明要求から問いが何なのかを正しく理解できていないという説明の出発点でのつまずきのため、説明が成立していない。

【事例3】	問いを誤って把握する
学習者	小4　M子
調査課題	2　（描画の手順の説明）図形と線でお絵かき
作成文章	この絵は四角が顔です。目は丸と黒丸でできています。ぼうしは三角です。丸がその上にあります。波線もあります。・・・・
面接応答	面接者「この絵を友達に見せないで、Mちゃんの説明だけで、書いてもらうよ。どうやって書くかを友達に説明するんだよ。分かった？」 M子　「はあん。わかった。」 M子　書き始める。（上記の文章を途中まで書く。） 面接者「この説明で、友達は同じ絵を書けるかな。」 M子　「うん。これでいい。」
考察	この学習者は、この絵の「描き方」ではなく、この絵がどのように構成されているかを説明している。面接者が事前に「描き方」を「どうやって書くか」という問いの形に置き換え、補足したにもかかわらず、問いを的確に把握できていない。そのため、問いに答えた説明が書けていないと考えられる。

4　問いが示されない場合に何を説明すればよいか考え付かない

　実生活では、「〜はどういう働きをしますか」というように明確な問いの形ではなく、「〜について説明してほしい」「〜のことを教えてください」等、説明対象のみが示され問いが不明瞭なことがある。相手に説明対象について全く知識がないときにはこのケースになる。このとき、そもそもそれは何なのかを示し、総合的に説明していかなければならないのだが、このようなタイプの要求に対し、手を止める学習者が目立った。「どうしたのか」と尋ねると、異口同音に「どう書けばいいかわからない」と答えるが、実際は「どう」（方法）ではなく「何を」（内容）書くか書くべきか事柄を想定できていないと考えられる。

【事例4】	問いが示されないとき何を説明すればよいか考え付かない
学習者	小5　A男
調査課題	5　（問いが不明瞭な場合の総合的な説明）じゃんけん
作成文章	じゃんけんは手を使います。かた手しか使えません。どうじに手を出します。手の出し方は3つあります。グーとチョキとパーです。
面接応答	A男　上記まで、文章を書いたあと、書くのをやめる。 面接者「どうしたの」 A男　「どう書けばいいかわからん。」 面接者「何を書きたいの？」 A男　「…（沈黙）どんなこと書けばいいかわからんようになった。」 面接者「今はどんなことを書いたの？」 A男　「手を使います。同時に手を出します。そうしないと後出しになるから。出し方は、3つあって、グーとチョキとパーがある。」 面接者「ホット君はじゃんけんのことを全然知らないんだよね。じゃんけんの何を説明すればいいかな。」 A男　「…（沈黙）」
考察	この学習者の説明は、じゃんけんの総合的な説明としては内容が不十分である。学習者本人は「どう説明すればいいか分からない」と言っているが、そうではなく、「何を説明すればいいのか」が分かっていないと考えられる。ここでは、じゃんけんの総合的な説明に必要な項目、つまり問いを想定できていない。例えば、「じゃんけんとはどんなものか」「どんな場合にするのか」「どんな要素があって、どんなことを意味するのか」「書き負けの仕組みはどうなっているのか」「どんな手順でするのか」「どんな決まりがあるのか」「同じものを出したらどうなるのか」等の問いが考えられるが、それが思いつかないと考えられる。

5　つかんだ問いに答えようとする意識が薄い

　調査1（分類の説明）では、「これらはどう分けられますか」という問いに対する答えとなる「分け方」が書かれないケースが目立った。問いを的確に把握し、それに答えようという意識が十分でないと考えられる。

【事例5】	問いに対する答えを書かない
学習者	小4　H子
調査課題	1　（分類の説明）おでん・シチュー・はし・スプーン

作成文章	おでんは日本のものだからはしで食べます。でも、シチューは外国のものだからスプーンで食べます。
面接応答	H子「できた。」 面接者「今は、何を説明してくださいって書いてある？」 H子（課題を読み直して）「どう分けられるか。」 面接者「それは、この（H子ちゃんの書いた文の）中のどこに書いてあるの？」 H子「そうだね。仲間って書けばよかった。」 面接者「どう書く？」 H子「おでんとはしは仲間で、シチューとスプーンはもう一つの仲間です。」と加筆する。
考察	この学習者は、問いに答えようという意識が弱かったために、答えにあたる部分を書き落としてしまっていたと考えられる。

6　問いの示され方が変わると問いが把握できない

　問いの示され方は一様ではない。それを理解し、柔軟かつ的確に問いを把握しなくてはならない。ところが、問いが変化した形で示されると把握できなくなる。

【事例6】	問いの示され方が変わると問いが把握できない
学習者	小学生　一般
複数の問いが同時に示される場合	例　算数科の学習で取り組む文章問題で「どちらがどれだけ多いでしょう」と問われているのに、後半の「どれだけ」に対してしか答えない。
問いが概念語で示される場合	例　「問題点を説明してください」と問われているのに、「問題点」を「どのようなことが問題なのか」「何が問題とされているのか」という問いの形式に変換して捉えられない。
問いに「それぞれ」が含まれる場合	例　「A店とB店では、それぞれどのような工夫をしていますか」という問いを、「A店ではどのような工夫をしていますか」と「B店では、どのような工夫をしていますか」という二つの問いに変換できない。
「か」が付いていない場合	例　「○はどうして〜なのですか」は問いとして認識できるが「○はどうして〜でしょう」のように疑問の「か」が付いていないと問いだと認識できない。
考察	単純な問いの形式で示されている場合には問いを把握しやすいが、形式が変化している問いは把握できない、あるいは把握するのに難があるようである。この調査に限らず、このような傾向は、日頃から見られる。

第2項　問いの把握・想定に関して育成すべき能力

　こうした実態は、日記や感想文など心情を綴るような文種を偏重する傾向に加え、課題を与えてすぐに書かせるという記述前指導の弱さを露呈していると考えられる。とりわけ、説明を書く場合、課題把握に際して、求められている問いを的確に把握したり、相手の状況、説明対象の特性から、説明すべき事柄を問いの形で想定したりして、説明し終えるまでそれを保持し続けることが大事である。これが不十分では「分かりやすい説明」は実現しない。

　調査結果も合わせると、「問いの把握・想定の能力」には以下の能力が必要だと考えられる。

○　説明は、相手の問いに「答える」言語行為であることが分かる。

○　相手の立場に立とうとする。

○　相手の説明要求の中に問いを見出し、把握する。

○　問いの形式を理解し、問いを立てる。

○　問いを語句にしたり問いの形式に変換したりする。

○　相手分析ができる。（要求・興味・知識の程度など）

○　問いから相手の要求を想定する。その際、相手の知りたいことを想定しようとする。

○　相手のつまずきを予想しようとする。

○　総合的な説明で説明対象の特性に合わせて問いを想定する。

○　総合的な説明で相手の状況に合わせて問いを想定する。

第4節　問いを把握・想定する能力の育成のために 理解しておきたい事項

第1項　問いの重要視

　説明的な文章を読む指導を通して、問いと答えの関係を確実に理解させると同時に、説明表現においても、説明は「問いに答える」言語行為であるという理解に立たせる必要がある。相手の問いに対する理解を最優先する姿勢を、説明者に常にもたせることが重要である。問いを重視するとは、説明に際し、どのようなことが問われているのか、自分はその問いに対する答えをもっているのか、どんな問いに答えようとしているのか、問いに答えられたか、など、常に問いに立ち返ることである。説明する能力を育成する指導では、指導者が学習者にそのような投げかけを終始行うことが求められる。

第2項　問いの把握と問いの形式

　形式を手がかりに問いを的確に把握する能力を育成するためには、指導者自身が問いの形式を十分理解しておく必要がある。

　まず、問いを把握するには、「○○は｜ど｜・・・〜か」という問いの形式（**図3－7**）に着目するとよいが、そうした形式的な発見がそのまま問いの「把握」ではなく、その問いの内容をつかむことこそが肝要である。そのためには、相手はどんな状況におかれているか、相手はなぜ自分に説明を求めたのか、相手は理解の先にどんな目的（制作、思索、知識習得、判断など）をもっているのかも合わせてつかむ必要がある。つまり、自分はどんな相手に説明するのか、できる限り相手を分析することが求められる。そのような構えをもつことが相手の問いに的確に答える説明につながる。

　なお、植西浩一（2010）[10] は次のように「相手分析で注目すべき事柄を

整理して示し」、「学習者には、相手を意識させ、相手の分析を可能な限り行わせることが必要であり、その相手分析をふまえて、相手の立場に立って書いたり話したりさせることが『上手』な説明につながる」と述べる。

　　　　○相手の目的と相手が「説明」を求めている対象

　　　　○年齢・性別・出身地等の相手に関する情報

　　　　○「説明」対象についての相手の知識・理解の程度

　　　　○「説明」対象についての相手の興味・関心の程度

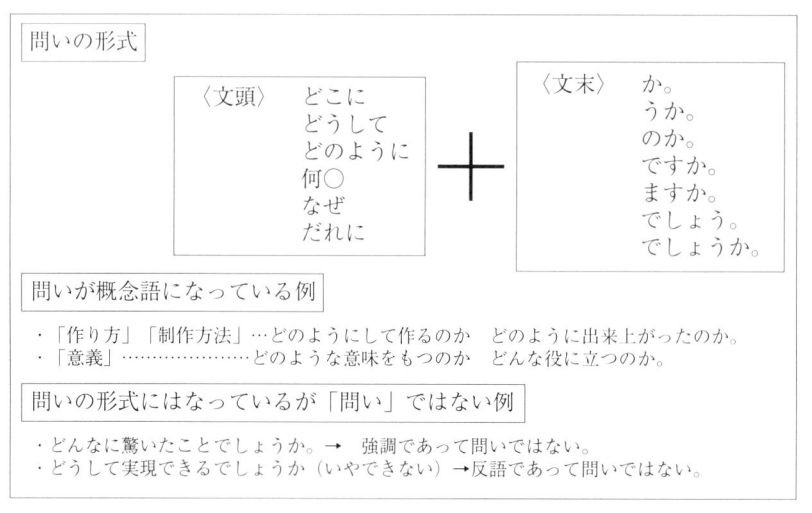

図３－７　問いの形式

第３項　問いの想定とその手がかり

　「～について」「～のこと」というような漠然としている説明要求に対しては、「相手」と「説明対象」に合わせて、何を説明すべきかを想定することが肝要であり、指導者はこれらの視点をもちあわせていなければならない。

1　相手の状況に合った問いの想定

　相手が直接問いを発しなくても、状況から相手の要求を想像することはできる。相手の立場から分かりたいであろうことを想像し、それを問いとするのである。例えば、「インフルエンザについて」説明を求められたとする。インフルエンザにかかりたくない相手であれば、「どうしたらインフルエンザを予防できるか」を問いに、インフルエンザの流行中に体調不良を感じている相手であれば「インフルエンザにかかるとどのような症状が出るのか」を問いにするとよい。

2　説明対象の特性に合った問いの想定

　もう一つは、説明対象に合った「的確さ」である。例えば、「孫の手」（道具）の説明なら、「どんな仕事をするか」と「どのような形状か」を問いにするのが適切である。とりわけ、文章による説明では、相手が不特定多数であることが多い。そのため、「説明対象の特性」に合わせることが大事になる。説明対象（素材）にはその特性から説明すべき重要な問いがある。例えば、道具類の説明には機能と形状、表現物の説明には内容や成立経緯、制度の説明には定義と仕組みと運用方法等が、求められる重要な問いであると考えられる。様々な説明対象について一般的にどのような問いが必要かを次のように整理してみた（**表3－4**）。この表は国語科の授業で、想定させて説明させたい問いが決まっている場合に、どんな題材を説明対象とするかを考えるときに使うことができる。

表３－４　説明させたい「問い」とそれに応じた説明対象（＝授業では「題材」）

説明対象（＝指導上の「題材」）／下記に挙げた「問い」は井上一郎氏が「説明力との関係で整理している問いかけのカテゴリー」（「誰もがつけたい説明力」2005 p 93）を参考にしている。

大分類	項目	問い	1 事物 野口英世	2 団体・組織 コバンソウ	児童会	3 道具・器具・薬剤 コンパス	孫の手	担架	点字	4 言葉 凹凸	5 表現物 俳句	校歌	越中おわら踊り	国旗	ビーフシチュー	6 活動 じゃんけん	剣道	手つなぎおに	ガーデニング	7 制度・規則 裁判員制度	ポイント三倍デー	校則	8 事象・事件・現象 地球温暖化	少子化	9 思想・主義 軍国主義	10 概念や記号の操作 かけ算	翻訳
	内容	どんな内容か								●	●	●	●	●	●	●	●	●	●	●					●		
形態	形態・生態	どんな形をしていますか			●	●	●	●			▲	▲						▲									
	素材・成分	何でできていますか				●	●	●							●												
	分布・場所	どこにありますか	●	●	▲	▲	●	●					▲				▲	▲					●	●			
定義	定義	何ですか	●	●		●	●	●	●		●	●	●	●	●	●	●	●	●	●							
目的	機能・意義	どんな働きをしていますか				●	●	●	●		●	●		●	●	●	●		●	▲	▲					●	●
	意図・目的	どんなことに使いますか				●	●	●	▲	▲	●	●	▲	▲			●			●	▲					●	●
構造	関連	どんなふうにかかわりますか		●																							
	分類	どんな仲間に入りますか	●	●		▲					▲					▲		●	▲	▲							
	組織	どんなふうになっていますか					●				▲					▲	●	▲		▲							
過程	成立・経緯	どのようにしてできたのですか					●			●	●	●	●	●	●		▲			▲	▲		●	●	●		
	過程・変化	どのように変わりますか											●	●						●	●	●	●	●			
理由	原因・理由	どうしてそうなのか								▲			▲				▲						●				
手続き	手順	どのようにすればいいか								▲			●	●	▲	●	▲	●									
	方法	どんなふうに使いますか				●	●	●	●																	●	▲
反応・評価	課題・展望	何が問題となりますか	▲	▲	▲	●					▲					▲	▲	▲	●	●	●	●	●	●			
	印象・批評	どんな感じがしますか			▲	▲	▲				●	●	●												●		

※　なお、説明対象として挙げた10項目は、表4－1章でも取り上げる。

第4項　問いに応じた説明のポイント

答えるべき問いに応じて、有効な構成や適切な文型等、分かりやすく説明するポイントを挙げる。

表3－5　問いに応じた説明のポイント

問いの例	構成例	文型例
形態 どうなふうか	多様な観点から詳しく述べる	～という点では…になっている。 ～は…のように見える。
定義 何であるか	定義は揺らがないように言い切る	～とは…である。 ～は…ということだ。
目的 何のためか	目的を先に明確に示す	～は…のためにある。 ～は…に役立つ。
構造 どうなっているか	まずは大まかな枠組みを示し細部へ	～は大きく分けて…と…がある。 …は○でなり、
過程 どうなってきたか	時間の順に	～は…だったが、のちに…となり、結局…となった。
理由 なぜか どうしてか	結論・結果を先にし、後で理由・原因を加える	～が…なのは○だからである。 ～は…が原因である。 ～というのも…だからである。
手続き どうすればよいか	時間の順に述べる　手続きと注意事項等を混同しない	まず、…をして、次に…、最後に…をする。…の際には、～に注意する。
印象・批評 どういうふうにとらえられるか	主観的なものであるときには判断の度合いを細かに使い分ける	～は…に違いない。 私通しては～は…だと考えている。
つまずきの先回り どんな失敗をするか	つまずきを先に示す	～と考えるでしょうが、しかし、…。 ～ではなく、…なのです。
条件・仮定 どういう場合にどうなのか	限定した条件下であることを相手にも踏まえさせる	～の場合にのみ言えることだが・・・・。 かりに～だと考えたらば、…かもしれない。

【注】

1 　木原茂『現代作文』（1963 三省堂）108 頁

2 　植垣節也「説明文を書く技術」樺島忠夫・植垣節也『表現学大系各論篇第
　26 巻　説明・記録の表現』（1986 教育出版センター）11-38 頁

3 　国語教育研究所編『「作文技術」指導大辞典』（1996 明治図書）「説明文」
　の項　小田迪夫

　　　小田氏は、「説明文は、基本的に＜問いと答え＞という構造を持つ。説
　　明文の記述は、その構造の＜答え＞にあたる部分を述べたものといってよ
　　い」と解説している。

4 　興水実「作文における説明文の指導」『教育科学国語教育』　No.200
　（1975 明治図書）128-129 頁

5 　井上一郎『誰もがつけたい説明力』（2005 明治図書）93 頁

6 　速水博司「説明文の書き方」林大・林四郎・森岡健二編『現代作文講座 4
　作文の過程』　159 頁　（1976 明治書院）

7 　前掲書 1　108-126 頁

8 　前掲書 6

9 　植西浩一「相手分析をふまえた説明の工夫」『教育科学国語教育』　No.730
　（2010 明治図書）32-35 頁

第4章　対象認識する能力

－説明する能力2－

第1節　説明における対象認識とその必要性

第1項　認識すべき説明対象

1　説明対象の特性

　説明対象は、「何か」について説明する場合の、「何か」に当たる。説明対象は概ね以下の3つの特性を有する。

　　①　相手にはとっては分かりにくい。
　　②　説明者は相手よりもよく分かっている。
　　③　複数の事柄が含まれ、事柄相互になんらかの関係性が見出せる。

2　説明対象の分類

　大熊五郎（1975）[1]は、「説明の対象によって、説明の方法もちがってくるので、それに応じて、ことばの説明、人物の説明、動植物の説明、機械・器具の説明、組織・団体の説明、対策の説明、方法やプロセスの説明などと分けるのも説明文学習の立場からは実用的である。」と述べている。ここでは、説明する能力を高める指導に寄与するという同一の目的の下、それぞれが求める「問い」の種類や対象認識の在り方によって、説明対象となり得る事柄の分類を試みた。まずは、様々なジャンルの具体的な事柄を想定しては、どのような問いが求められるか、どのように対象認識すべきかを書き出していく。これらのうち、求められる「問い」が同じものや対象認識する際に同じ思考法を使うものをグルーピングする。このような方法でまとめたのが、「説明対象の分類」（**表4－1**）である。

　説明すべき内容は「説明対象」（例：ホームベーカリー）と「問い」（例：

使用法）の組み合わせで決まる。例えば、「ホームベーカリー」という説明対象について説明する場合を考えてみる。**表3－4**を参照されたい。これは「3道具・器具・薬剤」に属するため、「どのように使えばよいか」（手段）は重要な「問い」である。また、「問い」は、対象認識の際に用いる思考法も規定することになる。これについては後で述べる。

表4－1　説明対象の分類

	説明対象の分類	例
1	事物（人物・動植物）	野口英世　エジソン　知人の○○さん　コバンソウ　ネコ
2	団体・組織	EU　NGO　○○党　○○会社　児童会
3	道具・器具・薬剤	孫の手　携帯電話　ホームベーカリー　抗生剤
4	言葉	古語　四字熟語　ことわざ　方言　流行語
5	表現物	校歌　神話　絵画　楽曲　舞踊　小説　料理　国旗
6	活動	じゃんけん　ガーデニング　おにごっこ　歯磨き
7	制度・規則	参勤交代　裁判員制度　免許更新制度　遺産相続
8	事象・事件・現象	地球の自転　地球温暖化　交通事故　少子化　3D
9	思想・主義	欧米主義　軍国主義　自然派
10	概念や記号の操作	足し算　利息　かけ算　翻訳　因数分解　仮分数

3　題材としての説明対象

　説明する力をつけるための指導では、当然ながらそこに具体的な説明対象を準備しなければならない。つまり説明する「題材」の設定である。説明対象の特性（前述の①②③）がそのまま説明の「題材」の条件になるが、加えて吟味すべき点として、以下が挙げられる。

（1）説明対象について、学習者一人一人はどれほど認識や興味があるか、つまり、説明対象と学習者との「距離」である。

　　○　知識や認識がどれほどあるか

　　○　親近か疎遠か

　　○　経験しているか未経験か

　　○　個人的なものか一般的なものか

　　○　興味・関心の程度はどうか

　その距離は近いほどよいというわけではない。学習者の実態に応じて、対象認識段階の指導を重視したければ少し距離のある題材でもよいし、文章表現段階の指導を重視したければ興味もありよく分かっている題材の方がよいだろう。

（2）学習者が説明可能かどうか、つまり、説明対象の「難易」である。

　　○　学習者共通の認識に至ることができるか

　　○　具体物か抽象的な概念か（外観か内実か）

　　○　事柄相互の関係性は単純か複雑か

　　○　対象認識する際にはどのような思考法を用いるか

　　○　言語表現での限界はないか、非言語資料の必要はどうか

　授業の「題材」とするには、説明する相手が理解できるのかという観点も重要になってくる。

（3）　説明対象について認識を深め、説明するに値するか、つまり、説明対象自体がもつ「価値」である。

　　○　言語を用いた思考力・判断力・表現力を高めるか（学習的な価値）

　　○　社会的、科学的、道徳的な見方・考え方等を広げたり深めたりするか（内容的な価値）

第2項　対象認識する必要性

　「説明というのは、ある疑問にこたえて、疑問とされている対象について、相手の必要な、まとまりのある正確な知識を、わかりやすく、提供することであり、そのような文章が説明文である。」と述べる大熊五郎は、さらに「正確でまとまりのある知識を提供するためには、まず、書き手自身が、説明対象の研究をし、正確でまとまりのある知識を手に入れなければならない」と述べている[2]。さらに進めるなら、相手に説明対象を正確に説き明かすためには、説明者自身が説明する事柄の本質的な特徴・状況・内容、また、原因結果・影響など事柄相互の関係性を、正確に認識してい

ることが大切なのである。実際には時間的、資料的な制約があるが、少なくとも、説明者の誠実さにおいて納得できるレベル、相手が要求するレベルでの正確さは求められる。説明者の対象認識が誤っていたり一面的であったりすれば、相手も誤った理解や一面的な理解をしてしまう。道を尋ねたところ、間違った道順の説明を受け、そのとおりに進んだために目的地にたどり着けない、目的地にはたどり着けたが最適な道順よりも遠回りになり交通費もかさんだ、などの例を思い浮かべたとき、不正確で不十分な認識のもとになされた説明は、相手へのサービスどころか、迷惑でさえあるとが分かる。説明においては、「知っている、分かっているつもり」でなく、責任ある態度で正確に対象認識する能力が求められるのである。

　ところで、「対象認識」とは説明対象について分かることである。「分かる」というのは「できる」に比べて曖昧なものと言われる。説明において「文章表現」の段階で問題とする「書けたか」、つまり「できたか、できているか」は他者でも見て取ることのできるはっきりしたものである。これに対し、この「対象認識」段階で問題とする「認識できたか」、つまり「分かったか、分かっているか」は実に曖昧なものである。人というのは子どもも含め（子どもならなおさらかもしれない）、「分かりたい、分かっていたい」と思うため、つい「分かっているつもり、分かったつもり」になってしまう。これは多くの説明者が陥りやすい点であり、対象認識段階ではこれが越えるべき大きな障壁となる。説明の技術を提供するハウツー本などでは、対象認識は十分できているものとして、プレゼンテーションの工夫などアウトプットの方法が強調されがちである。しかし、説明の上級者というのはそもそも説明対象を真に熟知していることが前提であることを忘れてはならない。自らの認識の程度（「分かっている」の内実）を正しく知ることがいかに難しいかを重々自覚した上で、認識が曖昧であれば確かめる、雑然としていれば整えるなどして、内容を練ること、それが説明において求められる「対象認識」である。それが無理であれば説明しないか、あるいは相手に断りを入れてから説明することが重要である。

第2節　対象認識に至るプロセス

第1項　対象認識に至るプロセスの概略

　説明における対象認識はどのように行われるのか、そのプロセスを考察する。説明対象の難易、親疎、広狭や説明者の時間的な状況等によっては、省略、同時進行、逆行などがあるものの大まかに以下のようなプロセスをたどると考える（**図4－1**）。

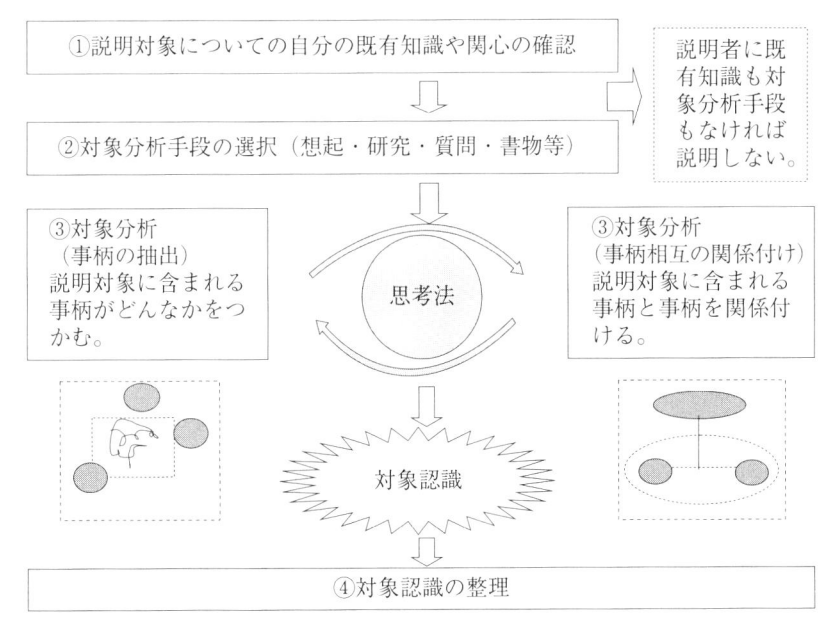

図4－1　対象認識に至るプロセス

第2項　対象認識に至る各プロセス

対象認識のプロセスについて「孫の手」の対象認識を例に詳説する。

1 説明対象に対する自分の既有知識の確認（図4－1①）

　まず自分自身が「無意識のうちに利用している知識や情報の内容を、改めて意識的に思い起こし整理することが必要」[3]である。それは、説明者自身が、自分は説明対象に対して何を知っているか、それは正しいのか、不確かなことはないか等を自覚する必要である。この「改めて意識的に思い起こす」段階が対象認識の出発となる。

【自分の既有知識の確認の例】

　「孫の手」は、あの細長い棒みたいもののことか。昔、祖父がよく居間で背中をかくのに使っていた。自分は使わない。それにしても、「孫の手」とは面白い名前だな。祖父母世代が、孫に手を借りて背中をかいてもらう代わりに使うものだからかな。

---

2 対象分析手段の選択（図4－1②）

　自分の既有知識の確認や新たな情報収集のため、時間的・資料的な条件のもと目的や条件に合った手段を選択することが必要である。次のような手段が考えられよう。

　　① 記憶や自分の知識の想起・思索
　　② 実験・観察・調査研究
　　③ 専門家や関係者に聞く、現地を訪問する
　　④ 信頼性ある書物やウェブページの閲覧

　速水博司 (1976)[4]は、「相手によくわかるように十分に説明するためには、まず表現者自身が対象についてよく調査研究し、正確でまとまりのある知識を持つ必要がある。対象となる事物・事理を、種々の方面から考察して、筆者がまず充分に理解する」と説き、その方法を次のa～cのように提示している。上記の②③④は速水氏が示したa.b.cの手段であり、これに筆者が①を加えた。自分の生い立ち、目撃したこと、歩き慣れた道順のように、自分自身を頼る場合もあり、実はこれが日常頻繁に行われている説明の対象認識手段だと思われるからである。

a　自分が実際に実験・観察・調査・研究して、正確に理解しメモをとる。
b　専門家に聞いて確かめたり、現地を訪れたりして、理解を深める。
c　権威ある説明文（百科事典・専門家）

【対象分析手段の選択の例】

　祖父の孫の手を借りて観察してみよう。祖父に「孫の手」という名の由来を聞いてみよう。事典には何か説明があるかな。友達のうちには変わった孫の手があったなあ。

3　対象分析における事柄の抽出と事柄相互の関係付け（図4−1③）

　「事柄の抽出」とは、自らの知識の想起や思索、実験・観察・調査研究、専門家への尋問、権威ある書物の閲覧等、適切な対象分析手段と適切な観点で、説明対象に含まれる個々の事柄をピックアップし、その本質的な特徴、内容等を明確にする説明者の行為である。「事柄相互の関係付け」とは、説明者が適切な思考法を用いて、事柄（事柄の本質的な特徴、内容等）と事柄との間に何らかの関係を見出す説明者の行為である。この関係付けこそ大切であり、「説明」という言語行為の特性である。関係付けには、思考法の駆使が求められる。そのため、対象認識する能力の育成には、「思考法」の指導が欠かせない。

【対象分析の例】

　ボールやローラーが付いているのもあるな。茶色のものが多いな。長さはだいだい40cmぐらいだな。プラスチック素材のもあるけど（共通として）木製のものが多い。木で平状なら、木製のものさしもそうだな。比べてみよう。先が手の形をして曲がっているから背中をかけるんだ。平らなのは服と背中の間にすべるように入れるためなんだな。だから木製でつるつるしているんだ。その方が軽いしね。すべて背中をかくのに都合がいいための形状なんだ。ボールやローラーはおまけで付いているんだな。辞典

　対象分析においては、説明対象に含まれる事柄の抽出から始める（波線
部）ことが多い。観点を明確にして、共通点を見つけて一般化したり似た
ものと比較したりする。このときにも思考法が必要になる（一重線部）。
そして、抽出した事柄を相互に関係付ける。この例の場合は、最も大切な
道具の機能と形状との関係、つまり「目的（理由）と手段（結果）」の関係
付けが行われている（二重線部）。事柄相互の関係付けによって、さらに
事柄が抽出されることもある。この段階では、事柄の抽出を先行しつつ
も、事柄相互の関係付けと往復することで、より正確で客観的な対象認識
が実現する。図4－1の往環矢印はそれを表している。

4　対象認識の整理（図4－1④）

　対象認識は、基本的に事柄相互の関連付けをもって完了だが、指導の在
り方を探究する本研究では、対象認識結果を整理してメモする活動までを
含める。学習者にとって、イメージレベルの対象認識も、図解を主とした
メモを書くことで整理され、明確になるからである。図解メモが書けない
とすれば認識が曖昧だからで、それでは説明の正確さを保証できず、ま

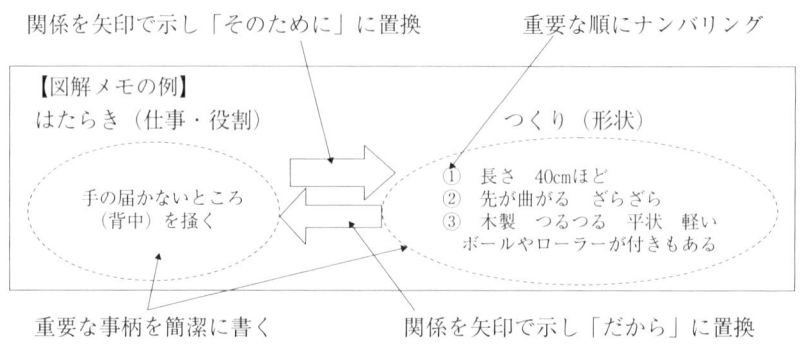

図4－2　図解メモの例

た、文章表現段階にも移れない。また、この図解メモは、「関連付け」までを終えてしまってからより、「既有知識の確認段階」から始め、対象分析段階において適時、試行錯誤しながら修正していくことが望ましい。記述前の地点で、図解できるほど十分に対象認識させておくことは、学習者が抱く表現の困難感を軽減することにつながる。そのためには、「図解メモ」（**図4－2**）のかき方の指導も必要である。

第3節　対象認識に関する学習者の実態と育成すべき能力

第1項　対象認識に関する学習者のつまずきや困難

　説明対象の認識にはどんな能力が求められるか。調査では「どう書けばいいか分からない」と言って説明が書き出せない学習者がいた。しかし、こうした学習者の中には「書き方」ではなく、対象認識段階でどこから何をどう認識するべきが分からなかったりそれが不適切だったりしているケースがあった。それが以下のような事例である。特別な例や重複するような例もあるが、事実として列挙する。

1　記述前の対象認識にほとんど時間をかけない
2　説明対象を分析する際に適切な思考法を使えない
3　対象認識に正確さや客観性を求めない
4　情報を取捨選択せず、多いほど詳しいほどよしとする
5　分析の観点が生活的・主観的である
6　分析の観点が固定的・一面的である
7　具体例と一般との関係を自覚していない
8　そうでない場合を否定すれば十分な理由付けになると考える
9　メモ欄に何も書かなかったり文章を書いたりする
10　関係性を整理する構造的な図解メモが書けない
11　対象認識したことを記述でゆがめてしまう

1 記述前の対象認識にほとんど時間をかけない

　記述前の対象認識にはほとんど時間をかけない傾向があり、課題が提示されるとすぐに書き始めた多くの学習者に、記述中数回の一時停止が見られた。記述後に「あのとき何を考えていたのか」を尋ねると、「何を書こうかを考えていた」という回答であり、記述しながら対象を捉え直したりどう書くかを考えたりするようであった。

【事例1】	記述前の対象認識にはとんど時間をかけない
学習者	小5　H男
調査課題	5（問いが不明瞭な場合の総合的な説明）じゃんけん
記述前	課題を読むとすぐに書き始める。（メモ欄には何も書かない）
作成文章	まず、じゃんけんにはグー、チョキ、パーがあります。グーは石を想像してチョキははさみを想像してパーは紙をイメージします。はさみはいろいろなものが切れるけど石は切れないからグーは勝つという考えです。チョキはパーにはいろんなものが切れるので紙を想像しているパーは負けます。また、パーはグーは石を想像し、紙のようなものが石を包みこむのでパーが勝ちます。じゃんけんは、権利やいろんなものの争いごとを平等に決めるときに使います。
面接応答	面接者「いろいろ説明したね。Hくんはすぐに書き始めたけど、書く前に何を書こうとか、どう書こうとかは決まっていたの？」 H男「そういうのは特になかった。書いているとき次の文、次の文って。」 面接者「次の文って、次にどんなことを書こうかってこと？」 H男　「そう。書きながら決めていった。」
考察	H男には、事柄を整理した上で記述する意識はほとんどなく、記述中に対象認識していると自覚している。また、作成文章には、「想像します」と「イメージします」、「勝つ」と「負ける」、「ハサミ」と「チョキ」等の用語が不統一で、その時々の思いつきで使われている。整った記述には落ち着いた対象認識段階とそこでの事柄の整理が必要でなのかもしれない。

2 説明対象を分析する際に適切な思考法を使えない

　対象認識する際に、問いや説明対象に合わせた適切な思考法を用いることが難しい。

【事例2】	説明対象を分析する際に適切な思考法を使えない
対象児童	小4　R子
調査課題	3（擬態語の相違点の説明）ころころとごろごろ
記述前の様子	課題を読んだ後、しばらく何もせず「何書けばいいか、分からない。」とつぶやく。 その後「ころころは軽いもの」とだけ書いて、そのまま5分経過
面接応答	面接者「難しい？　じゃあ、いいよ。」 R子　・・・ 面接者「何か頭に浮かんでたの？」 R子　「ボール」 面接者「ふうん。ボールかあ。」 R子　・・・ 面接者「でもここにボールって書かないで『軽いもの』と書いたね。どうして？」 R子　・・・ 面接者「これ（課題3）とさっきの（課題1おでんシチュー）とでは、どちらが難しい？」 R子　「これ。」 面接者「どうして？」 R子　・・・・ 面接者「じゃあ、さっきの（課題1おでんシチュー）がこれ（課題3）より簡単だったのはどうして？」 R子　「だって、グループ分けは、わけがあって分けているから。簡単。」 面接者「これは（課題3）はどう？」 R子　「わけがないし、どう書けばいいのか分からない。」
考察	課題1は収束型の説明で見通しもつけやすい。また、理由付けもしたくなる。これに対し、課題3はR子にとって何からどう分析すればいいのか全く見通しがつかないのだと推測される。この課題の場合、「比較」と「抽象と具体の往復」が必要である。それぞれの言葉を使う用例を列挙してみて、それらを同一観点で比較し相違点を見出す。また、用例にとどめず、それらの用例から意味の一般化を図らなければならない。R子は無自覚だが、具体的な一つの事例（ボール）から一般化（軽いもの）を試みようとしている。ところが、意識的に思考法を働かせられないために、事柄や事柄相互の関係性を整理できないと考えられる。

3　対象認識に正確さや客観性を求めない

　説明対象を正確に認識することは、説明する相手に対する説明者の責任である。しかし、その意識が薄いためか、思い込みによる主観的な対象認識にとどまり、正確さに無頓着な実態も見受けられた。

【事例3】	対象認識に正確さや客観性を求めない
学習者	小5　K男
調査課題	4（限られた情報をもとにした判断の説明）4人の背の高さの順
作成文章	この中に出てくるのは四人で、まりとともみとあいとよしこです。着用している服に注目するとまりとあいとともみは私服なのに、よしこだけセーラー服です。なので中学生です。ともみの見た夢は身長が一位という夢です。ともみは私服なので小学生で、小学生の中で一位という夢だと思うので、まりよりは大きいと思います。だから、たぶん、小さい順に並べると、あい、まり、ともみ、よしこになる。
考察	作成文章から、K男は主観で説明していると推測される。例えば、服装と通う学校、通う学校と身長、いずれも決定づけられるような客観的な根拠になりにくいにもかかわらず、それらを理由付けの材料にしている。夢が一番背の高いことを示すかどうかにも客観的な根拠はない。対象認識する際には、資料（ここでは5枚の絵）をもとに、何が確かにそうだといえる事実で、何が自分の憶測に過ぎないのかということを区別しようとする態度が求めらる。このような事例は、学年の発達段階にかかわらず見受けられた。

4　情報を取捨選択せず、多いほど詳しいほどよしとする

　対象認識は、必要に応じて情報の取捨選択をしながら行えばよいのだが、与えられた情報や関連のある知識は何でも盛り込もうとする姿が見られた。対象認識の際にも、必要とは無関係に可能な限り幅広く詳しく分析しようとする傾向が見られる。背景には、書くこと指導の「詳しく書くこと」「長く書くこと」がよしとされる評価の偏重があるのかもしれない。

【事例4】	情報を取捨選択せず、多いほど詳しいほどよしとする
学習者	小6　S男
調査課題	1（分類の説明）おでん・シチュー・はし・スプーン

作成文章	スプーンとはしは食器ですが、シチューとおでんは野菜を中心にしてなべでじっくりにこんだ料理です。
面接応答	面接者「Sくん、スプーンとはしは食べるときに使う食器のグループなのね。シチューとおでんは？」 S男　「まあ、両方、野菜を中心にしてなべでじっくり煮込んだ料理だなあって思って。」 面接者「読んでみる？」 S男　音読する。「片方だけ長くなった。でもスプーンとはしに食べるときに使うって書いても食器って書いたから意味ないかなあと思って。」 面接者「長く書きたかったの？」 S男　「うん。詳しく説明した方がいいかなあと思って。」 面接者「そう思ったからどうしたの？」 S男　「ただの料理より、両方野菜がいっぱい入っているなあとか、煮込むなあとか思って、詳しく書いた。」
考察	この分類では、スプーンとはしの「食器」に対して、シチューとおでんは「食べ物（料理）」で十分なラベリングになる。しかし、S男は、説明する文章の長さは自由だと指示しているにもかかわらず、上記のように「野菜を中心にして鍋でじっくり煮込んだ」と詳しく説明している。この背景には、S男の「文章は詳しく長く書く方がよい」という価値判断があるのかもしれない。

5　分析の観点が生活的・主観的である

　対象認識しようとする際、生活を想起しながら主観的な観点で捉えようとする傾向がある。これも低学年の発達段階を示している。低学年の学習者への指導では、こうした特性をふまえた指導の工夫が必要である。

【事例5】	分析の観点が生活的・主観的である
学習者	小1　K子
調査課題	1（分類の説明）おでん・シチュー・はし・スプーン
作成文章	わたしは、おでんならはしでつかめるものがいっぱいはいっているから、おでんとはしにして、シチューならスープがぐよりおおいから、はしでつかんでもスープがこぼれるだけだから、スプーンならあなとかあいていないから、スプーンですくったらこぼれないから、シチューとスプーンにしました。もし、おでんとスプーンだったら、おでんのぐを、こまかくしてスプーンにのせれるだけのせてたべます。

面接応答	面接者「がんばって書いたね。教えてほしいんだけど、『もし、お でんとスプーンだったら』のところで止まってずっと考え ていたよね。何考えていたか覚えてる？」 K子　「おでんのこと考えとった。具のこと。細かくすること。」 面接者「どういうこと？」 K子　「大根を細かくしてそれをスプーンにのせて食べるのを考え た。」
考察	仲間分けは、実生活をもとに「食べやすさ」という観点で行って いるのがよく分かる。この調査課題1では、「料理」と「食器」、「ひ らがな」表記と「かたかな」表記、「ん（ン）」という音の有無等の 観点でも分類できる。ただ、低学年では「食べやすさ」という生活 的な視点で分けることが多かった。

6　分析の観点が固定的・一面的である

　説明対象を分析する際には、多様な観点で柔軟に捉えるべきである。と
ころが、観点を一つ思い付けばそれに満足し、別の観点で捉え直してみよ
うとする意識があまりないようであった。

　例えば、調査課題1では分類の観点として、「和」と「洋」、「料理」と
「食器」、「ひらがな」表記と「かたかな」表記、「ん（ン）」という音の有
無等、多様な観点が考えられるがほとんどの学習者が一種類の分類で終え
てしまう。「他の分け方はないか」と根気よく考える学習者はほとんどい
なかった。

【事例6】	分析の観点が固定的・一面的である
学習者	小5　H男
調査課題	1（分類の説明）おでん・シチュー・はし・スプーン
作成文章	ぼくは、シチューにスプーンが合うから仲間で、おでんにはしが合 うから仲間だと思います。
面接応答	面接者「こう分けたのね。ほかの分け方はない？」 H男　「・・・あっ、ある。」「食べ物と食べるとき使う物でもいい。」 面接者「そんなふうに他にも分け方ないかなあって考えてはみない の？」 H男　「二つの分け方を書きましょうとか書いてあったら考えるか もしれない。」

考察	「ほかの分け方はないか」と問われるなど、特に指示がない限り、説明対象を多様な観点で分類しようという姿勢は見られにくい。小2の男子の中に、分け方を3通り書いた学習者がいた。また、2通り書いた学習者も数人だけだがいた。が、それ以外は、時間制限がないにもかかわらず、分類の観点は一つあれば十分としてしまう傾向が見られた。

　なお、調査課題3で、「ころころ」と「ごろごろ」の違いを明確にするには、事例を数多く想起し、それらを「転がる物の重さ」「硬さ」「大きさ」「形」「転がる動きの速さ」「転がり方」等の多様な観点で分析する方がより明確に違いが見えてくる。ところが、高学年でも1つの観点で分析を終えてしまう傾向があった。

7　具体例と一般との関係を自覚していない

　説明対象が抽象性の高い事柄である場合、ある一例から一般化を試みながら対象認識することがある。この場合、その一例は特殊なケースかもしれないという意識が必要である。複数の具体例の共通点を分析することが妥当な一般化につながるとの意識も薄いようであった。

【事例7】	具体例と一般との関係を自覚していない
学習者	小5　M子
調査課題	3（擬態語の相違点の説明）ころころとごろごろ
作成文章	ころころはボールを転がしている様子です。ごろごろは岩が転がっているようすです。
面接応答	面接者「この問題を出されて、この二つを見て、まず最初に何を思った？」 M子　「考えたことをここに書いたんだけど、なんか、ボールが転がってるところが頭に浮かんだから、それを書いた。」 面接者「ころころでボールが思いついたんだ。他にころころ転がるものないかなあって考えてみなかった？」 M子　「うん。次にごろごろのことを考えた。」 面接者「それから？」 M子　「その次は、このこと（「ごろごろ」）を書こうと思った。崖のところをなだれみたいに岩がごろごろ転がっているのが頭に浮かんだ。」

	面接者「でも、崖とか書くのは、やめたの？　わけある？」 M子　「・・・・ううん・・・・」
考察	ボールと岩は、それぞれ、ころころ転がる物体、ごろごろ転がる物体の典型的な例である。M子はそれをそのまま一般化してしまっている。一般を導き出そうとする意識が見受けられない。具体、あるいは一般というとらえ方が身に付いていないようである。記述の際に、典型例として取り上げるのはよいが、対象認識段階では、他の場合はどうかを分析してみる必要がある。

8　そうでない場合を否定すれば十分な理由付けになると考える

　二通りの可能性のうち一方を支持する場合に、理由としてその適切さを説明しないまま、もう一方が不適切であることを示して十分理由付けできたと考える傾向が見られる。こうした消去法の発想に加え、積極的な理由付けの必要も自覚させていく必要があるだろう。

【事例8】	そうでない場合を否定すれば十分な理由づけになると考える
学習者	小2　A男
調査課題	1　（分類の説明）おでん・シチュー・はし・スプーン
作成文章	ぼくは、スプーンとシチューがおなじだと思います。わけは、はしでシチューを食べたりするとつかみにくいし、おでんをスプーンで食べるとおでんに入っているこんにゃくとかがすべってとりにくいからです。
考察	A男は、スプーンとシチューが仲間だという理由として、はしとシチューを組み合わせることの不適切さ、かつ、おでんとスプーンを組み合わせることの不適切さをもち出している。 　また、課題である「分ける」という思考法が理解できていないことが分かる。ここで求められているのは「複数の要素をある同一の観点でカテゴリー化する」ことである。 　　　　スプーン　　　　　　　　　シチュー 　　　　　はし　　　　　　　　　おでん 　ところが、A児は「分類」とはどうすることか分かっていないために、食べやすい組み合わせが思いついただけで対象認識を終えてしまっている。「食べやすい」という観点で分析したのであれば「はしとおでん」という組み合わせも整理すべきであろうが、それはできていない。

9　メモ欄に何も書かなかったり文章を書いたりする

　メモには対象認識結果の備忘としてだけでなく、書きながら対象を整理していくことでその認識が可視化され、より明確で適切な関係付けが行えるという効果がある。ところが調査（サンプル数118[*1]）では、「メモ欄を使用しない」51[*2]（43%）、「メモ欄に文章を書く」18[*3]（15%）、「メモ欄に文章以外のメモをする」49[*4]（42%）という結果であった。対象認識段階でメモの活用については難しいことが分かる。また、「メモ欄に文章を書く」場合、記述欄により丁寧な文字で書かれる傾向からも「メモ欄には下書きをし、記述欄に清書をする」という構えを見て取ることができる。

　[*1]　課題によってメモの必要度は異なるがすべて同じ重みで扱っている。
　　　　被験者の学年人数にばらつきがあるがここでは区別せずに扱った。
　[*2]　「メモ欄を使用しない」はメモ欄に何も書かれていないものをカウントした。
　[*3]　「メモ欄に文章を書く」は記述欄と同様の文章が書かれているものをカウントした。
　[*4]　「メモ欄に文章以外のメモをする」は十分なメモを書いたかではなく、とりあえず対象認識のためにメモしようという姿勢が見られるものをすべてカウントした。

【事例9】	メモ欄に何も書かなかったり文章を書いたりする
学習者	小5　M子
調査課題	3（擬態語の相違点の説明）ころころとごろごろ
メモ欄（右）・作成本文（左）	
面接応答	面接者「Mちゃん、ここ（メモ欄）とここ（文章記述欄）に2回文章を書いたでしょ。どうだった？ M子　・・・・・ 面接者「別に大丈夫だった？」 M子　「うん。メモは下書きだから。」

	面接者「これ、下書きなんだね。じゃあこれは？」 M子　「清書。」 面接者「下書き、書いてよかった？」 M子　「まあ。」
考察	メモと作成文章を比較すると「塗りつぶします」の直前に「黒く」を加筆しただけで他は何も変わらない。ところが、M子はほぼ同じ文章を再び書くことについて疑問を感じていないようである。メモの機能を理解していないことが伺える。

10　関係性を整理する構造的なメモが書けない

　対象認識段階におけるメモには事柄を覚え留める働きに加えて、事柄を整理したり相互の関係性を見出したりする機能がある。ところが、断片的な情報を羅列することはできても、事柄相互の関係性を整理するための構造的な図解メモは難しいようであった。これには学年差が認められず、そのことから図解の仕方に関する学習はほとんどないと推測される。以下は調査で見られたメモの事例である。図解で関係性を整理している学習者の文章はそうでない学習者の文章に比べ、論理的に明快な説明になっていることが分かる。記述力と図解する力には相関関係がありそうである。

【事例10】	関係性を整理する構造的なメモが書けない	
調査課題	3（相違点の説明）	4（判断の説明）
学習者	小3　T男	小5　A男
メモ欄		
作成文章	ころころは小石ががけから転がってくる音でごろごろはがけから岩が転がってくる音です。	よしこさんはまりよりでかくて、まりさんはよしこさんよりでかい。でもともみとあいはどちらがでかいかはわからない。

考察	メモ欄にほぼ文章を書いている。メモからはころころとごろごろを同一観点で意識的に「比較（対比）」しようとした思考の跡は見えにくい。印象を書き留めたに過ぎない。また「〜が○から」と「○から〜が」というように表現がねじれている。	1番から4番まで並べようとしたところには「順序」の思考が働いたと思われるが、その下にメモした部分には、そのように判断を裏付ける、情報整理の思考の跡は見えにくい。ただし、ともみとあいは不明であることと夢についてはメモしている。

※参考	対象認識段階で図解をして、事柄相互の関係性を認識している事例		
学習者	小2　　K男	小4　R子	小5　Y子
調査課題	2（分類の説明）	3（相違点の説明）	4（判断の説明）
メモ			
作成文章	シチューと、おでんは、食べものの、なかまでスプーンと、はしは、食べるときにつかうものです。だから、ぼくは、シチューとおでんがグループ、もうひとつのグループが、はしと、スプーン、で2つのグループができて、できあがりだと思います。	ころころは、でこぼこしていない丸い形のものが、はやくころがる様子で、転がるとき音があまりしません。 ごろごろは、ごつごつしたものが、おそくころがる様子で、転がるとき音がします。	背が高い順に1番はよし子さんで、2番はまりさん、3番はあいさんだということが分かります。ともみさんだけは分かりません。 まりさんとあいさんは直せつならんでみて、まりさんが高く、そのまりさんが台にのったのよりもよし子さんが高いからです。ともみさんはジャンプしていたり夢を見たりしているだけだから背の高さを決めることはできません。

| 考察 | グルーピングとラベリングが構造的にさなれ、それが明確に図解されている。作成文章においても、関係性が整っている。 | 観点は明示してないが、3観点で対照的に比較していることが分かる。作成文章でも観点の順は同じにしながら記述していることからも対象認識が整っていることが分かる。 | 結論を明確にメモしている。そのため、作成文章においても結論を先に打ち出している。不明なものは不明であると記述し、その理由も述べている。 |

11 対象認識したことを記述でゆがめてしまう

【事例11】	対象認識したことを記述段階まで正確に保持しない
学習者	小1　A男
調査課題	4（限られた情報をもとにした判断の説明）4人の背の高さの順
記述前	A男「◎と△が横に並んで◎の方が高く、△と□では台に上っても△が・・・だから」と正しい対象認識ができていた。
作成文章	一番は、よし子さんです。大学生だからです。二番はまりさんです。高校生だからです。三番はともみさんです。中学生だからです。四番は、あいさんです。小学生だからです。
記述後面接応答	面接者「さっき、『台の上に乗っても、…から』とか、背を比べてわけを言っていたのに書かなかったね…。」 A男　「どう書けばいいかややこしいから。」 面接者「どうして大学生とか中学生とかをわけにしたの？」 A　　「そういえば、大学生に見えるなあと思って。」 面接者「それでよかったの？」 A男　「まあ。」
考察	客観的な視点をもって正確に対象認識をしても、それを文章化する記述力（ここでは比較による説明の適切な順序、文型や語句等）がないと表現をあきらめ、結果的に正確な認識結果を捨てしまうことがあるようである。A男は理由の説き明かしが複雑になりそうだと直感し、自分が書きやすいように、対象認識をゆがめてしまったと考えられる。

　表現方法に見通しがつかないために、自分が書きやすいように認識をゆがめてしまう。つまり、正確な対象認識に至っているにもかかわらず、適切な表現方法をもたないために説明をあきらめたり、自分が表現できる範

囲内に対象認識を収めてしまったりするという問題である。

第2項　対象認識に関して育成すべき能力

　こうした対象認識に関する学習者の実態もふまえると、対象認識する能力には、以下のような能力が含まれ、その育成が求められるところである。

- ○　具体物を観察、実験等によって対象認識することができる。
- ○　文献（辞書・資料・解説等）を用いた対象認識ができる。
- ○　過去の経験や学習等を想起しながら対象認識ができる。
- ○　説明対象や自分の状況に応じた認識の手段を選択することができる。
- ○　対象認識の観点を複数思いつき、多面的に対象認識することができる。
- ○　比較（類比）の思考法を用いて共通点を見出すことができる。
- ○　比較（対比）の思考法を用いて相違点を見出すことができる。
- ○　観点を複数思いつき多面的に比較して対象認識する。
- ○　同一観点でグルーピングし、各々にラベリングすることができる。
- ○　原因（理由）や結果（結論）を妥当に対象認識することができる。
- ○　時間の順序・空間の順序・物理的な大小や高低の順で整理できる。
- ○　具体と抽象、難と易、親と疎、原因と結果等、論理の順で整理できる。
- ○　上位・下位、あるいは全体・部分の観点で、整理できる。
- ○　ある条件下で、あるいは限定をかけて、対象を分析することができる。
- ○　複数の事柄から共通項を取り出し一般論を見出すことができる。
- ○　一般化された事柄の本質とずれないように具体化することができる。（典型的な具体例を発想することができる）
- ○　ある一定の法則を他の事柄に転移させて事柄を捉えることができ

る。

○　集めた情報を、取捨選択したりキーワードにしたりしてメモをかく。

○　対象認識した事柄について、図や表、箇条書き、矢印等を使って、適切な整理ができる。

　重視したいのは思考法である。説明は、事実である事柄をできるだけ正確に客観的に関係付けながら説き明かす言語行為ではあるが、輿水実[5] (1975) が「ただ事実を事実としてしったというのとはちが」い、「そこに解釈が入って、その事実はなぜそうなのかということになって、はじめて説明である」と述べているように、ここでいう「解釈」とは説明者が対象認識段階で行う事柄相互の関連付けであると考えられる。それには思考法がかかせない。

　米田猛（2006）[6]は「言語技能に伴う思考力も指導の対象となる。…（略）…『このような考え方』（思考）をするので、『このような言い方・書き方を駆使して』（言語技能）、『具体的にはこのように言った（書いた）』（具現化された言語活動）という仕組みを指導する必要性である。」と述べているが、説明においては、事柄と事柄の関係付けに思考力が求められるため、思考法については主として対象認識する能力に含めるものとする。

第4節　対象認識する能力の育成のために理解しておきたい事項

第1項　対象認識と思考法

　対象分析によって抽出した説明対象に含まれる事柄を関係付けなければならない。その際必要なのが以下のような思考法であると考える。なおこれらの思考の類別については先行研究で様々に述べられているところであるが、ここでは説明を書くために、とりわけ対象を認識するうえで必要な

思考法を 10 つ挙げた。これらは主として、井上尚美[7]（2007）、西郷竹彦[8]（1983）、櫻本明美[9]（1995）、田中保成[10]（2009）の挙げている思考法や論理語彙等を参考にしている。

表4－2　説明の対象認識で必要とされる思考法（図解例・文型例）

思考法	思考の特性　（関連語）	図解例	論理的な思考を促す論理的な表現例
観点	何に着目するかを明確にし、ぶれないようにする。すべての基礎となる思考法。　（抽出・列挙）	○・・・・ ○・・・・	〜を見てみると 〜について調べると 〜から考えると 〜に目をつけると 〜という点では 〜を観点にしたとき・・・
比較	同一観点で対象を捉える。類比により共通点が、対比により相違点が明確になる。最も重要視したい思考法。　（共通・相違）		○と△を比べると、○の方が△より〜である。 ○は〜だが、△は〜である。 ○が〜なのに対し、△は〜だ。 ○は〜である。一方、△は〜である。
順序	ある基準で事柄を順に並べる。物理的な順序（時間的・空間的な順・頻度の順等）のほか、論理的な順（重要な順、全体→部分、簡易→複雑等）もある。　（変遷）		まず〜、次に〜、それから〜、最後に〜。 初めのうちは〜、後に〜。 第一に〜、第二に〜。 一つめは〜、二つめは〜。 上から順に○、△、□・・。 易しいものから順に○、△、□・・。
分類	ある観点で複数のカテゴリーに分けて、ラベリングする。並列的な分類のほか、上位・下位の整理もある。　（含有・組織・構造）		…で分けると、○と◎は〜の仲間で、△と▽は〜の仲間です。 …に着目すれば、○と◎、△と▽に分けられるが、…に着目すれば、◎と▽、○と△に分けられる。 同じ仲間の◎、○、△、▽も、さらに…に着目して細かく分けるとすれば○と◎、△と▽に分けられる。

原因・結果	目的と方法、形状と機能、原因と結果、理由と結論等はこれに含まれる。因果関係やその妥当性が問われる思考法。(作用・循環・影響・価値)		○だ。どうしてかというと、〜だからだ。 〜のために、○である。 ○なのは、〜だからである。 ○である。それは、…と〜が原因である。 …と〜によって、○となった。 〜である。したがって○となる。
条件・限定	一定の範囲を決め事柄を整理する思考法。事柄というのは、範囲を限定しないと収集がつかないことが多い。(基盤・成立)		かりに〜だとすれば、…。 もし〜なら、…。 〜の範囲で考えるならば…。 〜に限って言えば…。
類推	ある法則を適用させて未知の事柄を推す思考法。(転化・事例)		…と考えられる。 …といえそうである。 …かもしれない。 …にちがいない。 きっと（おそらく・たぶん）…だろう。
一般化・帰納	複数の事柄を一つに帰着させようとする思考法。特殊は取り置き、共通項を見出してまとめる。(重要・全体・定義)(例外)		一般的には、〜。 ふつうは〜。 おおむね〜である。 つまり、〜。 要するに〜。 このように〜である。 まとめるなら〜。
具体化・演繹	抽象的・全体的に示された事柄に関して、事柄の本質とずれずに具体におろす思考法。相手が知っている典型的な事例を挙げて理解を促す場合に用いる。(例示)		例えば、〜。 例を挙げるとすれば、〜。 具体的に言えば、〜。
評価	対象の整合性や妥当性を批判的に検討する思考法。(批判)		…は〜に合っている。 〜であるべきなのに…では問題だ。 〜に…では、つじつまが合わない。 〜なのは当然である。妥当といえる。 〜といえるのだろうか。 〜と言われている。

　説明は、事柄の「知らせ」に終わらず、事柄相互の関係性をも説き明かす言語行為である。例えば、㋐㋑㋒という事柄が説明対象に含まれていたとする。それを個別に言語化するだけでなく、㋐と㋑との「関係」や、それらと㋒との「関係」を言語化しなくてはならない。「関係」というのは、個々の事柄とは異なり知覚しにくく、観察法等では認識できない。事柄同士が複雑に絡み合っていることも多いため、適切な観点を設けて事柄を捉え（対象分析）、その事柄相互に妥当な関係付けを行わなければならない。ここに、「思考法」を用いる必要が生じることになる。「『関係付ける力』を駆使すれば、物事をある角度からより深く、あるいはいくつかの見方でより豊かにとらえることができる」[11] はずである。

　「思考」[12] については、様々に列挙、分類されているが、本書では、「説明」という言語行為に働く「論理的な思考」を指すこととする。また、「論理的な思考力」に含まれる「思考法」あるいは「思考操作」も様々に列挙、分類されている。これらをこのように10種類に整理し（**表4－2**）、「問い」との関連についてもまとめた（**表3－2**）。これらは、どの「問い」に対しても、説明のどのプロセスにおいても、抜け落ちがないように網羅した10種類であり、学校現場での実用性を考えたものである。なお、これら通常、単一ではなく複数を同時に働かせていることも多い。

　このうちの「観点」について補足する。関係付けに「観点」だけは異質である。しかし、あえて説明における対象認識に必要な思考法として位置付けたのは、観点を見出す、観点を固定するという頭の働かせ方が多くの思考を支えるからである。

　「評価」もまた思考法と言うには異質かもしれない。しかしながら、説明には「正確さ」「客観性」が求められる。そのためのメタ認知を鍛えていくためには、評価する思考を重要視する必要があると考えた。

1　文章表現段階での対象認識

　説明者が「文章表現」段階で、自分自身の対象認識を言語化することで、当初の対象認識よりも深く、明確になることがある。あるいは、言語化しようとしたもののできないことから、対象認識の不十分さに気付き、「これはどうなっているのか」「果たして本当にそういえるのか」と再び対象分析に戻ることがある。つまり、分かったことを書くだけでなく、書いてみることで分かることが多いということである。このように、「対象認識」と「文章表現」とは相互に高め合う関係にあると言える。相手にある対象を理解させようとして説明することで、結果的に自分がその対象をより深く理解することができたというのはそういうことである。次の事例Aと事例Bは、説明をし終えた後の学習者の感想である。これらから、言語化することで対象認識が深まったことを自覚する様相や言語化が学習者の対象認識を促す様相を看取することができる。

事例A	言語化することで対象認識が深まることを自覚した例
課題	一つ下の３年生に「コンパス」とはどんな道具か説明しましょう。
学習者	小４　Ｙ男
文章作成後の感想	今までは、コンパスについてあまり考えないで使っていた。ただ、円をかけるって思っていただけだったけど、３年生に説明してみたら、中心がズレないためにちくちくのしんがあったり、２本の足が開けて、でもちょっとかたいから円をかくときズレないようになっていて、すごく考えてある道具だと思った。それと、足がかたい金ぞくでできているから曲がったりおれたりしない。曲がったりしたら円はかけない。手でまわしやすいようにつまみも付いているから、よく考えてあるなあって思った。３年生に説明したら、コンパスのことがよく分かってよかった。
考察	Ｙ男は、説明するまで機能と形状との間にある必然性に気づくこともなかったが、説明をきっかけに、認識が深まったことを自覚した。また、これを「説明」という言語行為の成果として捉えている。

事例B	言語化が対象認識を促した例
課題	似ている文字「人」と「入」の違いを説明しよう
学習者	小1　T男
作成文章	対象認識不十分なまま自力で書いた文章 　ひらがなのりは、カタカナのりより長い方がひらがなとカタカナの方がカタカナよりはねる方が少し長いのとカタカナのりは長い方がまっすぐいってまがってかな（？）は、ひながな（平仮名の意）とカタカナは、カタカナは、細い方でひらがなと長さが違いがあるけどひらがなは長いです。 ↓ 全体学習において議論しながら、作り上げた基本文型（「言語化」の型） ・○と◎は似ているけど違います。 ・○と◎はどこがどう違うでしょう。 ・ちがいは（　）つあります。 ・一つ目の違いを言います。○の□は△だけど、◎の□は▽です。 ・二つ目の違いを言います。○の◇は△だけど、◎の◇は▽です。 ↓ 文型を使って書き直した文章 ①ひらがなのりとカタカナのりは似ているけど違います。 ②ひらがなのりとカタカナのりはどこがどうちがうでしょう。 ③答えは四つあります。 ④違いの一つ目です。ひらがなのりの1画目はまがっているけど、カタカナのりの1画目は曲がっていません。 ⑤違いの二つ目です。ひらがなのりの1画目ははねているけど、カタカナのりの1画目ははねていません。 ⑥違いの三つ目です。ひらがなのりの2画目はまがっているけど、カタカナのりの2画目はまがっていません。 ⑦違いの四つ目です。ひらがなのりの2画目は長いけど、カタカナのりの2画目ははねていません（？）。
考察	T男は比較をし特徴を一つはとらえて発表しているが、文章化すると上記の作文のようにまったく筋道のない思いつきの表現になっている。入力した情報を整理する論理的な思考（ここでは比較の思考）ができていないと考えられる。 　①から⑥までは、板書のモデル文をまねている。しかしさらに長くしたかったようでT児は独自に⑦を加えている。これは、④から⑥の文型をまねているので大体整ってはいるが、下線部の語句（長い・はねていない）は対応していない。 　T男は、言語化してみては、自らの対象認識を確かめるために再び

> 対象認識段階に戻っている。そして、その度にＴ男の対象認識は確かになっていっている。

2 論理的な思考を促す論理的な言語表現

「関係付け」には「思考法」が必要である。さらにいうと、「思考」は「言語」によって行うため、「論理的な言語」（論理的な語句や文型）を豊富にもたない学習者には、「論理的な思考法」を駆使して関係性を認識することは困難である。換言すれば、「論理的な思考法を駆使する」とは、「必要に応じて適切に論理的な語句や文型を使いこなす」ことにほかならない。これが、前述した「文型などを生かし、文章表現してみることで、対象認識をする」「プロセスとしては逆行するようだが、教師の方から『論理語彙』を提示して対象認識させる」という意味である。先の表（**表4-2**）には「論理的な思考を促す論理的な表現例」も示した。学習者の発達段階に応じて提示し、論理的な思考を促し、より確かな対象認識に至らせたい。論理的な語句や文型を豊かにすることは、対象認識能力を高めることにもなる。このように、論理的な思考が論理的な言語表現を支えるだけでなく、論理的な言語表現が論理的な思考を導くことになるのである。

第3項 図解メモのかき方

対象認識の際には、対象に含まれる事柄と事柄相互の関係性を図に整理しながらメモすることで、説明対象の全体像を俯瞰することができる。説明対象を図で整理できるということは、説明者が説明対象を主体的に再構築していること、つまり確かな対象認識にいたることにほかならない。頭の中だけでは認識したつもりにすぎず、実は認識できていなくても気が付かない。構造的にメモをかいてみることで、説明者自身が認識の不十分さを自覚し、必要に応じて再び対象分析にフィードバックすることもありうる。

ここで必要となるのは、事柄や事柄相互の関係性を明解に整理する技能

である。基本は、重要な事柄をキーワードに集約し枠で囲む技能、キーワードを紙面へ適切に配置する技能、事柄同士を線や矢印で結ぶ技能等である。事柄の重要度はキーワードを書く文字の大きさや囲む枠の大きさなどで表すことができる。とりわけ、小学校段階では、基本的な図解の技能を積極的に提示し、それらを参考にしながら、対象認識の際に活用できるようにしたい。なお、このように事柄や事柄相互性の関係性を図解することは思考法を働かせなければできないことであり、働かせるべき思考法を指導者自身が理解していないと図解する技能の育成はできない。

【注】

1　飛田多喜雄・大熊五郎　『文章表現の理論と方法』（1975明治図書）　第3部118頁

2　前掲書1　117頁

3　綿井雅康「説明と文章表現」　比留間太白・山本博樹編『「説明の心理学」説明社会への理論・実践的アプローチ』　66頁（2007ナカニシヤ出版）

4　速水博司「説明文の種類と方法」林大・林四郎・森岡健二編『現代作文講座4（全8巻）作文の過程』（1976明治図書）169-170頁

5　輿水実「作文における説明文の指導」『教育科学国語教育』No.200　（1975明治図書）

6　米田猛『「説明力」を高める国語の授業』（2006明治図書）36頁

7　井上尚美『思考力育成への方略－メタ認知・自己学習・言語論理〈増補新版〉』（2007明治図書）
270～275頁には、「論理操作」として、以下を挙げている。
比較（対比）、分類、選択、列挙、順序（小1～2年）
説明、仮定（仮説）、推論、演繹・帰納（小3～4年）
推論、説得、分析、批判（吟味、評価）、論証（小5～6年）

8　西郷竹彦『作文の指導』（1983明治図書）
293～296頁には、「認識の方法」として、以下を挙げている。
観点、比較、順序、理由、予想、類別、構造、選択、関連、総合

9　櫻本明美『説明的表現の授業－考えて書く力を育てる－』（1995明治図書）
23頁には、「論理的思考力の全体構造（試案）」が示され、以下が挙げられている。櫻本氏の用いている略称を使う。
知覚（列挙）、

関係づけ（定義づけ・類別・比較・順序・理由づけ・推理）、
意義づけ（評価・一般化・実証）

10　田中保成『使える学力 使えない学力　国語で一生使える論理的思考力を育てる方法』（2009 ディスカヴァー携書）58・59 頁には、「論理的に考えるためのスキル」として、「比較、分類、分析、評価、選択、推論、構想」を挙げている。

11　前掲書9　69頁

12　国語教育研究所編『国語教育研究大辞典』（1988 明治図書）では、思考の定義のあと、思考の分類として、象徴的思考　論理的思考　科学的思考　批判的思考　生産的思考　拡散的思考をあげている。

　　井上尚美『言語論理教育入門－国語科における思考－』（1989 明治図書）29頁では、国語教育で論じられる思考の種類として、構造的思考　論理的思考　科学的思考　演繹的思考　分析的思考　批判的思考　創造的思考　直観的思考　総合的思考　概念的思考など、さまざまな種類があるとしている。

　　この中でも、国語教育では、「論理的思考」が多用される。実際、学習指導要領の中には「論理的に思考する力」「論理的に思考し表現する能力」という記述が見られる。『小学校学習指導要領解説国語編』9 頁の「国語科の目標」の解説の中に、「思考力や想像力とは、言語を手掛かりとしながら論理的に思考する力や豊かに想像する力である。」という記述が見られることから、思考力＝論理的思考力と捉えていると考えられる。

　　井上尚美『思考力育成への方略－メタ認知・自己学習・言語論理〈増補新版〉』（2007 明治図書）54 頁では、「論理的思考力」の意味用法として、少なくとも三つの用法があるとし、中でも国語科では、以下二とおりの意味で「論理的思考力」という語を使うことが多いとしている。
・筋道の通った思考つまりある文章や話が論証の形式（前提―結論、または主張―理由・根拠という骨組み）を整えていること
・直観やイメージによる思考に対して、分析、総合、抽象、比較、関係づけなどの概念的思考一般のこと（広義）

第5章　文章表現する能力

－説明する能力3－

第1節　説明における言語表現とその困難性

第1項　言語で説明するとは

1　「表現」とは

そもそも「表現」とは、「主体者の意志にもとづく具体的な行動・内なるものを外に表す一切の運動（行為）」（広辞苑　第六版　岩波書店　新村出編）とされる。「説明」という表現行為に当てはめるなら、まず、説明対象（外のもの）に関する情報を自分の思考や判断によって取り込み、再構成（解釈・組み直し・整理）し、自分の「内なるもの」にすることが必要であり、本研究における対象認識は説明対象を内なるものにする行為に当たる。そして、対象認識したことを「外に表す」ためには、身体・絵画・音楽・造形・言語（音声や文字）等、何らかの表現手段、あるいは表現媒体が要る。「説明」は絵や図や写真などを補助にすることはあっても主として「言語」を表現媒体にしてなされる。

2　「言語」による表現の特性

表現の中でも、身体的表現・絵画的表現・音楽的表現・造形的表現等は、自由な形式で行われることが多い。それに対し、言語表現の場合、制約が大きい。言語は、体系的であり固定的、社会的なものとして運用されているからである。わけても「説明」における「言語」は、知的理解を促す表現媒体となるため、適切な説明を支える、発音、文字、語い、文法、表記等の言語体系にかかわる言語についての知識及び技能は、分かりやすい説明を支える能力となるため、手堅く習得させる必要がある。

第2項　説明を文章表現することの特性と限界

　説明対象は言語という媒体を介して相手に理解されるのであるから、説明者がいかに的確に問いを把握し、正確に対象認識できても、言語表現が不適切だと、相手には伝わりにくい。

1　説明を文章表現することの特性

　言語表現には「音声表現」と「文字表現」があり、両者は説明対象を言語という媒体を用いて線条化するという点で共通する。ただし、「音声表現」の場合には表現すると同時に消えていくという特性があり、「文字」の場合には表現者の手元を離れると補足や修正が難しいというように、それぞれの特性があり、いずれも特性に伴う困難を有する。本研究は「説明を書く能力」を対象としているため、文章表現に絞って述べる。

　なお、説明には、図、表、グラフなどを用いることも多い。これらは、説明を視覚的に分かりやすくする上で効果的であり、ときには画像を使って即時に理解させられる。説明には、これら非言語の媒体を用いる知識や技能も求められるが、ここでは文章表現に絞って述べる。

　さて「書き言葉による説明」は、一方通行、相手が不特定多数というケースが多く、補足や修正が難しい。そのため、説明者の手元を離れても一人歩きできるよう完結した表現が求められる。確かな表現は確かな判断が支え、確かな判断は柔軟で深い思考が支える。ただ、表現までは比較的、時間の余裕があり、慎重な思考、判断、表現が可能になる。

表5－1　文章を書いて行う説明の特性

	文章を書いて行う説明	話して行う説明
相手	不特定・多数の場合が多い	特定・少数の場合が多い
説明者と相手	空間的・時間的な分離	空間・時間を共有
相手分析	相手が特定できない場合は相手を想定して推測	相手分析の必要性が高い

言語	文字言語	音声言語
記録・消滅	記録性（→正確さ重要）	消滅性
表現の方向	一方的（後に修正不可能）	双方向的（相手の反応から理解の程度を推し修正可能）
表現の完結性	完成された正しい文章 文法的なルールを厳守	相手の反応に合わせて内容を補足 不完全な表現でも成立
必要な心的構え	責任　　慎重な推敲 客観性保持　厳しいモニタリング	比較的気楽だが対面による緊張もある
要する時間	時間的余裕がある 長時間必要	時間的余裕がないことが多い

２　説明を文章表現することの限界

　説明を「文章化」するとは、対象認識を文字言語にし、順序性のある一本の線にすることである（**図５−１**）。速水博司（1976）[1] はこれについて次のような指摘をしている。

　　　ことばで表現する場合は、説明しようとする対象が空間的なもの、二次元、三次元的なものでも、時間的に、線条的にしかできないということを銘記したい。克明に記述をしようと思うと、瞬時に空間的な広がりをもった物事は、線条に長い時間の経緯をもって述べられることになる。これはことばで述べようとするときの宿命的な制約である。先のホトトギスの説明の後の例のように、形態を記述しようとすると、まず何と何を、どこから、どれだけ述べていくかを決めなければならない。必ず時間的な先後・長短が問題となるということである。

　めがけるべきは、説明対象を言いあてつつ相手の理解可能な言語を用いながら、相手の理解の道筋に沿って適切に並べられた「表現」である。それができれば、その説明は、相手にとってたやすく「消化」「吸収」できる分かりやすい説明になるはずである。

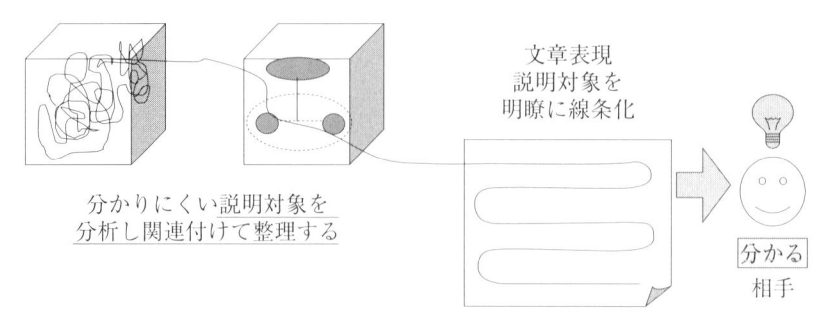

文章表現
説明対象を
明瞭に線条化

分かりにくい説明対象を
分析し関連付けて整理する

分かる
相手

図5－1　文章表現による説明対象の線条化

　ただし、説明対象の「言語化」にはもう一つの宿命的な限界がある。い
かに説明者が誠実に言語表現しようとも、説明対象をそのまま表現するこ
とは不可能である。「地図（コトバ）は現地（モノ・コト）ではない」（アル
フレッド＝コージブスキー）[2] と言われるように、文章表現された説明は、
説明対象そのものではないのである。また、「関係性」を認識するのも
「言語化」するのも、説明者という主観的な存在である。つまり、対象認
識も文章表現も説明者という主観的なフィルターを通すため、説明対象が
ありのままに相手に理解されることはあり得ない。このような限界を自覚
しつつ、可能な限り忠実に説明対象を文章表現するよう努めなければなら
ない。

第2節　文章表現のプロセス

第1項　文章表現のプロセスの概略

　「説明」における文章表現はどのように行われるか、そのプロセスを概
観すると、次の図（**図5－2**）のように一連のプロセスをたどると考えら
れる。このプロセスは一方的に進むのではなく、必要や状況に合わせて、
省略、同時進行、逆行などが見られる。また、モニタリングは、①〜⑥す

べてのプロセスで働く「メタ認知」の機能であり、モニターは相手の立場で吟味する自分である[3]（第6章で詳述）。

　これらすべてのプロセスにそれぞれ「適切さ」があり、それが重なって最終的な文章表現の「分かりやすさ」を規定していくことになる。

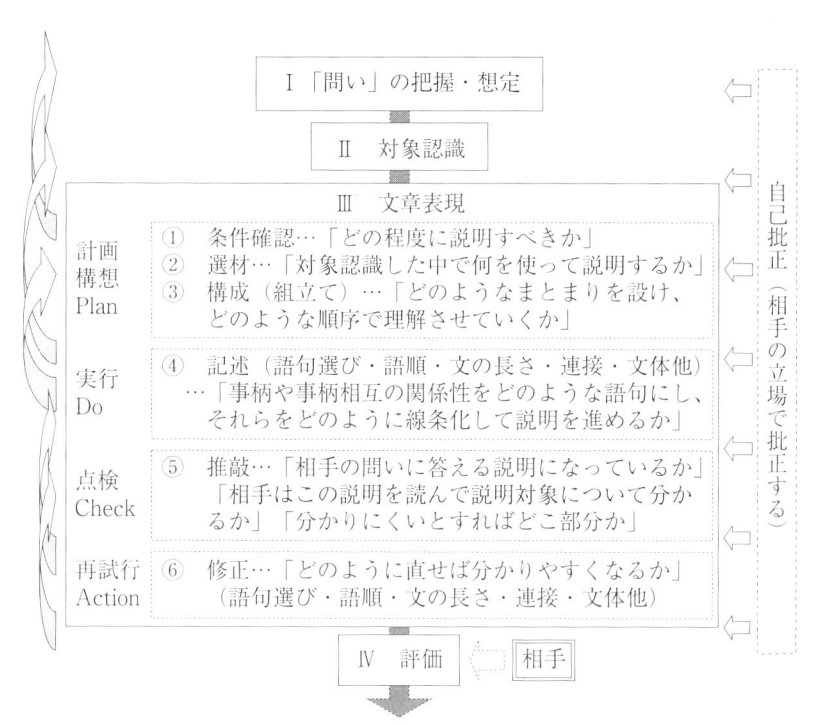

図5－2　説明表現における文章表現プロセスのモデル

第2項　文章表現の各プロセス

1　条件確認

　自分が行おうとする説明に課せられている条件を確認する段階である。表現の条件には以下のようなものがある。

　　・分量（字数・頁数・文字の大きさ・行数等）

・様式（必要項目・箇条書き・縦横・版・着色・デジタルデータ等）

・図・グラフ等の挿入（大きさ・数等）

・文体、文字、記号等

・期限（締め切り他）

2　選材

　対象認識段階で収集することのできた材料の中から、実際に説明として用いるべき事柄を「取捨選択」する段階である。説明対象の特性や相手の必要や条件に応じた材料選びが求められる。

3　構成（組み立て）　…文章の構成だけでなく文の構成にも用いられる

　どのようなまとまりを作り、どういう順序で説明するかは、相手の理解、つまり「分かりやすさ」に大きくかかわる。文章は線条的な表現であるため、説明者が判断した順序は、相手にとっては読まされる順序になる。つまり、相手に説明を理解していく筋道を強いることになるのである。説明対象の特性及び相手の既有知識、興味、理解力等に合わせて、説明者が適切に判断しなければならない。

4　記述

　実際に語句を選びながら文章を記述する段階であり、文章表現の中心となる段階である。どの語句を使うか、何を主語とするのか、どのような修飾語を挿入するのか、どこにどんな接続語を使うのか、句読点はどこに打つのか、文の長さはどうするのか、文末はどう締めくくるのか、どこで改行するのか等、表現形式を内容に合わせて判断・表現していくことが求められる。これらの判断・表現の良し悪しが、説明の明快さを左右することになる。

5　推敲

　一旦書き上げた文章に、不適切な部分、分かりにくい部分がないか読み

返す段階である。特にこの段階でモニタリングが機能しなければならない。不適切な部分があれば再記述する。記述だけではなく、選材に適切さがあれば再選材、構成に不適切さがあれば再構成を行う。

第3節　文章表現に関する学習者の実態と育成すべき能力

第1項　文章表現に関する学習者のつまずきや困難

　「適切」な文章表現には、どんな能力が求められるか。それを見出すために調査をもとに学習者の実態（主につまずきや困難感）を分析した。学習者の多くが課題を読むとほどなくして書き始めたが、それは、「問いの把握・想定」や「対象認識」には、困難感を自覚してはいないことになる。それに対し、「文章表現」にはつまずきや困難があると自覚し、「どう書くか分からない」と打ち明ける傾向があった。

　「説明」を書く調査では、次のように多様なつまずきや困難が見られた。概ね文章表現のプロセス順に示すこととする。

　　1　記述しながら様々なことを考えるために混乱する
　　2　自分の知識をすべて盛り込もうとする
　　3　思いついた順に記述する
　　4　まとまり意識が薄い
　　5　説明対象の全体像や前提事項を示さない
　　6　相手の理解に応じた順序付けをしない
　　7　中心的な事柄と付加的な事柄を区別しない（ナンバリングが不ぞろい）
　　8　結論（結果）先行型で説明しない
　　9　形式の論理と内容の論理が合わない
　　10　一文が長すぎる
　　11　主語・述語が照応しない
　　12　不明なことを不明と書かない

13 判断を表す文末表現を選ばない

14 箇条書きを使わない

15 言い当てる語句や文型が思いつかない

16 記述に見通しがつかないと対象認識をゆがめたりあきらめたりする

17 内容が並列する場合に語句や文型をそろえようとしない

18 場合描写的に説明する

19 例を挙げるときに「例えば」を使わない

20 接続語や指示語をあまり使わない

21 読点を意図なく感覚的に打つ

22 中点の使い方を理解していない

23 常体で書くことに慣れていない

24 書き終わりができあがりであり、推敲や批正はほとんどしない

1 記述しながら様々なことを考えるために混乱する

　記述時には「何を書くか」は既に決定していて、「どう書くか」のみに意識を集中できれば理想である。それでさえ「どう書くか」には、構成レベルから語句レベルまで様々な思考・判断・表現が随時迫られる。その上、課題を読むとすぐに記述し始める傾向にあるため、記述中は問いを把握し直したり対象認識をしたり、実に多くのことを一気に考え、決め、書かなければならないという混乱した状況になっている。

【事例1】	記述しながら様々なことを考えるために混乱する	
学習者	小4　　H子	
調査課題	1 （分類の説明）おでん・シチュー・はし・スプーン	
記述前	（独り言） 　シチューはスプーンで食べて、おでんははしで食べるから。食べ物と食べるのに使う物に分けることもできるけど、わたしやったら、食べるものとそれを食べるときに使う物に・・・、洋食と和食で分ける。	
作成文章 （下線部） と 面接応答	記述	洋食のときはスプーンを
	H子	つぶやき「あれっ、使うってこういう字であってたっけ？」（と紙に漢字を書いてみる）
	記述	使って、和食のときにははしを使う。だから、外国のことと、

	本のことで分けた。
H子	「これでいいかな。」
面接者	「終わり？結局どうやって分けるの？」
H子	「それも書こうとちょっと思ったんだけど、もう一回"だから"を使ったらなんか変だなあと思ってやめた。」 ここで、もう一度課題を読み直す。 「どう分けられるか、って書いてあるし、まあ、でも書こうかな。」
記述	だから、シチューとスプーンは同じグループでおでんとはしは 他の 同じグループです。（他の はあとで加筆）
面接者	「読み返してみる？」
H子	黙読してから 「（2文目は）同じようなこと言っとるから、間をとる。だからは2回使ったし。」
H子	「…わかった。（該当する言葉を二つずつを囲みながら）スプーンとシチューは外国の物で、はしとおでんは日本の物って言おう。」
記述	私の考えは（「は」にしていたが、この一文の「スプーンとシチューがグループで、」までを書いた後に文頭から読み直し「の考えは」に修正する）、スプーンとシチューがグループで、はしとおでんがグループです。なぜかというと、（…ううん。私さっき、なんて言ったっけ？外国の物？…外国で使われていた物？）シチューとスプーンはもともと外国で使われていた物で、おでんとはしは日本に（「で」と書いた直後に「に」に修正する）もともとある物だからです。
H子	（最初から読み直し、「うん。これでいい！」）
面接者	「変えたところはどこ？」
H子	（再度両者を黙読した後）「"だから"を"なぜかというと"に変えた。」
面接者	「どうして？」
H子	「うんと・・・、意味は同じだけど、考えを言ってからそれをなぜかって説明した。」
考察	H子は記述中に少なくとも以下のことを考えている。 ・対象はどう分けられるか、その理由は何か ・どんなラベリングが適切か ・ほかの人なら異なる分類をするかもしれない ・「使う」という漢字の正誤 ・「だから」という接続詞を連続使用してもいいか ・「洋食」「洋食」を「外国のもの」「日本のもの」と言葉を置き換えたほうがよいか ・「理由（原因）→結果」と「結果→理由付け（原因）」どちらがよ

	いか
	・「同じ」という語を用いると２グループの区別がつかない。「他の」でよいか
	このように多様な思考と判断が複雑に行われている様相が見て取ることができる。

２　自分の知識をすべて盛り込もうとする【選材（図５−２②）】

　「説明」における選材は、「問い」（相手の必要）と照らし合わせて、材料を取捨選択する行為である。ところが、学習者には、自分が知っている内容を重視してしまい、説明する相手が知りたい内容を選ぼうとする意識が薄いようであった。取捨選択、その中でも「材料を捨てる」意識が薄く、不必要、不適切な材料であっても、説明対象に関連する情報であれば全て盛りこもうとする傾向があった。取捨選択するほど十分に材料を集めないまま記述させることも原因の一つであろう。

　また、相手にとって必要な内容であるにもかかわらず、自分が文章化できそうな事柄だけを取り上げ、書き表し方に見通しがもてない事柄は内容から削除してしまうケースもあった。

【事例２】	自分の知識をすべて盛り込もうとする
学習者	小６　Ｓ男
調査課題	５（問いが不明瞭な場合の総合的な説明）じゃんけん
作成文章	じゃんけんは、物事を公平に決める遊びである。グーとチョキとパーで勝負をする。グーはパーに勝って、チョキはパーに勝って、パーはグーに勝つことになっている。「最初はグー」というかけ声はもともと「おそ出し」をしないように志村けんさんが考え出して全国に広まったといつかテレビで言っていた。
面接応答	面接者「どうして志村けんのことを書いたの？」 Ｓ男「いつかテレビで言っていたから、おもしろいなあと思って書いてみた。」 Ｓ男「でも、別に書かなくてもよかったかもしれない。」
考察	Ｓ男は、じゃんけんに関して特別な知識をもっていた。それは「本当かわからない」と認識しているにもかかわらず、それを優先して書いている。あとで不要だったことには気づいている。じゃんけんについて、ぜんぜん分からない相手なのだから、手の形、遊び方など、説明すべきことはもっと他にあるのだが思いつかなかったのか。

3　思いついた順に記述する【構成（図5−2③）】

　多くの学習者に、以下のような、一文が長い、いわゆる「だらだら文」が見られた。どの学年にも見られる問題である。以下の文例は6年生が作成した文章である。この学習者M男も、普段の日記や体験感想文であれば、ここまで長い「だらだら文」にはならず、短文を連ねていくこともできている。それでも、このような複数の内容を含む説明（「〜について」の説明）を書く場合には、どうまとまりをつけ、順序付けてよいのか、書き方に見とおしをもてないようであった。ここには、思いついた内容を書き連ねていくという書き方の問題、つまり、記述前の全体構成のプランニング不足の問題が存すると考えられる。

【事例3】	思いついた順に記述する
学習者	小6　M男
調査課題	5（問いが不明瞭な場合の総合的な説明）じゃんけん
作成文章	じゃんけんは、まず「さいしょは」といってからにぎりこぶしをつくってグーといいます。それから「じゃんけんぽん」といってから手のひらをつくってだすパーか手のひらから親指と中指の右の指とその右の指をまげてだすチョキか、にぎりこぶしをつくって出すグーをどれか一つえらんでだします。 　二人とも同じ物を出したら「あいこで」といってまたえらんで出します。 　それもまた同じだったらというようにじゃんけんをします。 　あと「さいしょはグー」のときには、グーの手をさしだしてやります。 　「じゃんけんぽん」のときも手をさし出します。
考察	この文例は、様々な課題を含んでいる。 　まず、記述前に書くべき事柄を整理していない。その時々の思いつきで書かれている。思いつきは、時間的に先のものからというように、時間の順が優先しているように見受けられる。思考が単一（時間の順序）であるため、説明に必要な要素に気付かないのかもしれない。 　また、じゃんけんという事柄を相手に理解させるための相手の理解の道筋は意識していないと推測できる。そのため、内容にも飛躍や抜け落ちや重複が見られる。さらに、記述の形式としては、一文が長く「〜て、〜で」という形で、書き進んでしまっている。話し言葉をそのまま文字化したような印象も受ける。

4　まとまり意識が薄い【構成（図５－２③）】

　高学年でも段落のない文章（一文章一段落）が約１／３あり、段落意識を支える「まとまり意識」が薄い実態が見られた。そこで、調査面接では記述中や記述後に、「今、どんなことを書いているの？」あるいは「ここには、何を書いたの？」という質問をした。

　期待していた回答は、以下である。

　・「どれがどれに勝つか（「問い」の形式でラベリング）を書いた」

　・「勝ち負けの仕組み（抽象語でラベリング）を書いた」

　・「ここは○と△を仲間にした理由（文章における機能）を書いた」　等

ところが、以下のように記述をそのまま早口で読む学習者が目立った。

　・「グーはチョキに勝って、チョキはパーに勝って、パーはチョキに勝つって書いた。」

　・「おでんは大根とかを食べるものでシチューも汁を飲むもので、……。」

　まとまり意識が弱いということは、部分にばかり気がとられ、俯瞰的な視点で文章を捉えるのが苦手だということである。例えば、調査で記述が長くなり文章が用紙の２枚目に及ぶ学習者もいた。しかしながら、その学習者は２枚目に記述を進めてから完成まで一度も１枚目を読み返すことがなかった。部分のみに意識が向いている姿である。書くこと領域だけでなく、読むこと領域においても段落を俯瞰的な視点から捉えさせ、内容だけでなく機能のラベリング（問題提示、事例、主張）をさせるような指導が必要である。また、記述前の構成指導の強化も望まれる。

【事例４】	まとまり意識が薄い
学習者	小６　Ｉ男
調査課題	５（問いが不明瞭な場合の総合的な説明）じゃんけん
作成文章	ホットくん、じゃんけんについて説明します。じゃんけんとは、グー、チョキ、パーの手をつかった遊びです。まず、リズム　じゃんけんにもリズムがあります。そのリズムは、「さいしょはグー、じゃんけんぽん」

	で、じゃんけんぽんのあとに、グーチョキパーの3つのどれかを選んで出します。でも、もし自分と相手で同じのを出したら、「あいこでしょ」といってまた3つのどれかを出します。あとグーはチョキに強くて、チョキはパーに強くて、パーはグーに強いです。 分かりましたか。
面接応答	面接者「説明することっていろいろあったと思うけど、書く前に、これを説明しようっていう計画あったの？」 Ｉ男「そういうのは特になかった。」 面接者「書きながら何を書くか考えていったってこと？」 Ｉ男「うん。書いているときに次の文、次の文、って感じで。」 面接者「次の文って？」 Ｉ男「次に何書こうかなっていう。そういうこと。」 面接者「Ｉ男ちゃん、結局、何を説明したの？」※ Ｉ男「じゃんけんは、手を使った遊びで手を使って、グーチョキパーを出して、手を使ってリズムに合わせてやるゲームだってことかなあ。・・・」 面接者「他にも説明したことあるの？」 Ｉ男「いやあ、その他には・・・、グーはチョキに勝つし、チョキはパーに勝つし、とか、グーチョキパーでどれがどれに勝つとか、そのルールっていうか、そんな感じで。」 面接者「なるほど。リズムのことはどこからどこまで書いてあるの？」 Ｉ男「ううん、ここから…ここ、ちょっと待って、ここまでかなあ。」 面接者「Ｉ男ちゃん、いくつかのまとまりがあるとすれば、どういうまとまりになるの？」 Ｉ男「「手で遊ぶこと」（下線を指す）と「ルール」はこれで、で、リズムはこれ。」 面接者「分かったよ。この『選んで出します』のあと、しばらく書くのが止まっていたんだけど、何を考えていたの？」 Ｉ男「このあたりまでは考えとったんだけど、次につなぐ言葉を何にしようか考えとった。」 面接者「ここまでは書く前に考えてあったってことかあ。ここからは？」 Ｉ男「ここからは考えてなくて、ここで、つなげて合うものを考えて書いた。」
考察	何を説明したか（※）という質問に対して、一つ目の下線部ならば「じゃんけんとはどんなものか」、二つ目の下線部ならば「勝ち負け」とラベリングすることができるのに、おおむね書いたものを読み上げて答えている。 　また、リズムのことはどこからどこまでかと問うても、すぐに答えられない。まとまりを意識せずに勢いで書いているため、まとまりに対するメタ認知はできていないと推測できる。

5　説明対象の全体像や前提事項を示さない【構成（図5−2③）】

　相手が説明対象について全く知らない場合には、まず説明対象の全体像を示してから部分の説明に入るのが分かりやすい。先に全体像や前提事項を示すことで、相手は見通しをもつことができ、それを念頭におきながら部分を理解することができる。ところが、以下の事例のように普段から部分にばかりとらわれ全体像を先に示すということがほとんどできていない。

【事例5】	全体像を示そうとしない
学習者	小4　Y男
課題	「決められた漢字を一人一画ずつ書いて早く漢字が完成したチームが勝つというゲーム」の手順とルールの説明（学級集会の司会原稿）
作成文章	①ぼくたちが漢字のお題を出します。 ②そして、自分の順番がきたら前に出て相手とじゃんけんをします。そして勝ったチームがそのお題の漢字を一画ずつ書いていって、次の人はつづきを書きます。 ③でも画数など分からないときは書かないで次の人にバトンタッチしてもいいです。 ④そして、漢字を早くかんせいさせたら勝ちです。 ⑤対戦するのは、1ぱんと3ぱんと、2はんと4はんです。
考察	相手は説明対象であるこのゲームについて全く知らないのであるから、「決められた漢字を一人一画ずつ書いて早く漢字を完成させたチームが勝つというゲーム」というように全体像を示してかかる必要がある。ところが、そのゲームではどんなことが行われるかを単に時系列で述べるだけになっているため、相手は理解しにくい。

6　相手の理解に応じた順序付けをしない【構成（図5−2③）】

　「問い」が不明瞭な説明要求に対しては、まずは書くべき事柄を想起することが必要である。さらに、それを文章として線条化する際には、何からどんな順序で理解させていくか、適切な構成をすることが大切である。学習者の多くは、記述前に構成を考える習慣がなく、部分的に思い付いたことを書き連ねることが多かった。そのためか、次のような相手の理解に即さない順序で書かれた文章が見られる。そのためそれを読む相手が理解しやすい順への配慮のない分かりにくい説明になってしまうと考えられ

る。説明において順序付けの善し悪しは分かりやすさ、つまり相手の理解に影響し、最も意を用いなければならないことの一つである。順序付けについては後に取り上げる。**(表5－3)**

【事例6】	相手の理解に応じた順序付けをしない	
調査課題	5　（問いが不明瞭な場合の総合的な説明）じゃんけん	
学習者	小5　M子	
作成文章	（以下a～iは考察の都合で付している。）	［考察］
	a じゃんけんはグー、チョキ、パーの三種類を手で表して勝ち負けをきそうゲームで、	a 定義
	b 手を丸めてなぐるときなどにするのがグーと言います。	b グーの形
	c チョキは、はさみみたいな形で、人差し指と中指をのばして、薬指と小指は、のばさずに、親指は薬指をおさえます。	c チョキの形
	d パーは手を広げる形をします。	d パーの形
	e じゃんけんのときに相手と同じのを出したらあいこで、あいこでしょと言って次のを出します。	e あいこ
	f パーはグーに勝ち、グーはチョキに勝ち、チョキはパーに勝ちます。	f 勝ち負け
	g 最初から言うと、最初はグー、じゃんけんポイというのがふつうだけれど、最初からと言うときもあります。	g かけ声
	b じゃんけんは、手を使っていろいろするゲームです。	b 定義
	h ドッチボールのとき、最初にどっちのボールを取るかなどの時に使います。	h 活用場面
	i ちなみに、パーは紙でチョキははさみでグーは石です。パーはグーを包み、紙ははさみで切られ、はさみは石を切れないからです。	i 象徴すると勝ち負けの理由
面接応答	課題を読んで、メモなどは一切取らずに文章を書き始める。 M子「できた」 面接者「もう、いい？」 M子「…うん。いい。」 面接者「困ったことはなかった？」 M子「最初にどんなことを書けばいいか迷った。」 面接者「何と何で迷ったの？」 M子「忘れたけど…じゃんけんのことっていろいろあるから。」 面接者「そう。難しかったなあってことは？」 M子「ある。チョキの手の形を説明するのが難しかった。あと、ドッチボールのところ、例を作るのが難しかった。」	

	面接者「他にもある？」 M子「勝つとか、あいことか書いたところがなんか、難しい感じで 　　（相手は）よく分からないかも」 面接者「ちなみにこの（g）ところを書いたのはどうして？」 M子「そういえば、これも言っておけばいいかなって思いついた。」
考察	じゃんけんの説明に必要な事柄はほぼ網羅されている。ところが、記述前に項目を列挙し順序づけるという活動を全くせずに、思い付きで書き並べているだけなので、説明内容に飛躍や書き落としがあり唐突な感じを免れない。大まかに構成を考える記述前指導の必要がある。

7　中心的な事柄と付加的な事柄を区別しない

　説明には説明対象を理解に導く中心的な部分とそれを補足する付加的な部分がある。それを意識し区別して記述しないと相手は混乱する。ところが構想を立てないまま思い付き的に記述していくために、読者にとっては、中心を見失う分かりにくい説明になってしまう。

【事例7】	中心的な事柄と付加的な事柄を区別しない（ナンバリングが不ぞろい）
学習者	小4　Y男
課題	「決められた漢字を一人一画ずつ書いて早く漢字が完成したチームが勝つというゲーム」のやり方の説明（学級集会の司会原稿）
作成文章	①ぼくたちが漢字のお題を出します。 ②そして、自分の順番がきたら前に出て相手とじゃんけんをします。そして勝ったチームがそのお題の漢字を一画ずつ書いていって、次の人はつづきを書きます。 ③でも書き順など分からないときは書かないで次の人にバトンタッチしてもいいです。 ④そして、漢字を早くかんせいさせたら勝ちです。 ⑤対戦するのは、1ぱんと3ぱんと、2はんと4はんです。
考察	上記の説明は「手順」が中心で、「ルール」は付加である。手順の説明は時間の順序で記述するのが原則である。Y男は順序を示すために①②…⑤とナンバリングしたと考えられる。ところが、③は手順ではない。ルールを示す補足説明である。また、⑤も手順ではない。対戦相手である。さらに、②には3つもの手順が入っている。

8　結論（結果）先行型で説明しない【記述（図5−2④）】

　結論（結果）末尾型で書くか、結論（結果）先行型で書くかについての実態は、課題1の調査結果に見ることができる。サンプル数の少ないデータではあるが、少なくとも結論（結果）先行型を選ぼうという強い意識は見られない。指導者のアンケートの中（表1−7参照）の質問3「説明を書かせるときに何を指導したか」に対する回答には「結論（結果）を先に述べること」は皆無であった。「説明」の捉えによるのかもしれないが、十分には指導されていないと推測できる。

　先に結論（結果）から述べられた説明は、帰着点が分かるため、相手は安心して読み進めることができる。結論（結果）先行型で書くことは、説明の分かりやすさにかかわる。

【事例8】	結論（結果）先行型で説明しない						
調査課題	1　おでん・シチュー・はし・スプーンの仲間分け						
学年	1	2	3	4	5	6	計※（2〜6年）
結論（結果）末尾型	1	3	0	1	0	2	6人
結論（結果）先行型	8	3	0	1	1	0	5人
上のうち内容の論理と合う	4	3	0	1	1	0	（5人）
結論（結果）と理由（原因）の区別なし	2	0	1	0	0	0	1人
被験者合計	11	6	1	2	1	2	12人
※　合計に1年生の数を含まなかったのは、調査に指導が入ってしまったためである							

9　形式の論理と内容の論理が合わない【記述（図5−2④）の課題】

　上記の調査では、1年生には珍しく「結論（結果）先行型」の文章が多く出現している。指導なしで自然に任せれば、高学年の児童でも「結論（結果）末尾型」で述べる傾向があるのに、である。こういう結果がでたのは、調査の記述中に担任が「『〜です（だと思います）。わけは、〜だか

らです。』って書けばいいんだよ」と口頭で3回ほど文型を指導したことに起因する。教室前面にも同様の話型が掲示されていた。つまり、指導の「成果」としての「結論（結果）先行型」であった。

　ところが、その1年生が書いた文章には、形式上は結論先行型だが内容の論理が合っていないものが、半数みられたのである。具体的には以下の3タイプである。

【事例9】	形式の論理と内容の論理が合わない	
調査課題	1　おでん・スプーン・はし・シチューを2つのグループに分けたいと思います。どう分けられますか。書いて説明してください。	
作成文章 小1 A子	わたしは、おでんとはしをなかまにしました。わけは、おでんとはしはなかまと思うからです。	理由（原因）が理由（原因）になっていない。結論（結果）を繰り返しているに過ぎない。
作成文章 小1 B子	わたしは、もつものとたべるものにわけました。そのわけは、もつものは、はしとスプーンです。たべるものは、おでんとシチューです。	結論（結果）と理由（原因）が適切に表現できていない。
作成文章 小1 C男	はしとおでんはうまくつかめます。わけはだいこんははしでつかめないからです。	結論（結果）と理由（原因）がはっきり識別できていない。
考察	3人とも、担任が「『～です（だと思います）。わけは、～だからです。』って書けばいいんだよ」と指導していることを素直に実践して書こうとしている。ところが、書きあがった文章は、結論（結果）と理由（原因）の間にある内容の論理が、形式（文型）の論理（ここでは理由（原因）付けの論理）に合致していない。 　結論（結果）とはある理由（原因）から導き出されるものであり、理由（原因）とは結論（結果）を支えるものである、ということが分からないまま形式だけを使ったためこのような表現になったと考えられる。	

　説明は、事柄相互の関係性を説き明かす言語行為であるため、指導においては、事柄の関係性を表すにふさわしい論理的な表現（ここでは理由を述べる文型）を学習者に提示する必要がある。ただし、結論（結果）先行型の文型を与えるだけでなく、そこには留意点がある。適切な文型（表現形式）の知識があっても、形式の論理と内容の論理を整合させる思考力が身に付いていないと、「説明する能力」とはならない。文型を与えると同

時に、その文型が表現する論理についても内容を関連させながら具体的に指導をしなければならない。上記の例であれば、「理由（原因）が結論（結果）を本当に支えているか」「理由を読むと、分け方（結論（結果））に納得できるか」「理由（原因）が理由（原因）になっているか」を問い返すような指導が必要である。これは、理由（原因）と結論（結果）という関係性に限ったことはない。常に、形式（文型）の論理と内容の論理の整合性に対する直感的な論理感覚を磨く必要があろう。

　ただし、結論（結果）先行型と結論（結果）末尾型の表現については、思考の発達段階の問題が関わるだろう。われわれが物事の結論（結果）を導く前には、無意識ながら必ずなんらかの直感的な理由（原因）がある。つまり、直感的な思考の順序としては、理由（原因）→結論（結果）の順であり、理由（原因）の妥当性の検討や取捨選択、整理等はその後で改めて行う。このことから、理由（原因）を述べた上で「だからこうだ」と結論（結果）付ける「結論（結果）末尾型」の方が自然な思考の流れに合っている。高学年になっても「結論（結果）末尾型」が多い原因の一つはこのためだと考えられる。小学校１学年の説明的な文章の「いろいろなくちばし」は「結論（結果）末尾型」で述べてあるので、くちばしの形状とえさの捕り方との間にある論理が理解しやすい。それに対し「いろいろなじどう車」は「結論（結果）先行型」で述べてあるため、仕事とその仕事をするためのつくりとの間にある論理の理解につまずく学習者がいる。結論（結果）末尾型は「だから」と順接の接続語でつなげられるが、結論（結果）先行型は「そのために」とか「そのわけは」「それは」など指示語を含んだ接続語でつなぐことが多いため、これも理解困難の原因になっていると思われる。読むことでさえも思考と逆流する論理は困難なのであるから表現において困難なのは当然である。そこで、理由と結果の説明では、まずは思考の流れに沿った結論（結果）末尾型を使って、結論（結果）とは何で、理由（原因）とは何なのかを具体的に理解させていく指導が必要と考えられる。

10　一文が長すぎる【記述（図5－2④）の課題】

　説明は明快でなければならない。そのため、長い文は理解を妨げる。一文は30～50字ほどに収めたいものである。ところが、学習者の説明には、思いつくまま「～て、～して、～から・・・」と次へ次へと連続していく一文の長い文章が見られた。

【事例10】	一文が長すぎる説明を書く
調査課題	5（問いが不明瞭な場合の総合的な説明）じゃんけん
学習者	小5　T子
作成文章	じゃんけんには勝ち負けがあって、じゃんけんは最初はグーじゃんけんポンと言って、ポンの所はグー、チョキ、パーがあって、グーは石で、チョキははさみで、パーは紙で、例としてやってみると、さいしょはグーじゃんけんポンでA君はパーで手のひらをひろげて、B君はチョキで手をピースにしてA君はパーで紙を出してB君はチョキでピースを出したら紙ははさみに負けるけど、どうしてかというとはさみで紙を切れるからB君の勝ちで、はさみで石を切れないから石の勝ち、石とはみでは石が負ける。負けるわけは紙で石を包むことができるから、グーは手をにぎりこぶしにしてパーは手を広げてチョキはピースにする。
面接応答	T子（読み返すことなく）「できた」 面接者「もう、いい？」 T子「…うん。」 面接者「Tちゃんの書いた文でホットくんがじゃんけんのこと、分かるか声だして読んでみようか。」 T子　音読する 面接者「どう？」 T子「なんかよく分からない。」 面接者「どうしてかな。」 T子「…。」 面接者「文に切れ目なくてずっと続いているよね。それはどう？」 T子「長い」
考察	ただ、思い付きで「～て、～して、～から、～たら」等と書き連ねていくために、文が切れずに長くなっている。面接の様子からは、それに自ら気付く様子もない。

11　主語・述語が照応しない【記述（図5−2④）】

　主語・述語を整えることは文の基本である。とりわけ、理路整然として
いることが求められる説明の場合には、分かりやすさに直結する問題とな
る。ところが学習者の書いた文では、主語・述語のねじれや述語の欠落が
多く見受けられた。考えられる原因に合わせて事例を挙げる。

（1）「私は」「ぼくは」を主語にすることが原因

　学習者の一部、特に低学年で「ぼくは」「私は」を書いてから、書く内
容を考え、結果的に述語が欠落する文例が多く見られた。文の書き出しは
「私は」「ぼくは」であるという思い込みが見られ、不必要な「私は」「ぼ
くは」を主語にするために、文にねじれがおきてしまうというものであ
る。確かに、感想文や日記では、「私は」「ぼくは」など一人称を主語にす
ることが比較的多いが、それはすべての文種に当てはまるルールではな
い。それが習慣化するほどに、同じような文種を書いているとも考えられ
る。説明を書く学習をとおして、事物や抽象的な概念等、事柄を主語とす
る記述の仕方を指導しなくてはならない。

【事例11①】	「私は」「ぼくは」を主語にするために主語・述語が照応しない
調査課題	1（分類の説明）おでん・シチュー・はし・スプーン
学習者	小2　H子
作成文章	わたしは、スプーンとシチューがグループで、はしとおでんがグループです。…（略）
記述前記述中	H子　課題を読む 　すぐに紙面に「私は、」と書く。 〔一時停止〕4つの要素を見つめて考えている。 　「私は」のあとに続けて「スプーンとシチューがグループで、はしとおでんがグループです。」と書く。 　　　・・・
記述後の面接応答	面接者「Hさん、しばらく考える前に、『私は、』ってまず書いたよね。どうして？」 H子「だって、作文だから。」 面接者「作文だからって？」 H子「そう。作文は、『私は、』で始まるから、『私は、』って先に書いてから、何を書くか考える。」

考察	H子にとって、「私は」というのは主語というより、作文の書き出しであり、これまでの学習経験の中で身につけてきた本人なりの契機づけともいえるルールと考えられる。ところが、見通しもなく書いた「私は」が主語として意識の中に保持されないため、述語の欠落の原因となってしまっている。 　H子は、調査課題４（４人の背の高さの順の説明）でも同様に、「私は、よしこさんはまりさんより大きくて、まりさんはあいさんより大きいです。」と記述した。H子のように、「ぼくは」「私は」を書き出してから書く内容を考え、結果的に述語が欠落する文例は、特に低学年で多く見られた。

（２）これから書こうとする項目を主語にすることが原因

　これから述べようとする項目を先に書き、それを主語にするために主語・述語が整わないという問題である。学習者には、「よし、ここからは勝ち負けについて書こう」という決意と方針があり、それを先に書いてしまうが、それを主語としたことを保持できないためにねじれた文になってしまう。このような文例は、中学年ぐらいによく見られる。そもそもこれから述べようとする項目を主語にすると文は作りづらい。そのため、最終的に、項目（例　「勝ち負け」は、「分け方」は、「わけ」は）と、内容上の主語（例　グーは、おでんとシチューは）が、２本立てになり、主語・述語のそろわない文ができあがってしまうと考えられる。ラベルを文章中に示す場合は、内容に入る前に「勝ち負けは以下のとおりです」「勝ち負けについて説明します」というような一文を挿入する方法、あるいは小見出しを付ける方法等があることを指導する必要がある。

【事例11②】	これから書こうとする項目を主語とするために述語と照応しない	
作成文章 小４　Ｔ男	勝ち負けは、グーはチョキに勝ちます。	これから「書き負け」について説明しようとして、主語にしたと考えられる。
作成文章 小４　Ｕ男	分け方は、おでんとシチューに分けます。	これから「分け方」について説明しようとして、主語にしたと考えられる。

作成文章 小3　S子	おでんとシチューは仲間です。わけは、おでんとシチューは食べ物です。	これから「わけ」について説明しようとして、主語にしたと考えられる。
作成文章 小5　R子	じゃんけん遊びの仕方は、手の指を全部にぎったのがグー、親指、薬指、小指だけをにぎったのがチョキ、全部の指を広げたのがパーといいます。	これから「じゃんけん遊びの仕方」について説明しようとして、主語にしたと考えられる。
考察	いずれも「～についてこれから述べます」「～に関して言えば」という意味で使った「～は」であると考えられる。	

12　不明なことを不明と書かない【記述（図5－2④）】

　説明者にはできる限りの正確な対象認識が求められるが、様々な制約から厳密に正確な対象認識は不可能である。その場合相手のためにも、確かなことは確かだ、不明なことは不明だと誠実に表現することが肝要であろう。ところが、説明という言語行為に「分からない」という用語を使うことへの抵抗があると見受けられた。

【事例12①】	不明なことを不明と書かない
学習者	小5　S男
調査課題	4（限られた情報をもとにした判断の説明）　4人の背の高さの順
作成文章	まりさんとよしこさんは、まりさんが台に立ってやっと同じような高さになるので、まりさんよりよしこさんの方が大きい。 　まりさんとあいさんは同じ高さの台にのってもまりさんの方が低いので、まりさんはあいさんより大きい。 　よしこさんは、まりさんより大きく、まりさんはあいさんより大きい。ともみさんは一位の夢を見るぐらいだから一位に近くて、よしこさんより小さくまりさんより大きい（と思う）。
記述中 面接応答	S男　書き始めようとして、一時停止する。 面接者「S男くん、どうしたの？」 S男　「背の高さの順番だけど、ともみが、事実が書いてないから、順番のどこにはいるか分からない。」 面接者「そういうことを説明してくださいと言われたとき、どうしようか？」 S男　「…"はっきり分かること"だからなあ…じゃあ…」 　　　よしこさんは、まりさんより大きく、まりさんはあいさん

	より大きい。と記述。
	面接者「今は、４人の背の高さの順番について書かなくちゃいけないんだよね。」
	Ｓ男「でも、ともみのことははっきり分からないから書くのをやめようと思って…」
	面接者「そうか」（うなずく）「ともみさんについてはどう書こうか？」
	Ｓ男「智美さんのジャンプの高さをものさしで測ったりして、なんとか書く。」
	面接者「ふうん。」
	Ｓ男「それに、一位の夢もみてるし、一位になりたいって毎回思っている。本当に一位だったら夢もみないと思う。心理的に一位に近いんじゃないかな。この「まりさんはあいさんより大きい」の後に書くかな。ともみさんは、よしこさんと同じぐらいで、まりさんよりは大きいと思う、って書く。」
	面接者「〜と思うって書くのは、どうして？」
	Ｓ男「事実じゃない、というか、正確には言えないから。それか、書かないか。」
	面接者「それなら『智美の背の高さの順番は分かりません』って書いたらだめかな。
	Ｓ男「それはちょっと。<u>聞いてきているのに、分からないというのって、なんか失礼な気がする。</u>
考察	面接応答から、Ｓ児には、「分からない」ことを「分からない」答えることは、説明を求めた相手に失礼にあたるという意識がある。また、分からないことは書かないという判断もある。「分からない」は説明においてタブーであるという意識があると考えられる。

　日常生活において、ある事柄に関してだけは十分対象認識し得ないまま、他者に説明しなくてはならない場合がありうる。そのような場合、不明なことや認識できない事柄については「分からない」と誠実に言語表現する態度が欠かせない。調査課題４では、学習者に「与えられた情報を手がかりに４人の背の高さの順を説明する」ことを求めている。与えられた情報の範囲で対象認識する限り、この「問い」に対する答えは、「（４人の順番は）分からない」である。ところが、27 名の被験者のうち「分からない」と明記した学習者はわずか２名にとどまる。面接で「確かなのか」と問うと「よく分からない」「だいたいそうかな」と曖昧さを自覚している

にもかかわらず、「分からない」とは書かない学習者がいた。また、本来確かな根拠のない4人の背の高さについて断定表現する学習者が27名中6名もいた。そこには、説明を期待された責任から、不明であっても「分からない」とは記述してはいけないという思い込みがあると考えられる。また、「分からない」と記述した経験がないことにも起因すると考えられる。

【事例12②】（課題4）
与えられている情報では根拠が不十分な場合、説明者はそれをどう説明したか

		学年 数字は人数	1年	2年	3年	4年	5年	6年	計	参考 大学生
		不明だと書き 順番をつけなかった	0	0	0	0	0	2	2	2
付けをした	4人に順序	不確かさを示す 何らかの表現を用いた	2	1	1	2	7	6	19	3
		断定した	0	2	0	0	2	2	6	
		計	2	3	1	2	9	8	25	3
		被験者合計	2	3	1	2	9	10	27	5

13　判断を表す文末表現を選ばない【記述（図5−2④）】

　対象認識とは、対象に対する説明者の判断にほかならない。文章表現の段階では、その判断の確かさの程度を示すべきである。その判断はほぼ間違いがないのか、可能性があるぐらいなのか、対象についての認識の確かさに応じた言語表現を用いることは説明される相手にとって大切な情報だからである。

　これに関して、調査課題4に取り組んだ学習者には、おおむね確かであれば「〜です」、自信がなければ「〜と思います」と、二者択一で記述する傾向が見られた。次の表は、4人の順番に関し、不確かさを示す何らかの表現を用いた記述した学習者が、どのような文末表現を選んだかをまとめた結果である。使われた表現は延べ数である。

　この調査に限ってではあるが、低学年で頻出する「〜そう」「〜みたい」といった口語的な表現は発達段階が上がるにつれて消えていくこと、

それに代わり曖昧さを表現するために「～思う」を文末に付けるようになることが看取できる。面接で、「～思う」と表現した理由を尋ねるとほぼ全員が、「本当かどうか分からないから、『思う』を付けた」という答えであった。ここには、不確かな事柄を説明する場合には、「～思う」を付けておけば説明責任上無難であるという意識がうかがえる。また、それ以外の表現をもたないのかもしれない。判断の確かさには差がある。仮に「ちがいない」が100%近くの判断なら、「～かもしれない」は50%、「たぶん～だろう」は30%という具合に、である。必要に応じて、説明者の判断のレベルも相手に伝える必要があるだろう。それを一括りにしてすべて「～と思う」と表現する方が説明側は楽かもしれない。調査では、確かなことも不確かなことも「思う」と表現するケースさえあった。無難だとの保身的な表現であるが、相手には曖昧な説明でかえって迷惑をかけることになりかねない。説明における判断を表す表現の指導が求められる。

【事例13】 4人の順番に関し、不確かさを示す何らかの表現を用いた学習者が、どのような文末表現を選んだか								
学習者が用いた判断語	1年	2年	3年	4年	5年	6年	計	参考 大学生
不確かさを示す何らかの表現を用いた人数	2	1	1	2	7	6	19	3
～思う	0	0	0	1	2	4	7	2
たぶん	0	1	1	0	1	2	5	0
～かもしれない	0	0	0	0	1	1	2	1
～のような　のように	1	0	0	1	0	0	2	1
～そう	1	0	0	1	1	0	3	0
～に見える	0	0	0	1	1	0	2	0
なんとなく	1	0	0	0	0	0	1	0
～みたい	1	0	0	0	0	0	1	0
もしかすると	0	0	0	0	0	0	0	1
～の気がする	0	0	0	0	0	1	1	0
～の感じがする	1	0	0	0	0	0	1	0

〜可能性がある	0	0	0	0	0	1	1	0
予想だけど〜	0	0	0	0	1	0	1	0

14　箇条書きを使わない

　説明には明快さが求められる。並列する内容を明快に説明するための効果的な表現形式の一つに箇条書きがある。ところが、箇条書きを使って表現する学習者がほとんどいなかった。

【事例14】	箇条書きを使わない
学習者	小4　T男
課題	べっこうあめをつくったときの感想文をもとにべっこうあめの作り方を書く。（237p〜参照）
作成文章	さとうと水に入れて火にかけます。きつね色になったら火を消します。それをアルミケースにたらします。そこにつまようじをつけたらできあがりです。
考察	「1材料　2準備物　3作り方　　」と項目を立てているにもかかわらず、作り方の部分を箇条書きにしようという意識がなく、上記のように連続的に記述する。

15　言い当てる語句や文型が思いつかない【記述（図5−2④）】

　学習者が自覚する困難として圧倒的に多かったのが、どう書けばいいか分からない、つまり「説明対象を言い当てる語句や文型が思いつかない」というものであった。調査課題5のじゃんけんの説明でいえば「チョキの手の形をどう説明すればいいか困った」というものである。グーとパーの手の形は記述するが、チョキだけは記述しない学習者もいた。以下がチョキの手の形の言語化の事例である。

　グーやパーの手の形の言語化に困難を示した学習者はいなかった。実際、チョキの表現は多様なのに対し、グーやパーの表現は比較的安定している。

【事例15①】	言い当てる語句や文型が思いつかない
学習者	小5　Y子
調査課題	5（総合的な説明）じゃんけんにおける「手の形」の説明
記述前	記述前、手でグー、チョキ、パーの形を作り、じっと観察する。
作成文章	「グーはパンチの形です。パーは全部開きます。チョキは？（どういえばいいか分かりません）。」
面接応答	面接者「チョキは、書けなかった？」 Y子「グーとかパーはどれも同じ（「どの指も同じことをする」の意）だけど、チョキはなんか難しい形だから、どう書けばいいか思いつかなかった。」
考察	チョキの形は目に見える事象であるにもかかわらず、それを言語化できなかった。「中指」「人差し指」「まげる」「立てる」などの語句が思いつかなかったことが原因の一つと考えられる。

【事例15②】	言い当てる語句や文型が思いつかない		
調査課題	5　じゃんけんの手の形の説明部分のみ抜粋		
学習者	グーの形の言語表現	チョキの形の言語表現	パーの形の言語表現
小1　K子	グーというものは手をつかいます。グーは手のゆびを手にあつめたようなかんじで、手のひらをとじます。	チョキはグーからゆびの2本を<u>ひらきます</u>、2本だけひらけばうさぎみたいなかたちになります。それを、チョキといいます。	パーは、手のゆびをぜんぶひらいてふつうの手をひらいて、ただ、ひらいただけのものを、パーといいます。
小2　A男	グーは五本を曲げて、	チョキは<u>カニの手みたい</u>にして、	パーは手をひらく。
小2　T男	グーは、おや指の上に、ひとさし指、中指、くすり指、赤ちゃん指をだす。	チョキのやり方は、<u>ハサミの形</u>にしてやる。	パーはたたくやり方でやる。
小3　H男	まずはグーです。手をにぎってします。	次はチョキです。グーみたいにして、人さしゆびと中ゆびをあげてします。	さいごにパーです。手のひらをすべてひらいてします。
小3　T男	グーは手をにぎったままで、	チョキは人さしゆびと中ゆびの2本あげて、あとの3本はとじます。	パーは手を開いたままします。

小4　M子	五本の指を閉じた形を作ります。これをグーと言います。	チョキは人さし指と中指をだして、親指と小指と薬指をとじた形です。	パーは五本の指を開いた形です。
小4　J男	二つめは、グーです。すべての指を曲げれば、それがグーです。げんこつです。	一つめは、「チョキ」という手の表し方があります。やり方は、小指を曲げて、薬指を曲げて、親指を曲げて、あとはピンピンにすればいいです。つまりVサインです。	三つめは、パーです。すべての指を広げれば、それがパーです。ビンタするときに使います。
小4　K子	グーは手をにぎります。	チョキは、中指と人指し指を立てて作ります。「ピース」の形です。	パーは手を広げます。
小5　Y子	グーは指を全部とじます。	チョキは人指し指と中指を出す。	パーは全部の指を開く。
小5　H男	手の指を全部にぎったのがグー、	親指、薬指、小指だけをにぎったのがチョキ、	全部の指を広げたのがパーといいます。
小6　R子	グーは手をにぎったときをグーといいます。	チョキはグーの時に人指し指と中指を出した時をチョキと言います。	パーは手を広げているときがパーです。
小6　S男	グーは手をにぎる感じで	チョキは人指し指と中指を出し、あとはグーといっしょです。	パーは手を開く
考察	グーに着目すると「握る」「閉じる」の語を使うことが多く、表現が安定している。パーに着目すると「広げる」「開く」の語を使うことが多く、表現が安定している。 これらに対して、チョキには言語表現に苦心した跡が見られる。チョキは、グーやパーのように五本の指がすべて同じでない、そのため、中指、人差し指等、指を表す語彙、さらにどの指のことを先に述べるか等の判断が求められる。手の形を何かに例えた事例（うさぎ、カニの手、ハサミ、Vサイン、ピース）が、グー（げんこつ）やパーに比べて多いのは、表し方が思いつかなかったためとも考えられる。一方、こうした「例え」は説明において全体的なイメージを分からせる有効な方法の一つであり、この場合合っていると考えられる。		

ここで着目したいのは、チョキを言語化するための語彙力や文型に関する知識が不足するために、学習者の悩みが「言葉が思いつかない」という語句レベルに集中することである。

　ところが、頻繁に取り組ませている感想文では、「言葉が思いつかない」とこれほどは訴えない。感想文のように、内容が自由な文種、内容が書き手の内で生まれ、書き手に任せられるような文種ではこのような悩みは生じにくいのである。それは、書き手が言語化できる範囲に内容を収めてもかまわないからである。ところが、「説明」では、表現すべき内容、つまり説明対象が揺るがないものとして明確に存在している。事例でいえば「チョキの形」である。これらは普遍的な対象であり、言語化できないからといって変更できるものではない。そのため、言語表現を内容に近づけるしかない。なんとしても言語化しなければならない必然性を学習者にもたせることができる。また、説明対象が万人に共通する同一のものなので、どう言語化するかに絞って学習者同士で検討し合うことができる。このような点からも「説明」を書くことは、思考力、語彙力等を含めた文章表現力を高めるうえで有効な言語活動であるといえる。

16　記述に見通しがつかないと対象認識をゆがめたりあきらめたりする

　前項目で言語化の困難があっても内容を変更しがたいのが説明文の特性だと述べた。ところが、対象認識を自分の表現に合わせてゆがめてしまう事例が見られた。なお、以下の事例は、対象認識したことを記述段階まで正確に保持しない事例ともいえる。

【事例16①】	記述に見通しがつかないために対象認識をゆがめる
学習者	小1　A男
調査課題	4（限られた情報をもとにした判断の説明）4人の背の高さの順
記述前	A男「◎と△が横に並んで◎の方が高く、△と□では台に上っても△が・・・だから」と正しい対象認識ができていた。
作成文章	一番は、よし子さんです。大学生に見えるからです。二番はまりさんです。高校生みたいからです。三番はともみさんです。中学生だからです。四番は、あいさんです。小学生だからです。

記述後 面接応答	面接者「さっき、台の上に乗っても、…からとか、背を比べてわ 　　　　けを言っていたのに書かなかったね。」 A男　「どう書けばいいかややこしいから」 面接者「どうして大学生とか中学生とかをわけにしたの？」 A　　「そういえば、大学生に見えるなあと思って」 面接者「それでよかった。」 A男　「まあ。」
考察	客観的な視点をもって正確な対象認識をしても、その理由を文章化する技術（ここでは比較による説明の適切な順序、文型や語彙等）がなかったために、結果的に、正確な認識を捨てしまった。A男は理由の説き明かしの複雑さを直感し、自分の表現技能に認識を合わせてしまったと考えられる。

【事例16②】	記述に見通しがつかないために記述自体をあきらめる
学習者	小6　M子
課題	じゃんけんに似た手遊び「ちょんあいこ」の勝負の三すくみ関係の説明
記述前	友達「あれ、どうして庄屋さんは狩人より強いんだっけ？」 M子「庄屋さんってえらいから。」 友達「そうか。そうだった。」 （M子は、三すくみの勝敗関係とそうなる理由を理解していた。）
文章作成の 様子	記述「庄屋さんはキツネに負けます。庄屋さんはキツネにだまされるからです。でも、キツネは狩人に負けます。キツネは狩人に鉄ぽうでうたれるからです。でも狩人は庄屋さんに負けます。狩人は」とまで書いてしばらく考え、「庄屋さんよりえらくないから」と書いてすぐに記述した部分を消し始める。」
記述後 面接応答	面接者「あれ？どうして消したの。さっき友達と、どうして庄屋さんは狩人に勝つとか、キツネは庄屋さんに勝つとか、言っていたのに。」 M子「偉くないって、負けるわけにならんような気がして、どう書けばいいか分からなくなって、やめた。別に1年生に勝つわけを説明しなくてもいいかなあと思って。」
考察	記述前と記述中のM子の様子からは、勝ち負けの理由まで書こうとする意志が見られた。ところが、実際に記述しようとしたときに、狩人が庄屋さんに負けるわけを言い当てる表現が思いつかなかったと思われる。例えば、「頭が上がらない」等の語句が出てきたら、記述したのかもしれない。あるいは、記述前に用いて

	いる「えらい」を生かすなら、「○は△に負けます」ではなく、「○は△に勝ちます。それは、○は△より・・・だからです。」の文型に統一する方法もあった。言語化の困難さが原因で、記述自体をあきらめてしまったようであった。

17　内容が並列する場合に語句や文型をそろえようとしない

　内容が並列する場合には、語句や文型がそろっていると、一つ一つが明解に理解できる。また、比較して説明するときには、文型をそろえ、かつ内容を表す語句が対照的に用いてあると理解しやすい。ところが、学習者には「そろえる」という意識が薄く、以下の事例のように不ぞろいな記述が多く見られた。感想文や日記ではあまり求められないため、説明文等、論理的な文章様式を書くことでこそ鍛えたい技能である。

【事例17】	内容が並列する場合に語句や文型をそろえようとしない
学習者	小3　　R子
調査課題	1（分類の説明）おでん・シチュー・はし・スプーン
作成文章	（1）はしとスプーンは口にいれるのを運ぶグループで（1a）、シチューとおでんは食べものの分け方があります。（1b） 　（2）はしとおでんはひらがなで書いていて（2a）、シチューはカタカナでかく言葉でカタカナで書く言葉で分けることができます（2b） 　（3）はしとシチューはしりとりができて（3a）、おでんとスプーンはんでおわるからしりとりみたいな分けかたができます（3b）
考察	R子は分類の観点を3つ思い付き、上記1～3も3つの分け方を示していることから、多角的な分析能力はあると考えられる。ところが、記述が整っていない。文末に着目する。これらは並列する記述であるため統一すべきだが、以下のように、句点の有無も含めて不ぞろいである。 　（1）～の分け方があります。 　（2）～で分けることができます。 　（3）分けかたができます。 　また、（1）だけに着目すると、（1a）と（1b）も不ぞろいである。（1b）を（1a）をそろえるためには、（1b）も食べ物グループと書く方がよい。また、（2a）と（2b）も「で書く言葉」にそろえたり、（3b）（3b）を「しりとりができる」、「しりとりができない」と対照的にしたりする方がよい。

18　場面描写的に説明する

　ある対象を説明する際、詳細に説明するべきか簡潔に説明するべきは、目的や相手、条件等によって決まる。場面描写的に説明した方が分かりやすい場合も考えられるため、必ずしも不適切だとはいいきれないが、描写的に書くことで冗漫になる可能性が高くなる。

【事例18】	場面描写的に説明しようとするために明快でない
学習者	小4　F子
調査課題	5（総合的な説明）じゃんけんにおける「勝負の仕組みの説明」
作成文章	自分がグーを出して相手がパーを出したら自分が勝ちです。自分がグーで相手がチョキだったら自分の負けです。自分がチョキを出して相手がパーを出したら自分が勝ちです。自分がチョキで相手がグーだったら自分の負けです。自分がパーを出して相手がグーだった自分が勝ちです。自分がパーで相手がチョキだったら自分の負けです。
考察	文章からF子が場面を描きながら丁寧に説明しようとしているのが分かる。ところが「グーはチョキに勝ち、チョキはパーに勝ち、パーはグーに勝つ」という説明と比べると分かりにくい。6通りの場面を描き、もれや重なりなく記述するのは、説明者側が苦労するのと同時に、相手側も理解に苦労する。

19　例を挙げるときに「例えば」を使わない

　分析がある一つの具体でしか行えないため、多角的な分析にならず、一般化されない。一例を一般にしてしまう。事例が事例だという意識が弱い学習者がいる。

【事例19】	例を挙げるときに「例えば」を使わない
調査課題	3（擬態語の相違点の説明）ころころとごろごろ
対象児童	小5　R子
文章作成	ころころは石が転がります。ボールもころころです。ごろごろは岩が転がるときに使います。
考察	ころころと転がるものは石、ボールに限ったものでない。ごろごろと転がるものも同様に岩だけではない。ところが、これらは「一例」だという意識が弱く、一般化した表現をしてしまっている。

20　接続語や指示語をあまり用いない

　理解できても表現することはできない接続語がある。例えば、「だから」「でも」「そして」は比較的使用されていたが、ほかは少なかった。また、指示語を使えば明快になるような場合もあまり使われず、使われても指示するものが不明瞭なことがあった。

　井上尚美（1993）[4]は、接続語の使用に関して以下のように述べている。

　「よく、『そして…そして…』と『そして』を乱発するのはよくないとされ、接続語が多過ぎるのは悪文であるといわれます。しかし私は、むしろ文章の論理関係をはっきりさせるという意味から、いろいろな種類の接続語をなるべくたくさん使わせることを勧めたいと考えています。それを悪文というなら、むしろ「悪文の勧め」です（もっとも、これは説明的文章の場合であって、文学の文章の場合はちがいます）。」

　接続語を積極的に使わせることが説明には必要であると考える。指示語も同様である。例えば指示語の場合、読むこと領域で「何を指しているか」を捉えさせる指導はするが、表現領域で「指示語で置き換えられる語はないか」というような指導はあまりされないのではないか。

【事例20】	接続語や指示語をあまり用いない
学習者	小2　A子
調査課題	2（描画の手順の説明）図形と線でお絵かき
作成文章	はじめに三角をかいてください。三角の上に小さい丸をかいてください。三角の下に四角をかいてください。四角をかいたら四角の中に丸を二つかいてください。丸の中にもう一回丸をかいてください。よこのも同じにしてください。中の丸は黒くぬってください。丸の下は海のなみをかきます。下に細長い丸を一つかいます。
考察	「その」というような指示語があればもっと分かりやすくなったと思われる。「次に」などの接続語もあるとよい。

21　読点を意図なく感覚的に打つ

　読点を意識的に打つ学習者はあまり見られない。「長いセンテンスが続いたから打つ」、「自分が次に書くことを考えるために一時停止したいから打つ」など感覚的な打ち方をしている場合が多く見受けられる。また、全

く打たない学習者もいる。読点の打ち方指導は、あまりされないことも要因であろう。また、説明的文章を読む授業においても、読点は音読の際に少し間を取りましょうといった指導をされる程度で、「なぜそこに読点が打たれているのか」「その読点がないとどうか」等、表現の工夫の一つとして検討するようなことはあまりされないのではないか。

【事例21】	読点を意図なく感覚的に打つ
調査課題	5　（問いが不明瞭な場合の総合的な説明）じゃんけん
学習者	小5　S男
作成文章	じゃんけんは、グーと、チョキとパーで、勝ち負けを決めます。グーは、チョキにかちます。チョキはパーに勝ち、パーはグーに、勝ちます。だから、どれが強いということが、きまっているわけではありません。・・・・
考察	読点の打ち方について意識がみられない。

22　中点の使い方を理解していない

　区切りを示す符号に「中点（・）」があるが、これを上手く使うことで説明において並列する事柄を表すことができる。ところが、それを理解できていないために認識を忠実に表現できない事例が見受けられた。

【事例22】	中点の使い方を理解していない
調査課題	1　（分類の説明）おでん・シチュー・はし・スプーン
学習者	小3　M男
作成文章	はしとおでん・シチューとスプーンに分ければいいと思います。・・・
考察	この児童は、「はしとおでん」を仲間に、「シチューとスプーン」を仲間と認識している。ところが、中点をおでんとシチューの間に使ったために、その認識を忠実に正しく表現できなくなってしまった。 　また、「はしとおでんとシチューとスプーンに分けます。」と記述する学習者も見受けられた、中点を適切に表現する指導が要る。

23　常体で書くことに慣れていない

　説明する文章を書く課題に対し、高学年には常体がごくわずか見られただけで、敬体で説明する学習者がほとんどであった。しかも、意識的に敬

体を選んでいるのではなく、文章を書くときは敬体で書く習慣になっているようである。これは、常体で文章を書く経験が少ないためではないか。

24　書き終わりができあがりであり、推敲や批正はほとんどしない

書き終わると同時に「できた」とする傾向がある。最初から読み直さない。読み直したとしても、誤字がないかや既習漢字を使っているかが観点で、修正も文字を直すことにとどまることが多い。

第2項　文章表現に関して育成すべき能力

事例のような実態は、日記や感想文など心情を綴るような文種と説明をする文章との表現上の特性の違いを理解しないままの指導にも起因していると考えられる。とりわけ、説明を書く場合、明快に効果的に表現する書き方の指導が大事である。これが不十分では分かりやすい説明は実現しない。

文章表現する能力には、具体として以下の能力があり、これらの育成が求められる。

- ○　必要な説明要素を不足なく取り込む。
- ○　不必要な説明要素を入れない。思いきって排除する。
- ○　認識した事柄にまとまりを付けることができる。
- ○　まとまりを付けた事柄を上位と下位、あるいは全体と部分の関係に整理する。
- ○　時間の順序・空間の順序に事柄を適切に並べる。
- ○　重要さの順、構成上の順、受容しやすさの順、因果の順など、適切な順序を選択する。
- ○　順序を示す接続語やナンバリングができる。
- ○　全体像を示してから、部分の説明をする。
- ○　説明の起こしと結びを記述する。
- ○　思考法に応じた文型で文を書く。

○　主語・述語の対応にねじれのない明快な文を書く。

○　説明に用いられる接続語彙をもっている。

○　関係性、論理展開に応じた接続語を用いて書く。

○　何を指示しているのか相手が明解につかめるような指示語の用い方をする。

○　必要に応じて、見出しや項目番号を用いて書く。

○　並列的な事柄は形式をそろえて記述する。

○　適切な文体で書く。

○　対象を言い当て、相手の理解に配慮した語句を選んで書く。

○　適切な表記で書く。

○　内容の誤解が生じないよう配慮しながら、適切に読点、符号、かぎ等を用いて書く。

○　一文が長すぎず、50文字程度に収める。

○　適切な比喩や事例を用いて書く。

○　箇条書きで簡潔に書く。

○　必要や条件に応じて、精叙と略叙を使い分けて書く。

○　正確で丁寧、適切な大きさの文字で文章を書いていく。

○　効果的に行間をとったり、余白を空けたりして書く。

○　文だけで説明するより効果的であるとの見通しをもって、図、表、グラフ、写真などを効果的に用いる。

第4節　文章表現する能力の育成のために理解しておきたい事項

第1項　文章で説明する難しさ

　説明を文章表現することは、容易なことではない。どんな文章の達人でも、説明対象を100%完璧に映し出すことはできない。それは「言語」の限界に起因する。説明には「言語」を使うしかないが、「言語」でありの

ままを説明することはできない、という矛盾するような限界を受け入れつつも言語表現するしかないということである。文章表現の場合、表現の完結性から後になって補足や修正が許されないので、なおさらである。説明のプロセスの中でも、文章表現段階で最も内容が目減りしてしまうことは、誰もが経験的に感じているだろう。

学習者もその点に困難を感じている。面接調査では、学習者から「(対象は)よく分かっているけど、どんなふうに書いていいか分からない。言葉が思いつかない。」「日記なら書けるけど、説明の文は書きにくい。どう書けばいいのか分からない。」という悩みをもつことが分かった。ときには、記述前には正しく対象分析し、それを話していたのに、鉛筆を持ったとたん、記述前の認識とは全く異なる内容の文章を書いてしまう学習者さえいた。説明対象の「言語化」に見通しがもてないことは説明において大きな問題だと考えられる。

「分かりにくい」説明対象を最適の「言語形式」に置き換えながら線条的に文章表現するには、その過程で「深い思考力」「正しい判断力」「適切な表現力」が求められる。自然にできるようになるものではなく、指導が必要なのである。

第2項　文表表現の適切さを吟味する観点

文章表現には適切さが求められる。適切とは、あるものに「適している(合っている)」という意味であるが、いったい何に合っていればよいのか。大きく4つの観点があろう。
① 問いの把握・想定を受け、相手の要求や理解能力とぴったり合う。
② 対象認識を受けて、説明対象をしっかりに反映している。
③ 効果的にすっきり伝わる。
④ 自分に課せられた分量や期限等の条件をきっちり守っている。
これら4つの観点で、分かりやすさに繋がる「適切さ」を具体化して列挙したものが次のア〜ソ（**表5-2**）である。ただし、相手や説明対象や

表5－2　説明の文章表現に求められる分かりやすさに関わる要素

	分かりやすい説明にはどんな適切さが必要か	当該の適切さを欠くと相手にとってどんな説明となるか	説明する文章を書くことにおいて学習者がどんなつまずきをするのか	相手の関心・必要の確認	相手の理解力・知識の確認	分量・期日・形式制限の把握	対象認識した内容の確認	材料の選択・決定	まとまり作り	順序づけ	タイトル	見出し・ラベリング	書き出し・結び	一段落一事項・改行	段落相互の関係付け	具体例の提示	文型の選択	一文の長さ	文末表現の選択	主語・述語の関係	修飾語・被修飾語の関係	接続語の選択	指示語の使用	用語の選択	文体	文字	箇条書き	句読点
ア	要求充足性	役に立たない説明	問いに答えない。 内容が不適切。	■			■	■					■															
		不要な説明	無関係な内容混入。 自分の思いを優先する。	■			■	■																				
イ	理解可能	不明な説明	難解な用語を使う。		■																			■				
ウ	正確性	迷惑な説明	語句や数値の誤用。 理由をこじつける。 対象認識をゆがめる。			■	■	■								■	■		■					■				
エ	客観性	迷惑な説明	主観的な思いを混入。 印象的な数値を用いる。 確信がないのに断定。														■		■									
オ	簡潔性	じれったい説明	箇条書きしない。 多義文・余計な修飾語・段落なし・文が長い。	■					■	■		■		■				■			■		■				■	
カ	一貫性	取捨選択させられる説明	一段落に複数の内容。 タイトルと合わない。 用語が統一されない。						■	■	■			■	■									■				
キ	具体性 詳細性	漠然とした説明	大雑把にまとめる。 具体例が挙げられない。	■				■	■							■												
ク	一般性	応用が利かない説明	一事例にとどまる。 「例えば」等を使わない。 総括を示さない。						■	■			■			■						■						
ケ	誘導性	苦労する説明	相手の理解に添わない順。 見出しがない。	■	■					■		■																
コ	整理性	整わない説明	並んだ内容なのに文型が揃わない。						■				■		■		■		■					■				
サ	俯瞰性 案内性	見通しなし不安な説明	概要を示さ部分ばかり。 展開を示す接続語不使用。						■	■	■	■	■		■							■						
シ	軽重がつく	疲れる説明	精叙と略叙の区別なし。 枝葉末節ばかり。 囲み・拡大等強調なし。	■				■															■			■		
ス	条件の遵守	受け入れられない説明	期限切れ。 分量オーバー。	■		■																						
セ	日本語の規則	気持ち悪い説明	主語･述語のねじれ。 句読点なし。誤字脱字。															■		■	■							■
ソ	直感的な印象性	読みづらい説明	乱雑な文字。強調。 余白がない。									■													■	■	■	

条件によって、求められる「適切さ」は異なるため、すべてを満たす必要はない。

第3項　説明の分かりやすさに関わって求められる文章表現の適切さ

　文章表現のプロセス（**図5－2**）の中で、説明者は、組み立て（並列的な横の関係、上位・下位など縦の関係）、用いる文型、文節の配列、語句の選択、表記の仕方など、様々に「適切さ」が要求される。それが文章という集合体となり、全体的な印象としての「分かりやすさ」が規定されるのである。どの段階でどんな「適切さ」が求められるのかを整理した（**表5－2**）。

第4項　説明における順序付け

　先に示した、記述に計画性をもたず思いつきで記述したり（【事例3】）のように、説明された文章記述を分析すると説明する要素は概ね網羅されているにもかかわらず、その順序が理解していく順序とずれているため分かりにくくなっていたり（【事例6】）するケースが多く見受けられる。なお、第2章第1項で取り上げた先学の説明の定義のなかには、「順序立てて」（⑤）「すじみち立てて」（⑩⑪）を説明の際の重要な要素として取りあげているものがある。これらが国語科教育の見地から定義したものに集中しているところが注目に値する。実際に線条的に分からせていくためにはその順序や筋道が重要であり、これが「説明する能力」のなかでも最も重きを置いて指導すべきことの一つと言える。では、説明する事柄を順序付ける際にどのような観点をもてばよいのか。これについては、先行研究により提出されているものが大いに参考になる。

　ア　速水博司（2002）[5]による「説明の順序」
　　　①大小や伝統的な順
　　　②時間の順序

　　　③空間の順序

　　　④興味の順序

　　　⑤感動の順序

　　　⑥わかりやすさの順序

イ　森岡健二（1963）[6]による「主題の展開―材料の配列―」

　　a　時間的順序

　　b　空間的順序

　　c　一般から特殊へ

　　d　特殊から一般へ

　　e　原因から結果へ

　　f　結果から原因へ

　　g　クライマックス

　　h　既知から未知へ

　　i　問題解決順

　　j　重要さの順序

　　k　動機づけの順序

ウ　平井昌夫（1972）[7]による「文章のまとめ方」

　　1　自然の順序（＝自然の存在様式を反映した順序）よるまとめ方

　　　　①時間の順序（通時的）…最もやさしい方法

　　　　②空間の順序（共時的）

　　2　論理の順序（＝考えの流れの順序）によるまとめ方

　　　　①重要さの順序

　　　　②興味の順序

　　　　③因果関係の順序

　　　　④原則適用の順序

　　　　⑤問題解決の順序

　　　　⑥小話題の列挙

エ　奈良国語教育実践研究会（1990）[8]による「材料の並べ方」

　　（課題条件設定のための基本的事項一覧表より）

1　自然の順
　　　　①時間の順
　　　　②場所・場面の順
　　　2　論理の順
　　　　①興味・印象の順
　　　　②話題の順
　　　　③重要さの順
　　　　④原因・結果の順
　　　　⑤解決の順
オ　小田迪夫（1996）[9] による「説明文の構成（展開）」
　　　○時間的順序・空間的順序
　　　○全体→部分の順
　　　○一般→特殊の順
　　　○既知→未知の順
　　　○簡単→複雑の順
　　　○原因→結果、結果→原因
　　　○理由→帰結、帰結→理由
　　　○方法→成果、成果→方法
　　　○具体的事例→抽象的論理、抽象的論理→具体的事例　　　等
カ　高嶋幸広（1999）[10] による「説明の順序」
　　　（1）時間の順序
　　　（2）空間の順序
　　　（3）重要さの順序
　　　（4）既知から未知への順序
　　　（5）因果関係の順序
　　　（6）一般から特殊への順序
　これらの先行研究を参考にしながら、説明における順序付けの基準につ
いて説明を書く学習指導を想定しながら次のように整理した（**表5－3**）。

表5-3　説明に用いられる順序付けの観点（試案）

	種類	当該の順序の特性・順序の具体例	用いられる場合
1	時間的な順	時系列で並べる順。時間の推移に沿って過去→現在、現在→未来へという場合もあれば、逆に時間の流れをさかのぼる場合もある。現在→過去→現在と意図的に組み合わせる場合もある。学習者が説明に用いやすい順といえる。	手順の説明、歴史・経緯・変遷・過程・変化などの説明。
2	空間的な位置の順	空間的な位置による順。右→左、東→西、北→南、上→下、内→外、前→後、奥→手前などがある。逆順もある。	道順、分布、構造、描画・制作などの説明。
3	物理的な程度の順	その事物の物理的な質や量の順。大→小、多→少、重→軽、強→弱、濃→薄、高→安、老→若などがある。逆順もある。	調理や制作の材料、成分・効能、組織の説明。
4	因果の順	客観的で外観的な事実を先に、内面や関係性等、説明者の解釈が多少入らざるを得ないものを後に、という順。因果関係の説明は頻度も高く重要であり、原因→結果、理由→結論、事実→解釈、客観→主観の順などを含める。逆順もある。なお、結論先行型は分かりやすい。	出来事、事件、考えの説明。
5	全体と部分の順	全体像や概ねを俯瞰的に示した後に、その中に含まれる各々を説明する順。全体→部分、上位→下位、概要→詳細などがある。内容量のある説明の場合に大変有効である。相手に見通しをもたせることができる。部分を重ねていき、全体をまとめた方が分かりやすい場合には逆順を用いる。	組織、機構、構造、分類、遊びの説明。
6	具体と抽象の順	抽象・一般から、具体・特殊・個別への順。演繹的な順とも言える。具体例をもとに一般化するような場合には逆順を用いるが、これは帰納的な順とも言える。	考え、現象・事象などの説明。
7	重要さの順	重要性の高いものを優先する順。その重要さには、その説明対象の特性としての重要性、相手のニーズが高い重要性、説明者が相手に理解させたい重要性があり、目的や状況に応じてどの重要性を優先するかの判断が求められる。中心→付加、原則→例外などがある。逆順はあまり用いない。	言葉の意味の説明。比較的分量や時間的な限界があるほど必要な順序である。
8	相手の知識の順	相手にとって既にもつ知識や理解しやすい内容を先に説明する順。相手分析によって、相手の説明対象についての知識の有無やその程度を把握し、相手の既有知識を用いながら進める。結果的に相手にとっては易→難の順となり、分かりやすい。	スポーツ競技やルールの説明など。この順を用いるには、相手の分析・推測が必要である。
9	相手の興味・馴染みの順	相手を分析・推測し、興味・関心の高い内容から先に説明する順では、相手の分析・推測が必要。あえて相手にとって意外性の高い内容を先に述べ	説明者側に説明の必要がある場合には、相手の

		関心を引きながら理解に導く方法もある。また、馴染みの順は、一般的に用いられる順で、男→女、紅→白、グー→チョキ→パー、あ→い→う、成果→課題などがある。特別な場合以外は、これに従う。	興味ある内容を先に述べる。
10	先に提示された順に照応した順	当該の説明以前に提示された順に従う順。相手が説明者に求めた問いの順、自分が既に提示した順等、一般に公開された順などがある。特に意図のない場合、前後が照応していることで相手の理解にストレスをかけない。	目次や見出しと合わせたり引用したりする説明の場合。

第5項　説明における関係性の言語化

　「説明」というのは、個々の事柄だけでなく、それら相互の「関係性」をも認識して、説き明かす言語行為である。個々の事柄の特質などは、「列挙」することで伝えられる下記の 例A が、それらの事柄相互の関係性を文章表現するには、 例B のようにその関係を表すにふさわしい「言語形式」を用いることが求められる。その際に、用いるのは「思考法」である。関係付けるには多様な思考法の駆使が求められ、論理的思考というのはこうした関係付けを行うことによって、育成されるものである。

> 例A　孫の手は 40cm ほどで、先が曲がっている。背中をかく。木でてきていて、軽くて、もちやすい。ローラーやボールが付いている。
>
> 例B　孫の手は、背中の手の届かないところをかくための道具である。そのために、長さは 40cm ほどで、先は、何かをかくときの指のように曲がっている。また、木でできているので、軽くて、もちやすい。ローラーやボールが付いているのもある。

　この例は、接続語による関係性の「言語化」の例である。 例A は事柄を列挙しているだけである。しかし、 例B では、一文目（「孫の手は、背中の手が届かないを掻く道具だ」という事実）と二文目（「長さが 40cm ほどで、先は曲がっている」という事実）との間に、原因・結果の思考法を働かせることで関係付けができる。両者の間に、「そのために」という接続語

を置くことで、前者は「目的」、後者はそのための「手段」である、とい
う関係性を相手に理解させることができる。関係性は、接続語のほか、文
型や助詞等でも表すことができる。

【注】

1　速水博司「説明文の書き方」林大・林四郎・森岡健二編『現代作文講座４
　　作文の過程』（1976 明治書院）157 頁
2　一般意味論の主張を端的に表す有名なことば。「地図は、どんなに精密で
　　あっても現地そのものではありません。また現地の『すべて』を写すことも
　　できません。ことばも同様で、私たちが「ことば」によって表そうとしてい
　　る「ものごと」とはちがいます。また表そうとしていることがらすべてをあ
　　らわすことはできません。」井上尚美『言語論理教育入門　－国語科における
　　思考－』（1989 明治図書）125-126 頁
3　以下の文献（１）～（３）で取り上げられている、フラワー＆ヘイズ
　　（1980）の「文章表現過程のモデル」を参考にしている。なお、フラワー＆ヘ
　　イズ（1980）によるモデルと比べた、本書で示したモデルの特性は、課題状
　　況（条件確認）段階をもすべて、モニタリングの対象としている点にある。
　　（１）岸学『説明文理解の心理学』（2004 北大路書房）116 頁
　　（２）木村正幹『作文カンファレンスによる表現指導』（2008 渓水社）13-15 頁
　　（３）内田伸子『子どもの文章　―書くこと考えること―』（1990 東京大学出
　　　　　版会）164 頁
　　　彼らのモデルは、文章生成過程は、短線的な過程をたどるのではなく、構
　　想を文章化しながら推敲も同時に行われるという、複線的な過程でなされる
　　ことを示しているという点で参考になる。また、モニタリングは書き手が自
　　己内対話をしながら「文章生成過程」が正しい方向に向かって進行している
　　かどうかを監視し制御する、としている。
4　井上尚美『レトリックを作文指導に活かす』（1993 明治図書）96 頁
5　速水博司『大学生のための文章表現入門　正しく構成し、明快に伝える手
　　順と技術』（2002 蒼丘書林）99-100 頁
6　森岡健二『文章構成法文章の診断と治療』（1963 至文堂）68-88 頁
7　平井昌夫『新版文章を書く技術』（1972 社会思想社）111-127 頁
8　奈良国語教育実践研究会『課題条件法による作文指導　小学校編』（1990 明
　　治図書）21- 23 頁
9　「説明文の作文技術」の項小田迪夫　国語教育研究所編『「作文技術」指導

　大事典』（1996 明治図書）257 頁

10　高嶌幸広『説明上手になる本』（1998PHP 研究所）193-195 頁

第6章　自己批正する能力
－説明する能力4－

第1節　説明における自己批正とその重要性

第1項　自己批正するとは

　「批正」とは、文字どおり「批評して訂正する[1]」ことで、自己批正とは説明者である自分の「思考、判断、表現」を相手の立場になって批評し、望ましいものに近づけることである。ここで言う自己批正は、文章生成過程における「モニタリング」及び「コントロール」[2]と同様の働きをする。本研究における自己批正は、「問いの把握・想定」、「対象認識」、「文章表現」、「評価」のすべての段階で働くものとする（表6−1）。つまり、各段階で行った自分の思考、判断、表現すべてに対し、その都度、その行為の有無、結果に対する正誤や適否、その遂行方法等を吟味する行為を指している。どの段階にも作用するが、最もよく機能するのは文章表現のうち、「推敲」の段階であろう。

表6−1　説明における自己批正

問いの把握・想定についての自己批正	相手の立場になって問われていることを客観的に把握・想定する。
対象認識についての自己批正	正確さや客観性を常に吟味しながら対象分析したり関係付けたりして認識する。
文章表現についての自己批正	相手の立場に立ち、理解の道筋や理解の程度を推測しながら書く。
評価についての自己批正	行った説明に対する評価を客観的にふり返る。

第2項　説明における自己批正の重要性

　自己批正する能力は、「説明」に限らずあらゆる言語行為に求められるが、特に「説明」という言語行為においてはその重要性や必要性が高い。「説明文」は「感想文」と比べて、学習者が文章を書きながら「一時停止」することが多いようである。特に、具体的な相手に実際に説明するとなると「相手が分かってくれるか心配だから」と何度も読み返す学習者がいる。それは説明という言語行為の目的が、「相手」の対象理解にあり、相手が対象について理解できるかが最重要課題だという証である。そのため、説明者である自分の思考、判断、表現が相手の対象理解を保障するものになっているかを厳しく客観的に自己批正する能力が求められる。説明者は、終始「相手は理解したいことを理解できるか」という視点をもち続けなければならない。

　とりわけ「書いて」説明することは、「話して」説明することに比べ、説明者と相手が時間的・空間的に離れていることが多い。そのため、相手に理解の程度を尋ねたり推測したりすることができない。そこで、「相手」を投影したもう一人の自分を作りだし、「その表現では分からない」「おそらくこういう誤解をするだろう」と先回りし、批判させる必要がある。相手には、説明対象の理解の先に、「認識を深めたい」「思索したい」、「知識を得たい」、「判断したい」、「制作したい」、「行動を起こしたい」等、真の目的があるはずである。説明によって、不十分な理解あるいは不適切な理解をさせてしまうことは、相手の目的達成の妨げになる。そうならないために説明にはとりわけ客観的で厳しい自己批正が必要なのである。これを支えるのは、「慎重さ」「厳しさ」「優しさ」「根気」「柔軟性」などの心的な構えであり、これなしには相手にとって分かりやすい説明は実現しない。

第3項　自己批正する能力の特性

1　説明のプロセスにおける自己批正の能力の位置づけ

　自己批正する能力は、「説明する能力4」として位置づけている。説明する能力1～3は、それぞれ該当するプロセス（「問い」の把握・想定、対象認識、文章表現）で最も発揮され、説明を前向きに遂行して成立に向かわせる能力である。これに対して、自己批正する能力は、「待てよ」「これでいいのか」と逐一制御し、説明を安易には成立させない能力として働く。つまり、縦に進む各プロセスを「側面」から逐一検討することで確かな説明を支える能力として位置付く。（表2－3参照）

2　自己批正の対象

　説明において何を自己批正するか、その対象は次の4つに大別されよう。
　ア　把握・想定した「問い」（説明の課題把握）の正誤や適否、遂行方法
　イ　認識した「説明対象」（説明する内容面）の正誤や適否、遂行方法
　ウ　「文章表現」（内容を表すための言語表現）の正誤や適否、遂行方法
　エ　「評価」の正誤や適否、遂行方法

第2節　自己批正のプロセス

第1項　自己批正のプロセスの概略

　自己批正は大まかに、次のようなプロセスをたどると考えられる[3]（図6－1）。「批判する自分」は、相手の立場になって、自分が想定した「問い」、対象認識、文章表現を見直したときに、そこに「分かりにくさ」（ズレや曖昧さ）を感じるときがある（「①問題の直感的察知」）。次に、問題の

原因を考える（「②原因の探索・発見」）。原因が分かれば、原因を解消するための方針を立てる（「③方針の決定」）。そして、それに合わせて具体的な別案を作る（④「対案の提出」）。最後に、「批判する自分」はその対案の正誤や適否を再度見直す（⑤「対案の評価」）。このように「批判する自分」と「表現する自分」を頻繁に切り替えながら、より適切な「説明」に近づくよう批正する。なお、各プロセスには同時進行や逆行、省略もありうる。

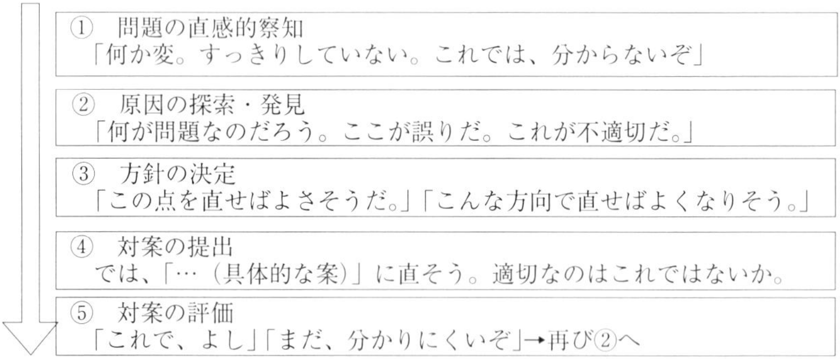

① 問題の直感的察知 「何か変。すっきりしていない。これでは、分からないぞ」
② 原因の探索・発見 「何が問題なのだろう。ここが誤りだ。これが不適切だ。」
③ 方針の決定 「この点を直せばよさそうだ。」「こんな方向で直せばよくなりそう。」
④ 対案の提出 では、「…（具体的な案）」に直そう。適切なのはこれではないか。
⑤ 対案の評価 「これで、よし」「まだ、分かりにくいぞ」→再び②へ

図6－1　自己批正のプロセス

第2項　説明のプロセスと自己批正の対象

不適切さの解消のためには、それぞれ原因となっているプロセスをやり直す必要がある。例えば、説明が「問い」の答えになっていなければ、問いの把握・想定のプロセスに戻る必要があるということである。このような自己批正その都度、プロセスごとに行うことになる。

次に示したのは、あれっと直感的に不適切さに気付くタイミングと結果的に批正する対象との関係をマトリックスにしたものである（**表6－2**）。例えば、説明のプロセスにおける対象認識段階で行う自己批正の対象は2点考えられる。一つは、「今対象認識していることはそもそも相手の知りたいことか」といった「問いの把握・想定」を再検討するもので、

表6－2　　自己批正の対象及び自己批正のタイミング

批正の対象 / 問題感知のタイミング	ア	イ	ウ	エ
批正の対象	把握・想定した「問い」（説明の課題把握）の正誤や適否	認識した「説明対象」（説明する内容面）の正誤や適否	「文章表現」（内容を表すための言語表現）の正誤や適否	「評価」の正誤や適否
問題感知のタイミング	把握・想定の仕方相手分析の仕方	分析の仕方関係付け方整理メモ	文章の書き進め方条件把握	評価の仕方
Ⅰ 問いを把握・想定	Ⅰ－ア【事中】・相手が問うているのはそういうことか。・相手は本当にこれを知りたいのか。			
Ⅱ 対象認識	Ⅱ－ア【Ⅰに戻る】・これについて調べているが相手が知りたいのはこれか。	Ⅱ－イ【事中】・こうとらえたけど別のとらえはあり得ないか。		
Ⅲ 文章表現	Ⅲ－ア【Ⅰに戻る】・この文章では問いに答えていないぞ。・この問いを想定して書いたけど必要か。	Ⅲ－イ【Ⅱに戻る】・「一方」って書いたけどこれらは対比していいのか。	Ⅲ－ウ【事中】・結論が最後だと分かりにくいな。・この文章は条件に合っているか。・その言葉は対象を言い当てているか。	
Ⅳ 評価	Ⅳ－ア【Ⅰに戻る】・そもそも相手の知りたかったのはそういうことだったのか。先に確認すればよかった。	Ⅳ－イ【Ⅱに戻る】・対象認識の際の情報源は信用できるか。	Ⅳ－ウ【Ⅲに戻る】・すっきりした説明にならなかったが何に原因があるのか	Ⅳ－エ【事中】・本当に分かってもらえたか。・誤解されたのではないか。・どこが分かりにくかったのか。

この場合にはプロセスをさかのぼって再度「問いの把握・想定」をやり直した上で、それに合わせて再び対象認識をすることになる。もう一つ考えられるのは、対象認識中に対象認識自体を再検討するもので、このような自己批正は、事中の自己批正と言える。特に事中の自己批正の場合、自己批正のプロセスが一気に進み、いずれかのプロセスが省かれることもある。

第3項　場合別の具体的な自己批正

次に、自己批正の対象別に、各プロセスにおける自己批正の具体として内言例を示した。何を対象にした、いつの段階の自己批正でも、大まかには同じように問題の発見をきっかけに修正に至る。このプロセスは内言として一気に進むことが多い。そして、いくつかの場合でその内言を想定してまとめてみた（**表6-3**）。その結果、自明のことではあるが、文章記述の段階での自己批正は「推敲」のタイミングに行われやすく、説明のプロセスの前段階に戻り再試行された結果を受けて、文章が修正される。内言も想定されやすい。一方、文章という具体的な生産物がそこにない、問いの想定段階や対象認識段階では内言が想定されにくい。このことからも、漠然としたものを自己批正することの困難さをうかがうことができる。学習者の調査で、説明を文章として書いてみてから「あれっ、じゃんけんの勝ち負けってどうやって決まるんだっけ」などと内容の不備に気付き、対象認識段階に戻るという現象（これは表6-2のⅢ-イに当たる）がよく見られたのは当然のこととも言える。

表6-3　説明の様々な段階での自己批正の内言例

対象 ＼ 自己批正のプロセス	Ⅰ-ア	Ⅱ-イ	Ⅲ-ア	Ⅲ-イ	Ⅲ-ウ
	問いの把握の際に、問いの把握を自己批正する内言例	対象認識の際に、対象認識を自己批正する内言例	文章表現の際に、問いの把握に戻って再び文章表現を自己批正する内言例	文章表現の際に、対象認識に戻って再び文章表現を自己批正する内言例	文章表現の際に、文章表現を自己批正する内言例
①不適切さの直感的察知	問いの把握の際に　この絵を見せればかけるのにな。そんなの簡単で説明なんかいらないと思うけど・・・。おかしいぞ。	対象認識の際に　いま「よしこさんは牛乳を飲むから背が高い」と思ってしまったけど本当かな。	文章表現の際に　あれっ、答えがズレてるような気がするぞ。こんなこと問われていたっけ？	文章表現の際に　「グーはチョキに勝って、パーはチョキに負けて、パーはグーに勝つ。」なんか分かりにくいなあ。	文章表現の際に　「私は、おでんとはしは仲間で、シチューとはしも仲間です。」あれっ、合わないなあ。読むと気持ち悪いな。
②原因の探索・発見	ちゃんと読んでなかったかな。	牛乳にはカルシウムが多いということと、カルシウムは骨にいいってことで、勝手にそう決めてしまったかも。	再び「問い」の把握　課題文を読み直す。そうか、「背の高さの順番」を書いていなかったから、何かズレたような、足りないような感じがしたんだ。	再び「対象認識」「勝つ」と「負ける」の両方あってややこしい。そもそも勝ち負けの仕組みってどんなのかな。3つの勝ち負けを図で整理してみよう。	「私は」と「仲間です」が合っていないからだ。
③方針の決定	何を説明するかもう一度きちんと読もう。	保健の先生に聞いて確かめよう。	文章の冒頭に「1番は○○、2番は○○…」というように4人の順番を書こう。	全部、この図の矢印の向きに「勝つ」に統一すればいい。「グーは、チョキは、パーは…」と一回ずつ使おう。	「私は」に応じる言葉を付けるかなにかして整えよう。

④対案の提出	再び「問い」の把握	再び「対象認識」	再び「文章表現」	再び「文章表現」	再び「文章表現」
	そうか。この絵をどんなふうに書いていくかを説明するんだな。	保健の先生に確かめたら、必ずそうなるわけじゃないっと言われた。これについてはよくわからないってことだ。	「1番はよし子さんで、2番は…」と順番をはっきり書くことにしよう。	「グーはチョキに勝って、チョキはパーに勝って、パーはグーに勝ちます。」ならどうかな。	「私は、おでんとはし、シチューと箸を仲間にしました。」
⑤対案の評価	〈不適切さが解決した場合〉 「よし。よくなったぞ。」→説明のプロセスに進む。 〈不適切さが解決しない場合〉 「まだおかしいぞ」→再び「自己批正のプロセス」①〜④へ戻って修正をする。				

　三宮真智子（2008）[4]はプレゼンテーションをする場面を例に挙げて、「遂行段階では、遂行そのもの（プレゼンテーション）に処理資源の多くが用いられるため、メタ認知活動を同時に行なうことはそれほど容易ではない。（中略）課題遂行が終わった事後段階では、メタ認知活動に多くの処理資源を投入することができる。」と指摘する。この指摘と関連付けたとき、説明を遂行する事中よりも、文章を書き終えて説明が生産物として可視化された段階、あるいは、対象認識のための整理メモを書き終えた段階などが、自己批正の好機であると言える。特に、メタ認知が発達段階的に難しい低学年では、暫定的に書いた文章を音読して問いと答えの照応の心地よさや不照応の違和感を感じ取ったり、対象認識結果のように形のないものを図や絵にしたり、実際に他者に説明の文章を読んでもらい相手の立場からの助言をもらったりすることが有効だと考えられる。

第3節　自己批正に関する学習者の実態と育成すべき能力

第1項　自己批正に関する学習者のつまずきや困難

調査では自己批正に関して以下のようなつまずきや困難が見られた。

1. 相手のためではなく自分のために読み直す
2. 自己批正の対象が内容面に偏る
3. 相手の立場より自分の記述のしやすさを優先する
4. 相手のつまずきを予想しない
5. 「分かりやすさ」を理解していない
6. 文章を俯瞰的に読み返さない

1　相手のためではなく自分のために読み直す

　学習者は記述を一時停止して「読み返す」行為を頻繁に繰り返す。記述中や記述後に「何のために読み返しか」を尋ねると、ほとんどが「次に何を書こうか考えるため」という回答であった。つまり、自分が書く内容を思い付くための一時停止である。一方「相手の立場になった読み返し」、つまり相手がこれで理解できるかを吟味するための一時停止はあまり見られない。

　調査において説明する相手は架空で、実の目的がないため、相手をどれほど意識しているかは割り出し難い。ただ、日頃の学習者の「説明」の様子からは「相手を意識できない」「自分だけ分かっていて相手を分からせようとしない」傾向が見られる。実際、指導者からも、学習者が相手の立場に立たない自己本位な説明をすることを問題視する声があった。メタ認知力が未発達の低学年では当然だが、高学年であっても、自己本位の説明するのである。面接調査の中で高学年の男子から「ちゃんと間違えないように説明しないと相手が困ると思っていろいろ考えていた。」という返答

が見られた。無意識ながら、相手の立場から自己批正している姿であり、指導によって身に付けられる能力である可能性が伺える。

2　自己批正の対象が内容面に偏る

調査から、児童は課題が提示されるとすぐに書き始める傾向にあり、「文章表現」しながら、「問いの把握・想定」や「対象認識」を行う。そのため、自己批正のほとんどは、「文章表現」のプロセスでなされる。そして、そこで行われる自己批正の対象のほとんどは「他には何を書こうかな」「こんなこと書いたけどどうかな」といった「内容」に関するものであった。口頭では「どう書けばいいのか分からない」と言いながらも、「こういう書き方でいいのかな」と、表現方法を自己批正することはほとんどない。これは、文章表現と対象認識が並行する（書きながら内容を決める）場合、対象認識（内容）に意識が向かうためと考えられ、表現方法を対象とした自己批正はあまりされない。これでは説明において適切に「文章表現する能力」も高まりにくい。また、文章を書きながら内容を考え決めているため、「対象認識する能力」も高まりにくい。

こうした傾向が生じる要因として、一つには、記述前指導をしないまま記述させていることが考えられる。書くべき内容を十分吟味させたうえでの記述であれば、「どう書くか」にもっと意識が向かい、それを批正するようになるだろう。いま一つには、個性重視として、個々に異なった内容を書かせる指導が挙げられよう。内容を共有して「どう書くか」のみを検討するような学習をあまり経験していないのではないかと考えられる。

3　相手の立場より自分の記述のしやすさを優先する

説明の順序に関して「相手にとって」という視点をもたずに、自分の記述のしやすさを優先する学習者の様子が見られた。

【事例1】	相手の立場より自分の記述のしやすさを優先する
学習者	小2　A男
調査課題	2（描画の手順の説明）図形と線でお絵かき

作成文章	まず小さい丸をかきます。そして三かくをかきます。そしてしかくをかきます。しかくの中に上の方ににじゅう丸を二つ小さくかいて、まん中になみせんをかいて、下に長まるをかいたらできあがりです。
面接応答	A男　課題を読む 面接者「ここに絵があるでしょう？」 A男「おもしろい絵。ぼく、かいてみたい。」 　　（A男の描画の順　□→△→○→波線→目の部分の◎→口の部分の長丸の順） 面接者「そうそう。A男ちゃんはこの絵を見ながらかけるからね。これと同じ絵をYくんにかいてもらうことにしよう。Yくんにはこの絵は見せないんだよ。それでA男くんが言葉で説明をしてこれと同じ絵が描けるようにしてあげるんだよ。やること分かった？」 A男「うん。何を使うか、まずやってみてもいい？」 A男「これ（△）はここに使って、これはここに使って・・・・。」 A男　記述（上記の文章） 　　（A男の説明の順　○→△→□→目の部分の◎→波線→口の部分の長丸の順） 面接者「Aくん、さっき自分で絵を描いたときはこの大きいな四角から描いたよね。それなのにどうして説明するときはこの丸からにしたの？」 A男　「さっきそういうふうに描いたの忘れてた。でも、上から描くのがすきだからかな。」 面接者「あれっ、でもこれは上からじゃなくて波線から描いたね。このとき、真ん中の波線からかいたのはどうして？」 A男「意味ない。真ん中から描くのも好きだから。」
考察	A男は、絵を描きやすい順とは異なった順で説明を記述した。A男自身それを全く意識しておらず、記述の順序には意図がないようであった。

4　相手のつまずきを予想しない

　説明では、相手の理解のつまずきを先回りして、策を講じる必要がある。つまずきを予想するには、説明対象をよく理解する自分を一旦捨て、理解のない相手になってみるという「立場の転換」が求められる。以下は、調査課題2（右の描画の説明）に取り組んだ学習者が矢印の「三角形と正方形を離して描いてしまう」こと

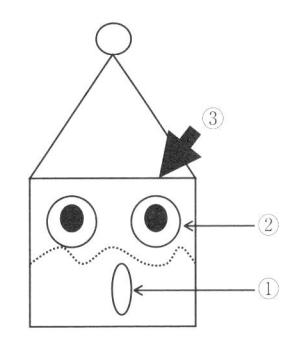

をつまずきとして予想し、それに対して記述を工夫しているかを調べたものである。「三角形と正方形は離さないでくっつけて書いてください」「正方形の上に三角をのせてください」「正方形の上の辺と三角形の下の辺は同じ線です」のように相手のつまずきを先回りした記述は難しいようであ

【事例2】相手のつまずきを予想しない							
学年	1年	2年	3年	4年	5年	6年	計
被験者数（人）	9	7	5	1	1	1	24
①長丸の縦横の方向を示す	4	2	2	1	1	1	11
②2つの二重丸の位置関係を示す	0	0	1	1	1	1	4
③三角形と正方形の位置関係を示す	0	2	1	1	1	1	6

る。

　上表の長丸の縦横の方向（①）に関しては、使える形として「横の長丸」が提示されているため、相手のつまずきを容易に予想することができる。これに対して、調査で個人に着目して見ると、①ができない学習者は②③もできていない。また、②ができる学習者は全員①もできていて、なおかつ③もできる傾向にあることが分かった。2つの二重丸の位置関係（②）や三角形と正方形の位置関係（③）に関して、つまずきを予想することは、方向のつまずきを予想するより高度であると考えられる。

5　「分かりやすさ」を理解していない

　自明のことながら、自己批正の基準は「相手が分かるかどうか」である。つまり、説明の分かりやすさの吟味である。吟味するには「分かりやすさ」が分かっていなければならない。学習者は、説明における「分かりやすさ」の重要性は理解している。「分かりやすいね」「分かりやすく書きましょう」という声かけの成果かもしれない。面接調査で「どんなことに注意して書いたか」という質問に「分かりやすく書いた」と返答する学習者も多かった。ところが、「どうであれば分かりやすいのか」という、分かりやすさの具体は理解していないのである。4年の学習者に、2つの文章を比べてどちらが分かりやすいかを選択させた上で、その理由を問うと

以下のような返答が返ってきた。3つに分類して示す。

　　○「分かりやすさ」を感覚的に漠然と捉えている。

　　〈例〉　・「文が分かりやすいから」

　　　　　　・「話の内容が分かりやすいから」

　　○体裁にしか気付くことができない。

　　〈例〉　・「字がきれいだから」

　　　　　　・「一ますあいているから」

　　○記述箇所を指摘するだけで、その理由は分からない。

　　〈例〉　・「『まず』とか『次に』とか書いている」

　　　　　　・「グーチョキパーのことがくわしく書いてある」

　例えば、「文の初めに順番をあらわす言葉があるから絵を描く順番が分かる。」「グーと突然書いても分からないから、その前に、グーチョキパーが何か説明してあるから分かりやすい。」「実際にはどんな使い方をするのか分かるように、よく使われる例を挙げた。」等と、分かりやすさの内実を説明できる学習者はほとんどいなかった。

6　文章を俯瞰的に読み返さない

　1枚目の用紙に文章を記述し2枚目に進むとき、1枚目の記述を振り返ることがない。1枚目の上に2枚目の用紙を重ねてしまう学習者さえいた。手掛かりとする整理メモも書いていないのに、である。調査だからということもあろうが、文章を俯瞰して読み返す言動は見られず、最後の文が書けたら、「できあがり」とした学習者も多く見うけられた。

第2項　自己批正に関して育成すべき能力

　　○　説明において、相手の立場に立とうという心構えをもっている。

　　○　相手を分析する。（要求・興味・既有知識等）

　　○　相手分析した結果を自己批正に生かす

　　○　相手の立場に立って、説明すべき問いを想定する。

○　相手の立場に立って、つまずきを予想する。

　　○　相手の立場に立って、相手の既有知識を使おうとする。

　　○　相手の興味や関心に合わせて内容を取捨選択する。

第4節　自己批正する能力の育成のために理解しておきたい事項

第1項　自己批正を支える論理的な直感力

　「問題の直感的察知」に始まり、「原因の探索・発見」、「方針の決定」、「対案の提出」、「対案の評価」と進む自己批正のプロセス（**表6-1**）中でも大切なのは「問題の直感的察知」である。ここでの問題とは「自分が理解させたいこと」と「相手が理解するであろうこと」との間にある「ズレ」である。「文章表現」の過程は、いわば問題解決的な過程であり、「直感的な気づきは問題解決に重要な糸口を与える」[5]のである。「直感的な気づき」は、潜在する知的な力だけでなく、感性の力に支えられると考えられる。相手が誤解してしまわないかという言語表現の不適切さへの気付きは、相手への優しさが支えている。内容の誤りへの気付きは、正しく説明しようとする誠実さが支えている。主語・述語のねじれなどの言語要素的な誤りへの気付きは、言語感覚（正誤感覚）が支えている。つまり、自己批正する能力の土台として、言語感覚（正誤・適否）や相手を尊重しようとする感性的な能力が求められるのである。

　「問題の直感的察知」の次に、「原因の探索・発見」「方針の決定」「対案の提出」「対案の評価」へと進むが、そこには常に自分への厳しさが求められる。プロセスは前へ進んだ方が楽であり、その度に「これでいいか」「どこが不適切なのか」などと立ち止まることは、面倒なこと、つらいことである。ときには、その自己批正でよいのかと自己批正を自己批正することも必要になってくる。自分への厳しさがないとできるものではない。相手に優しく説明しようとすれば、自分に厳しく説明しなければならな

い。自分への厳しさがあればこそ、自己批正する能力は発揮できるのである。それゆえ、「説明」は、学習者のメタ認知能力のみならず、内省的な態度を育む言語活動として期待できる。

第2項　自己批正を可能にするメタ認知能力

　相手の立場に立つことは、自分を捨てて他人になることであり、大人でも容易でない。まして、発達段階的に自己中心性が強い学年では難しい。それは、低学年の学習者はつまずき予想が苦手であるという前述の調査結果が示しているとおりである。「メタ認知」は、客観的な視点がもてる発達段階にさしかかる4年生頃からでないとうまくはできないと考えられる。このようなことから、自己批正する能力の育成には、発達段階を十分考慮した指導が求められる。

　本来自己批正は、説明者が自己内に「相手」を作り出し、自己内対話をしながら行うものである。しかし、メタ認知能力が未発達の段階ではそれは難しい。そこで、自己内に「批判する他者」を作り出す前段階として、教師や級友に「相手」になって自分の説明に助言をもらったり、自分が「相手」になり、級友の説明に助言したりする方法がある。「教師なり級友なりが対話者となって支援する」という方法[6]である。「相手」になることが「相手の立場になる能力」の育成につながると考えられる。

【注】

1　新村出編「広辞苑　第六版」(2008 岩波書店)「批正」の項

2　三宮真智子編著『メタ認知　学習力を支える高次認知機能』(2008 北大路書房) 9-10 頁

3　内田伸子『子どもの文章―書くこと考えること―』(1990 東京大学出版会) 199 頁で、内田氏は、「推敲における思想と表現の調整過程」を、以下のようにまとめている。なお本研究では、この内田氏の提案しているプロセスのうち、原因を発見した後に、対案導出に向けて、批正の方針を決めるという段

階を入れた。また、推敲以外の段階にも自己批正として取り入れた。
　　〔1〕「あれ、変だぞ？」とズレを感じる。
　　〔2〕ズレの原因が何かを意識化しようとする。
　　〔3〕ズレの原因を意識化しようとして、情報源をあれこれ探索する過程で
　　　　　対案が導出される。
　　〔4〕対案の評価をする。
　　〔5〕採択した特定の案を清書する。
4　前掲書2　10-11頁
5　益地憲一『国語科学習指導と評価の探究』（2002 渓水社）43-44 頁
　　益地氏は、国語科教育における情意能力の育成を提唱し、今日重視されて
　いる論理的思考も、学習者の情意と切り離して育成することはできず、「直感
　的な気づきが問題解決に重要な糸口を与える」こと、「思考ということ自体、
　自発的・能動的なものであり、各人の価値感や態度等によって正しく方向付
　けられる必要がある」こと等を説いている。
　　益地氏の考えをもとにすると、「あれっと思う」、「変だと感じる」など、直
　感的に差異を感知する能力（「自己批正」の契機）は、相手を理解に導こうと
　いう思いから直感的にひらめく力として、情意能力にかかわると考えられる。
6　木村正幹『作文カンファレンスによる表現指導』（2008 渓水社）15 頁
　　作文カンファレンスでは、教師による「赤ペン」添削ではなく、「対話者が
　会話をしながらモニタリングをすると同時に、書き手の意志を大切にし、書
　き手自身のモニタリングを促すことによって作文が書かれていく」ことを目
　指している。

「説明表現能力」育成編

第7章　指導の現状と課題

第1節　国語科で育成すべき説明する能力

　説明に必要な基本的な知識・技能・態度を習得させるのは、「言語に関する能力を育成する中核的な教科である国語科」[1]の責務である。その国語科において説明する能力を育成する指導は十分にされているだろうか。「説明表現能力育成の学習強化」を主張する巳野欣一（2000）[2]は「まことに遺憾なことであるが、従来から児童・生徒に対してこの説明表現能力の経験を与え、その能力を育成する学習指導を、小・中学校の表現指導の時間に積極的・意図的に取り入れることが十分ではなかった。また、表現指導に意欲的に取り組んでいる場合でも『年間指導計画』などで実情を検討してみると、説明表現の指導は予想外に少ないのが実態である。」と述べている。

　この提言から17年が経つ。平成20年版学習指導要領に「説明」が頻出したためか、「説明」という言語活動に対する指導者の意識は従前よりは高まってきている。しかしながら、指導の実情としては、「分かりにくいのでもっと分かりやすく」という感覚的な言葉かけも少なくない。当然、学習者自身も説明には分かりやすさが必要だとは分かっているが具体的にどうしたら分かりやすくなるのかが分からないのである。このため、結果的には説明する能力は自然習得に任せられている、という評は免れない。その要因として次の2点が考えられる。

① 　指導者自身が、説明する文章を書く学習経験や指導経験が少なく、説明する能力育成への意識が不十分なこと。

② 　必要感があっても、育てるべき能力、適した題材、指導法、指導の系統などが不分明なこと。

　説明する能力の育成は、国語科における喫緊の課題の一つである。また、「説明」は、平成 20 年版学習指導要領の「言語活動例」に多く挙げられたことで、国語科で説明に取り組ませる機会は増える傾向にある。「言語活動の充実」のために各教科等においても説明が積極的に行われている。しかしながら説明という活動をさせても活動あって学びなしの状態では、限られた時間内で効率的に、普く、確実に説明する能力を身に付けさせることは叶わない。国語科における意図的、自覚的、系統的、計画的な指導が求められる。

第 2 節　系統的な指導に関する実態

第 1 項　学習の積み重ねに関する学習者の実態

　本研究における学習者対象の調査によると、最も注視すべき問題の一つは、同じ課題で下の学年の学習者の説明が上の学年の学習者の説明よりも分かりやすいという逆転現象がいくつも見られたことである。指導者を対象とした意識調査の回答（**表 1 − 7 及び表 7 − 3 参照**）にも「個人差が大きい」という指摘がある（8/86）。用いられている語句・文章構成力等、基本的な言語運用能力に着目すれば、学年が上がるにつれて一定の高まりが見られる。これに対し説明に特に必要な次の能力に関してはそうした学年に比例した高まりはそれほど認められなかった。

・　説明の特性（例　説明文と感想文の違い）を意識する。
・　記述前に簡単なメモをかきながら対象を認識しようとする。
・　多くの中の一例であるという意識をもって具体例を挙げる。
・　内容の正確さを求め、問いを保持しよういう構えをもっている。
・　結論先行型の方が相手にとって分かりやすいことを理解している。
・　相手のつまずきを予想しながら説明しようとする。
　このような事実は、系統的な指導が不足していることを示している。そ

れは、「この学年ではこの字を」と系統的な指導によって身に付く漢字の読み書き能力と比較すれば明らかで、調査でみられた学習者の説明する能力のかなりの部分が自然習得された能力と考えられる。

　第2項　「B書くこと」領域の「言語活動例」に挙げられている「説明」

　平成10年版学習指導要領から「指導計画の作成と内容の取扱い」の中に「言語活動例」が示されるようになった。「B書くこと」領域において「説明する文章」は中学校には出てくるものの、小学校では取り上げられていない。第3学年及び第4学年の解説で示されるだけである。

　次の平成20年版学習指導要領では、「B書くこと」領域に「説明する文章を書く」という「言語活動」が多く取り上げられた。ただし、その学年に着目すると、小学校第1学年及び第2学年、第3学年及び第4学年にはあるが、第5学年及び第6学年にはない。再び、中学校第1学年にあるが、第2学年、第3学年にはない（**表7−1**）。さらに見ると、小学校第1学年及び第2学年では「身近な事物を」とあり、「何を」説明するか（説明対象となる題材）が示されている。小学校第3学年及び第4学年では「収集した資料を効果的に使い」と「どのようにして」説明するか（説明の方法）が示されている。また、中学校第1学年でも「図表などを用いて」と補助資料の活用が示されている。

　平成20年版学習指導要領において「言語活動例」は「指導事項」と並び「内容」として示された。とはいえこれらは項目数に限界がある中での「例」にすぎず、「言語活動例」に系統性を求めることは無理である。ここにも説明する能力の系統的な指導の困難がある。

表7－1　平成 20 年学習指導要領の「B 書くこと」領域に挙げられている説明に関する言語活動例

	学年	「説明」に関する言語活動例
小学校	第1学年及び第2学年	ウ　身近な事物を簡単に説明する文章などを書くこと
	第3学年及び第4学年	ウ　収集した資料を効果的に使い、説明する文章などを書くこと
	第5学年及び第6学年	—
中学校	第1学年	イ　図表などを用いた説明や記録の文章を書くこと
	第2学年	—
	第3学年	—

第3項　系統的な指導のための手がかりの不足

　指導者対象の質問紙調査（表1－7参照）によれば、多くの指導者が学習者の説明の実態に課題を見出している。また、約半数が何らかの形で説明という言語活動に取り組ませた経験を有している。（表7－3参照）つまり、説明する能力を高める必要は認識しているのである。ところがどのように指導を重ねていけばよいのか手がかりが不足しているようである。

　「説明する力を高めるための指導で、知りたいこと、あれば役に立つもの」（質問6）を問うたところ、約1／4の指導者から回答があった。これらを指導内容、題材、指導法、教材、評価に分類して示す（**表7－2**）。

　なお、指導系統表や題材案一覧表については、第12章で試案を提出する。

表7－2　説明に関する指導の手がかりとして指導者が求めているもの

指導者が要求しているもの	具体例（表1－7質問6より）
○指導内容に関するもの	・どの学年でどんな指導をすればいいのかが分かる指導項目チェック票
○学習者の取り組みやすい題材	・題材についてよく分かる資料
○指導の指針となるもの	・指導事例　・児童の文例 ・各学年で使わせたい接続語集
○学習者自身が使用する教材	・スキルブック
○学習者の使う教材	・ワークシート　・文型表 ・説明文の書き方マニュアル
○評価の基準となるもの	・評価の観点

第3節　説明への指導者の意識や理解に関する課題

第1項　説明やその指導への意識に見られる課題

1　説明という言語行為に対するマイナスイメージ（表1－7質問4より）

　指導の悩みの中に「説明」という言語行為に対する認識として、少数（5/86）ではあるが以下のような回答があった。

　・説明文は型に沿って書くので個性がない。

　・説明文は指導に力を入れるとあとでみんな同じ文章になってしまう。

　・説明文には気持ちが入らないのでつまらない。

　・説明の指導では理屈っぽい発問や考え方をさせてしまう。

　・説明文は、難しい、堅苦しい、理屈っぽいイメージがある。

　ここから、「説明」は無味乾燥で、個性の表れないつまらない文章である、という受け止めがあることを確認することができる。一部とはいえ重く受け止めるべき問題であろう。「説明する文章」を書くには、相手がすんなり理解できるように、相手の既有知識を踏まえた上で内容の選択や記述の順序を工夫していく等の配慮が求められるため、そこには真の思いや

りや個性的な発想が表れる。同じ内容を説明しても人によって様々な説明をすることを思い出してみればそれは明らかである。しかしながら、「説明」という言語行為に対して前述のような捉えがあるとすれば消極的な指導につながりかねない。

2　説明する文章を書かせる指導に対する心的な構え（質問4より）

　説明する文章を書かせる指導に対する心的な構えが見えるものとして、次のような回答があった。

（1）「説明する文章」を書かせることは難しい

　　・説明は難しいため子どもが書きたがらない。意欲をもたせにくい。

　　・説明文だというだけで壁を作ってしまう子どもがいる。

　　・説明文を書かせるのは個人差が大きく、時間がかかる。

　　これらは先の、説明という言語行為に対するマイナスイメージとも関連する。「子どもにとって難しい、意欲をもたせにくい」と回答した指導者が、指導経験（質問3）に無回答である傾向から推察すると、指導に取り組む前から「子どもは説明が苦手、好きでない」との思い込みがあるとも考えられる。

（2）「説明する文章」を書く指導に必要性をさほど感じない

　　・　授業で書いても身に付かない。日常的にやったほうがよい。

　　・　自分たちは教えられなかったが書いている。そのうちにだんだんと書けるようになる。

　　こうした捉えは、説明する場面は日常的に多いため、やっているうちに身に付いてくるはず、あるいは、必要なときにその都度指導すればよい、という、自然習得任せの構えにつながりかねない。

第2項　説明という言語行為についての理解

1　「手順の説明」だけが説明か（質問3・質問5より）

　「説明を書く題材」としてあげられた複数回答の約1／3（28/84）が、「鬼ごっこの遊び方」「野菜の育て方」「道順（〜への行き方）」「工作の作り方」「掃除の仕方」「実験の仕方」等、手順の説明であった。さらに、「〜の○○」という形で示されたものに絞って分析すると、そのほとんど（28/32）が「〜の仕方」（手順）で、それ以外の回答としては「選挙の仕組み（1）」「昆虫の一生（2）」「自分の生い立ち（1）」だけであった。また、「説明における分かりやすさ」を「時間の順序を示すことである」とした回答が質問項目2に対する回答としては2番目に多く（12/113）、さらには、指導経験についても、「手順の説明に不可欠な、時間の順序に沿って書く」という内容が最も多かった（19/84）。このように説明を書く題材として「手順の説明」を取り上げる傾向が強いようである。手順の説明は大事ではあるがそれだけが説明ではない。

2　すべての言語表現活動が説明か（質問5より）

　「説明を書く題材」としてあげられた複数回答の1／2以上（45/84）が次のような題材であった。

> ・好きなもの　　・行きたい場所　　・読んだ本と感想　　・体験談
> ・得意なこと　　・感動した映画　　・家族　　　　　　　・クラス

　上記を題材にして書く文章には、説明的な要素は含むものの、これらは「説明」（狭義）というより「紹介」である。さらに、指導者の回答の中で、「説明」という用語が「話す」、「伝える」、「発表する」「感想を述べる」など、様々な言語表現の用語とほぼ同義で使われていた。このような回答から、説明は「何かを伝えること」という程度に漠然と捉えられていることが推測される。狭義の説明を理解し、これらの言語活動に含まれる

説明（狭義）の部分を分かりやすく表現するための指導が望まれる。

第3項　説明における「分かりやすさ」についての捉え

1　「分かりやすさ」は「簡潔さ」か「詳細さ」か（質問2より）

「詳しく」すれば分かりやすいと考える指導者もいれば、反対に「簡潔に」すれば分かりやすいと考える指導者もいる。中には「簡潔であっても詳しく」「簡潔すぎず詳しすぎない説明をする」という折衷案のような回答も見受けられた。実際には、簡潔にした方が分かりやすい場合もあれば、詳細にした方が分かりやすい場合もある。目的や相手、条件に応じて、精叙と略叙を使い分けてこそ「分かりやすい」説明になる。簡潔か詳細かは、説明の目的や相手、説明内容に応じて判断することを指導しなくてはならない。

2　「時間的な順序」だけが「分かりやすさ」か（質問2より）

時間的な順序が説明の「分かりやすさ」であると考えている指導者は多い。前述のように「説明」とは「手順の説明」であるという理解の上に立っているとすれば、そうなるのももっともである。しかし、時間的な順序に沿うことがすべての「分かりやすさ」を実現するとも限らない。説明対象によっては、時間的な順序だけではなく、空間的な順序、重要な順序、相手の興味の順序等、結果から原因の順序等、様々な順の説明があることを理解する必要がある。（表5－3参照）

3　思いが伝わることが説明の第一義的な「分かりやすさ」か（質問2より）

「分かりやすさ」とは「自分の思いが伝わることである」のように、伝える対象を「思い」とした回答が複数回答中で3番目に多かった（11/113）。ここには、説明に必要な「知的な」分かりやすさと、「情的な」分かりやすさとの混同が見られる。例えば、漢字の成り立ちを説明する「分かりやすさ」と、自分の感動を伝える「分かりやすさ」とでは、

「分かりやすさ」を実現する方法が異なる。指導者がそれを識別していることが重要である。

第4節　授業における指導の現状と課題

第1項　指導の希薄さ

　質問紙調査（表1－7参照）によって国語科の「B書くこと」領域の中での説明を書く指導の経験の有無を尋ねた。その結果、12/84名は「ほとんどない」と回答している。それ以外は「ある」と回答しているものの、「何を指導したか」その内実をみると、説明的な文章を読む指導や、体験感想文、日記、意見文を書かせる指導等が含まれていた。

　「言語活動の充実」や「論理的な思考力」の育成が強調されたり、文学的な文章の詳細な読解の見直し等が求められたりして、従前よりも学習者が説明を書く機会は増えてきている。しかし、これらの回答からそれがそのまま説明する能力の育成につながっているとは必ずしも言えない。

第2項　学習者の実態と指導内容との離齬

　指導者が問題視する学習者の実態と指導者がこれまでに行ったとする指導内容とを並べてみた（**表7－3**）。指導者が問題視する学習者の実態というのは、必要だが身に付いていないために身に付けさせたい能力ということである。例えば、単語でしか説明できなければ事柄を関係付ける文型や語句の指導が必要であろうし、自分だけ分かり相手に伝わらなくても平気なのであれば相手を理解させる必要感をもたせて、相手の理解を想定しながら書かせる指導が必要であろう。しかし、授業では、問題と感じる実態に手当てする指導がされているわけではないようである。ごく一部の調査結果とはいえ、学習者の実態と乖離した指導が行われているとすれば、

学習者にとっても指導者にとっても空虚ではないだろうか。

表7－3　指導者が問題視する学習者の実態及び指導者のこれまでに指導した内容

問題視している学習者の実態（回答計86）	これまでに指導した内容（回答計84）
・単語でしか表現できない。（20） ・語彙が不足。（12） ・個人差が大きい。（8） ・自分だけ分かって相手に伝わらなくても気にしない。（7） ・表現意欲や表現したい内容があっても表現方法が分からない。（6） ・思いつき的に「～して、～して」「あと、・・・」と付け加えていく。（4） ・伝えたいことが整理されていない。（2） ・その他（27）	・接続語「まず、次に、それから・・・」等を使って、順序正しく書く。（19） ・読むこと（説明的な文章）の教材文の文型や構成の型をまねて書く。（16） ・「分かりやすく」書く。（9） ・対象を観察し詳しく教える、伝える。（6） ・図や表を入れる。（5） ・簡単にまとめる。（4） ・理由を加えて書く。（4） ・調べたことを書く。（3） ・新聞やガイドブックのレイアウト。（2） ・その他（16）

第3項　指導内容の不明瞭さ

1　学習活動を通して能力を高める（表1－7質問3より）

「何を指導したか」という質問に対して、「教材文の文型や構成をまねて書く」「調べたことを伝え合う」「ガイドブックを作る」というように活動を挙げる回答が約1/4（21/84）あった。学習指導要領の「言語活動例」に説明が多く挙げられたことから、説明に取り組ませる指導が増えている。ただし、その「活動」を通してどんな能力を身に付けさせるのかが不明瞭であれば「活動あって学びなし」の状況になりかねない。その説明をさせることでどのような能力を付けるのかを明確にした指導が必要である。

2　「分かりやすさ」を実現させる具体的な方法をもつ（質問3より）

「何を指導したか」の欄に、「初めての人にも分かるように書く」「やり方が分かるようにする」「分かりやすく伝える」「分かりやすい順番で書く」というように「分かりやすい」「分かるように」という要素を取り上げた回答が9/84見られた。実際、「書くこと」や「話すこと」つまり表

現指導の学習指導案の目標や具体の評価規準に「分かりやすく書けたか」と書かれたり、「なんだか分かりにくいね」「分かりやすくなった」という感覚的な言葉で交流が行われたりすることが少なくない。分かりやすく説明する力の一つとして今回は何を重点的に指導し評価するのかが具体的に書かれなければならない。例えば、「身近な具体例を挙げている」「比較して違いを示している」「全体を示してから詳細な説明に入っている」「結論を先に提示している」「箇条書きを用いてポイントを簡潔に示している」等である。取り組む題材や相手、条件等に応じ、この場合にはどうすることで分かりやすくなるのか、具体的な方法を指導者自身が理解しておかなければ有効な指導にはなりにくい。

第4項　指導の偏り

指導者が実際に指導した内容として多かったのは次のとおりである。

1　「まず、次に、それから、最後に」を偏重する低・中学年の指導（質問3より）

「まず、次に、それから、最後に」を使い、時間的な順序に沿って手順を説明するという指導が圧倒的に多く（19/84）、第1〜4学年に集中していた。これには以下のような理由が考えられる。

- 教科書で扱われている「説明を書く」単元のほとんどが時間的な順序に沿う「手順の説明」であり、第2学年や第3学年に配列されている。
- 第1学年及び第2学年の「B書くこと」領域の目標や「構成に関する指導事項」に「順序」という文言がある。
- 時間的な順序を示す接続語は比較的指導しやすい。

2　読むこと教材（説明的な文章）の型をなぞらせる指導（質問3より）

読むこと教材（説明的な文章）の形式をなぞって書く活動はよくされて

いて（16/84）第1・2学年に集中している。教材には「いろいろなくち ばし」「じどう車くらべ」が挙がる。「読むこと」の指導と「書くこと」の 指導を関連付けることでの相乗効果をねらった指導である。こうした指導 において留意すべきは、形式に内容を当てはめて形として文章を仕上げる ことではないという点である。読み手として理解した形式の論理と内容の 論理を、今度は表現者としてその整合性を吟味させながら書かせることで ある。「そのために」を使わせることが目的ではなく、なぜその内容を表 すのに「そのために」でつなぐのかを学習者が理解しながら書くことが説 明する力をつけることになるのである。説明的な文章を読むことの教材を 用いた、こうした表現指導は確かに説明する能力を育てる方法ではある。 しかし一方で、読み取る力の育成を想定して提示されている「読むこと」 教材の文章を「書くこと」の教材にすること自体、学習者には負担が大き いことにも留意する必要があろう。

3　視覚的な資料の活用を偏重する高学年の指導（質問3より）

　第5・6学年に多かったのが図・表・写真等を用いた説明である。「B 書くこと」の第3学年及び第4学年に「収集した資料を効果的に使い、説 明する文章などを書くこと。」という言語活動例が挙げられているためで あろうか。実際の指導では、非言語表現（図や表の作成、写真の取り込み 等）自体が目的化し言語による表現がおろそかにならないよう留意する必 要がある。言語表現とこれら非言語表現との補完関係を理解させながら、 具体的な効果を意図したうえで必然性をもって視覚的な資料の活用を指導 しなくてはならない。

第5節　学習者の実態と指導上の課題との関連

　次に示すのは、学習者対象の調査で見られた課題と指導者対象のアン ケート等から明らかになった指導上の課題とを筆者の経験知をもとに対照

させたものである（**表7-4**）。そこに因果関係があるわけではない。

　課題と方策、原因と結果等としては対応させられないが、似た内容ごとに横に並べている。指導上の課題を学習者の実態と照らしてみることで、効果的な指導改善の手がかりを得られるかもしれないと考えるからである。

　表にしてみると、学習者の実態として課題が見られることが指導されているわけではなく、教科書に提示されている活動が行われている感がある。ただし、学習者対象の調査で課題として明らかになった課題は指導者が直観的に問題視していることと重なる（表7-3参照）。つまり課題を的確に捉えているがそれが指導には生かしきれていないということも考えられる。これら学習者の課題を効果的に克服しながら説明を書く能力を育成するためには、指導者自身が説明という言語行為を理解し、有効な教材や指導方法を工夫して指導に当たらなければならない。

表7-4　学習者の実態と指導上の課題との関連

	学習者の課題（傾向として見られる問題点）	指導上の課題（傾向として見うけられる問題点）
1	・文種への意識が不足。（作文は気持ちを書くものだと思っている。） ・「説明」についての理解不足。 ・説明には主観をできるだけ入れないで客観的な態度が必要だという意識はない。	・書かせる文種が日記や感想文に傾斜したり、作文には子どもの心情が書かれなければならないと考えたりする場合もある。また、説明はつまらない、堅苦しいと捉えられる傾向もあるが、説明の文章が必ずしも画一的になるわけではなく、相手への配慮や例示の発想など説明の仕方にも十分個性が表れるという認識をもちたい。 ・「説明」という言語活動の特性は理解されにくく、「感想を述べる」「意見する」「発表する」等とほぼ同義で使われることがある。
2	・説明は話して行うものだという意識からか、話し言葉で書いてしまう。	・説明を書く指導の機会が少ない。機会が少ない分、他の文種に内包される「説明」の部分をよく吟味して書かせることが必要である。話して説明する指導との関連を意識する。

3	・相手の理解を配慮しつつ説明する意識が弱い。 ・相手の理解のつまずきを予想しようとしない。 ・自分の説明のしやすさを優先しがちである。	・「相手意識」という言葉はよく使われ、読んでもらう相手を意識させることが行われている。その上でさらに、その相手はどんな相手なのかを分析することや取材、構成、記述、推敲等の各段階で常に相手の立場に立った検討を加えるような指導が必要である。
4	・「分かりやすさ」に対する理解が曖昧である。 ・分かりやすさを感覚的、表面的に捉えている。	・「分かりにくいから分かりやすく書こう、話そう」といった感覚的な声かけも少なくない。 ・「分かりやすい」表現への具体的な方略を、指導者自身がもち合わせていなければならない。
5	・説明の困難に直面して、あきらめることもある。	・複雑な事柄について、粘り強く説明を書く活動をさせることは少ない。（手順の説明に偏る。）
6	・不確定、不明なことも「不確定、不明である」と書かない。	・「分からない」と書かせることへの抵抗がある。「おそらく」「かもしれない」「言い切れないが」のような不確かな場合の表現例を提示することが必要である。
7	・「問い」（問われたこと）が的確につかめない。 ・総合的な説明では、何をこそ説明すべきかを適切に想定できない。	・説明的な文章を読むことの指導等で、「か」で終わっているからこれが「問い」だという形式的な指導に終わりがちであるが、その「問い」の背後にある「問い」が生じた状況まで、考えさせる指導が必要である。
8	・説明対象を正確に丁寧につかむ重要性を自覚しておらず、すぐに書き出そうとする。	・原稿用紙を与えてすぐに記述させることが少なくなってきているが、記述前の指導は不十分である。対象認識の仕方（適切な思考法の用い方、図解メモ等）を丁寧に指導する必要がある。
9	・全体を大づかみにして捉える俯瞰的な分析や表現が不得手である。	・細部の指導にこだわりがちだが全体像を捉えたり、全体の中で部分の役割や詳細な内容を捉えたりさせる指導が必要である。
10	・説明対象を主観的、一面的に捉えがちである。	・多角的な分析や表現が指導されにくい。多様な分析の視点を指導する必要がある。
11	・メモをしながら事柄を整理しようとしない。	・キーワードの羅列でなく、相互の関係性を捉えるメモの仕方を習得させる指導が必要である。
12	・情報（材料）を捨てる意識が希薄である。相手の必要と関係なく知っていることを盛り込みがち。 ・資料を丸写ししている場合がある。	・総合的な学習の時間や国語科における調査報告等の単元で、説明を書く機会が増えてきているが、たくさん書くことをよしとする傾向がある。 ・分量制限等の条件を与えたり、材料を取捨選択できるほどの十分な集材をさせたりするとよい。必要に応じて対象認識段階に戻るような柔軟な進め方を認める必要がある。

13	・内容ごとに適切なまとまりを作り、それを段落にしたり小見出しを付けたりすることが不得手である。	・説明的な文章の読むこと指導で、必然性が伴わないまま、大段落にまとめたり小見出しをつけたりさせることがある。また、内容をまとめた小見出し（例「背伸びするたんぽぽ」）と段落の役割を示した小見出し（例「まとめ」）が混在する指導もある。
14	・相手の理解の筋道に立たず思いつきの順に記述していく。	・相手の立場に立って全体的なことや前提となることを先に示す指導が必要である。 ・説明的な文章の読むこと指導では、内容理解の確認だけでなく、筆者の表現の工夫を読み取り、読者が内容を順次理解していくうえでの効果を考えさせることが必要である。
15	・どんな場合にも「時間的な順序」で書くことが多い。	・「手順」を説明対象とし、「時間的な順序」にそって書かせることが多いが、他の題材で、時間以外の順（重要な順、理解しやすい順等の論理の順序）も指導していく必要がある。
16	・主語・述語がねじれる。説明しようとすることや問いを主語にしてしまうため、ねじれが起きる。	・低学年の主語・述語の指導が知識・理解に終始する。いろんな要素を入れようとして一文が長くなる中学年ではそれを活用させ、主語・述語のねじれへの違和感を養っていく必要がある。
17	・内容と表現形式の論理がずれていることがある。（「なぜなら」以下が理由になっていない）	・説明的な文章（読むこと教材）の表現形式をなぞらせて説明を書かせる指導がされるが、フレームありきの形式的な学習で終わることもある。内容と形式が合っているか考えさせるようにする。
18	・適切な理由として、そうでない場合の不適切さを根拠にする。	・提示された中での消去法の発想ではなく、適切だとする当該の考えについて積極的な理由や根拠を求めていく指導が必要である。
19	・精叙と略述を使い分けられない。	・詳しさによる分かりやすさと簡潔さによる分かりやすさを対象と必要に応じて指導する。
20	・一例を一般化する ・事例の意識に欠ける。	・一般化は複数の中の共通要素から導くといった思考法の指導が不足している。
21	・適切な事例を挙げられない。	・「読むこと」領域で、例があるから分かりやすいで終わらせず、「その例がこのことを説明するのにどう有効なのか」を問う必要がある。
22	・言いたいことを言い当てる語句や文型が思いつかない。語句や文型の知識が不十分である。	・語彙不足を問題視しているが、語彙指導はあまりされず、自然習得に任せられている。話型指導ほどには文型指導はされない。文型の提示は個性を奪うと考えている指導者もいる。

23	・一文が長い。	・書きっぱなしではなく、書いた文章を音読しながら検討させる指導が必要である。
24	・接続語や指示語を使おうとしない。	・適切な指示語や接続語を使って書くための書き換えの指導が必要である。
25	・書いたものは固定してしまう。推敲や批正はほとんどしない。	・推敲に必要感をもたせる題材や状況設定が難しい。推敲対象に適した教材がない。推敲しにくい用紙に書かせている。具体的な観点を示さない。
26	・相手は理解できるかについて無頓着である。	・説明の適切さを吟味せざるをえないような必要感のある状況設定をして指導する必要がある。
27	・学年差がそれほど顕著でなく、学年内の差が大きい。	・個人差が大きいことを天性の能力の差だとあきらめずに、一人一人の実態から高められる部分を見取っていく必要がある。
28	・手順の説明以外を書くことに戸惑いを見せる。	・説明の指導の必要は感じているが適切な題材・系統・重点・指導法が不明である。多様な説明をさせて力をつけるべきである。
29	・単語で答える。（これは指導者から見た学習者の課題として最多回答である。）	・単語で答えられるような発問をすることが多い。単語での発言を許してしまっている。複数の事柄を関係付けて表現させる指導を継続的に行う必要がある。
30	・記述の仕方を吟味しない。	・図・写真・絵・プレゼンテーション画面に意識が向くのではなく、記述を重視しながら文や文章の書き方を丁寧に指導する必要がある。

【注】

1　文部科学省『小学校学習指導要領解説総則編』（平成 20 年版）63 頁第 3 章
第 5 節 1 （2008）

2　已野欣一「説明表現能力育成の学習強化の構想」増田信一先生退官記念論
集刊行委員会編『増田信一先生退官記念論集』（2000）

第8章　問いを把握・想定する能力の育成

第1節　問いを把握・想定する能力を高める授業

第1項　授業構想

（1）　単元名

何を説明すればいいのかな

（2）　指導目標

① 説明とは相手が分かりたい「問い」に「答える」言語行為であるということを理解させる。

② 問いが明瞭に示されていればそれを的確につかみ、問いが明瞭に示されない場合には説明者が問いを想定する。

③ 説明すべき事柄を、説明対象の特性、相手の状況に応じて想定しようとする。

（3）　学習目標

相手がよく分かるには「何を」説明すればいいのかを考えよう。

（4）　指導の指針

本単元では、今問われていることは何かを的確に把握することが説明の第一歩であることに気付かせる。そのうえで、問いに分かりやすく「答える」ことこそが「説明」であるという理解に繋げる。これは「説明」という言語行為に関する本質的な理解であり、「説明」に取り組む上で欠かせない知識だからである。そのためには、問いの形式（例　「何のために～か」＝目的、「どうして～か」＝理由）について基礎的知識も与えるようにする。

一方、漠然とした要求（「～について」・「～のこと」を説明してほしい等）

に対しては、説明者自らが問いを想定しなければならないことに気付かせ、実際に問いを想定して挙げ、その中から必要なものを選択する活動を行う。想定した事柄は問いの形式で表すようにさせる。また、問いを想定したり選択したりする際には、相手の状況、説明対象の特性に応じるべきで、それが説明の「分かりやすさ」を左右することにも気付かせる。

（5）　単元の全体計画

第1単元「問いを把握・想定する能力を高めるための単元」の全体計画

時	高めたい能力	学習課題・題材	主な学習活動
1	○「説明」とは相手が求める問いに的確に分かりやすく「答える」ことであると理解する。	㋐コンパスを初めて手にした人に、「コンパス」はどんな役に立つのか説明してください。 ・問いが明瞭で、問いと答えとの整合が分かりやすい。 ・コンパスの機能・使用法・形態などについては、学習者周知の事柄である。	・選択肢の中から、㋐の要求に合った説明をa～dから選択する。 　a素材や形態の記述 　b機能の記述 　c円の書き方の記述 　d印象や感想の記述 ・何が問いか、つかむ。
	○「～について」等、求められる問いが不明瞭な場合には、相手の立場から「何を」説明すべきか問いを想定する。	㋑「凹凸」について全く知らない人に、「凹凸」について説明してください。 ・問いが不明瞭なため、総合的に説明することが求められる。 ・「凹凸」については学習者も知らないため、相手の立場に立ちやすい。	・㋐と㋑の比較から問いの提示のされ方の違いに気付く。 ・㋑に対し相手の立場になって、問いを想定し、列挙したものの重要度を考える。
2	○説明対象の特性によって求められる問いは異なることを理解させ、説明の前に素材をつかんで問いを想定する。	㋒「孫の手」を全く知らない人に「孫の手」について説明してください。 ・「道具」の説明に求められる問いは、主として形態・素材・機能（使用目的）・使用方法などである。	・㋒の場合の問いを想定する。 ・㋓の場合の問いを想定する。 ・素材の異なる㋒と㋓の問いを比較して相違点を見つけ、違いの理由を考える。

		㋩「N市の歌」を全く知らない T市民に「N市の歌」につい て説明してください。 ・「表現物」の説明に求められ る問いは、主として内容・意 図・成立経緯・評価などであ る。 ・㋒と㋓とでは、説明を求めら れる問いが異なる。	
3	○相手の状況に よって、優先 する問いが異 なることを理 解させ、相手 の状況をつか んで問いを想 定、選択する。	㋓「インフルエンザ」について 説明してください。 ・想定できる問いが多数、多様 なため、相手の状況によって それぞれの問いの重要度が異 なることに気付かせるのに適 している。	・素材「インフルエン ザ」の説明に求めら れる問いを概観す る。ただし同じ素材 でも想定する問い は相手の状況や要 求によって異なる ことに取捨選択を 通して気付かせる。
		㋕インフルエンザに絶対かかり たくないふせぐくんに説明す る場合 ・問いの中でも、予防策（予防 するにはどうしたらよいか） を中心に説明することが求め られる。	・列挙した問いの中 から、ふせぐくん の状況や要求に合 わせ、説明する問 いを選ぶ。
		㋖インフルエンザが治ったばか りで、なぜこんなにつらかっ たのかを知りたいなおこさん に説明する場合 ・問いの中でも、病気のメカニ ズム（なぜ病気にかかったの か。症状が出るのはどうして か）を中心に説明すべき。	・同様に、なおこさ んの状況や要求に 合わせ、説明する 問いを選ぶ。 ・相手の状況によっ て求められる問い の重要度が異なる ことに気付かせる。

第2項　授業の実際と学習者の反応

1　問いに答えるため問いの把握・想定の必要に気付かせる授業（第1時）
（1）指導目標

① 問いを把握し、過不足なく答えることが説明であると気付かせる。

② 問いが曖昧な場合には、相手の立場になって問いを想定すべきことを理解させる。

③ 問いの形式（「ど・・・○○なのか？」）を理解させる。

（2）授業の展開

第1単元「問い」…第1時の授業の実際

学習活動と学習者の反応	指導の手だて・考察
1　本時の学習課題㋐を把握する。	・問いの文型を示したカードは問いの形式の理解に有効であった。 ・学習者には「説明＝手順の説明（まず、次に）」だという思いこみからかcを選ぶ学習者がいた。 ・問いとその答えに当たる説明を、音読で問答することで、かみ合わない違和感やマッチする心地よさを実感していた。
㋐　コンパスを初めて手にした3年生の算くんに「コンパスはどんな役に立つか説明してください」と頼まれました。	
2　どの説明がよいか、ワークシートの4つの説明文から選ぶ。 　a…素材や形態を説明した文章 　b…機能を説明した文章（正解） 　c…円のかき方を説明した文章 　d…印象や感想を記述した文章 　・迷わずbを選択5／12名 　・cと迷ってからbを選択2／12名 　・迷わずcを選択3／12名 　・bと迷ってからcを選択1／12名 　・選択できず1／12名	
3　どれが説明として適切かについて話し合う。 　・dは絶対だめ。自分の気持ち、感想は、今はどうでもいい。 　・dだけは感想を書いていて説明になっていない。 T　じゃあ、abcはどれも上手な説明なの？ 　・aは、形とか何でできているかが書いてあるから違う。 　・でもbは説明っぽい。まず、次はという説明らしい言葉を使っている。 　・「どんな役に立つか」聞かれたのだから「こんな役に立つ」って答えないといけない。 T　問い役と答え（選択肢）役とに分かれて問答してみよう。	
4　本時の学習課題㋑を把握する。	
㋑　「凹凸」について全然知らない国ちゃんに「凹凸について説明してください」と頼まれた場合、「凹凸」の「何を」説明すればいいのだろうか。	

5 説明要求をつかみ、問いを立てるための話し合いをする。
　・これ（凹凸）何？絵？知らない。知らないのに説明できない。
　・知ってる。「でこぼこ」という漢字。漢字辞典で確かめられる。
T　そうだね。説明は、知っている人が知らない人にするものだからね。でも、知らないことでもこの人なら説明してくれるって頼られることもある。そういうときには調べて説明してあげる。
　・「コンパス」のは問いがあるけど、これは問いがない。こういう場合は何を説明すればいいかわからない。
　・「凹凸」を説明すればいいんじゃない。
　・だから、「凸凹」の何を説明すればいいか分からない。
　・凸凹を全然知らない人は何を聞けばいいかも分からないんだ。
T　そうだね。問いがないから、「凸凹」の何を説明すればいいか分からないね。このように相手が問いを出してくれないときには、説明する人が問いを考えるんだよ。
（1）各自、考えられる問いを書き並べる。
　　「問いのヒントカード」を参考にしながら問いを書き出す。
（2）想定した問いについて話し合う。
　・「『凹凸』は何と読むか」は知りたいよね。
　・「『凹凸』が漢字なら筆順も知りたいかも。
　・それなら問いは「『凹凸』はどんな順番で書くか」だね。
　・「『凹凸』は何年生で習うのか」はどう？
（3）列挙した問いに相手の要求を想定しながら優先順を付ける。
　・まずは、それは漢字だってことを説明しないといけない。
　・何年生で習うかは気になるけど、絶対要るわけでもない。

6　学習のまとめをする。
　○説明とは相手の問いに「答える」ことである。
　　だから、まずは、相手の問いをつかまなくて

・明瞭な問い㋐の直後に、曖昧な要求㋑を提示することで、両者の違いに気付きやすかった。（「これには問いがない！」）
・もし自分が相手だとしたら、何を説明してもらうと『凹凸』について分かるのかを考えるよう助言した。しかし中には、知らない対象に問いを立てるのが難しい学習者もいた。この場合、説明対象について何も分かっていない人は、問いも立てられないことを実感するには効果的だった。問いを立てるには説明対象についての一定の既有知識が要る。それは学習者も同様である。
・問いの文型が理解できない学習者には、「『凹凸』は漢字です。」という「答え」にあたる部分を提示し、これはどんな問いに答えたのかと問うた。すると「『凹凸』は何か」という問いを出すことができた。

はならない。（10 ／ 12 名）
○問いがはっきり示されなかったら、説明する
　人が問いを立てる。そのとき、相手が知りた
　いことを考える。（6 ／ 12 名）

問いのヒントカード

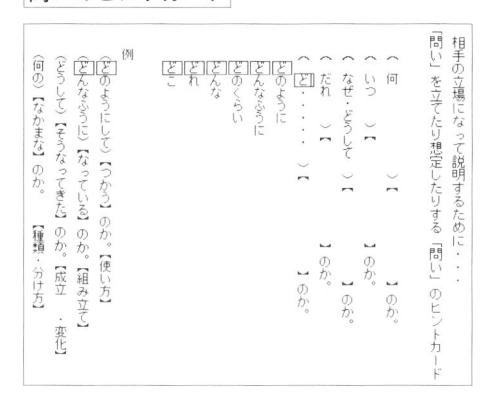

問いと答えとの整合の検討＆問いを立てるシート

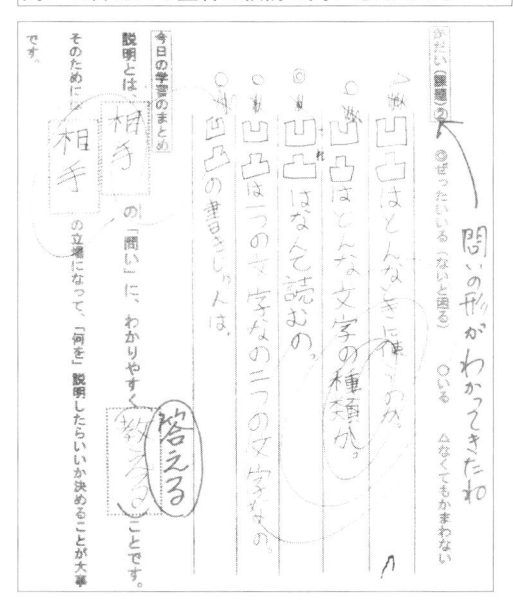

（３）指導目標を達成した学習者の反応

① 目標①を達成した学習者の反応例

　ア 「『うれしかったです』は自分の感想で、コンパスの説明には全くなっていない。」

　イ 「相手はコンパスが『どんな役に立つか』が知りたいのだから、円の書き方の説明は意味がない。」

　ウ 「『どんな役に立つか』って聞かれたのだから、『こんな役に立ちます』って説明しないといけない。」

　エ 「どういう共通点がありますかって聞かれたのだから、共通点を答えないといけない。」「わけを質問されたのに、それでは、わけになっていない。」など他教科の授業でも、問われたことに答えるべきだという意識が高まる。

　オ 算数科で、「どちらが何匹多いでしょう」と問いが２つあるような文章題に対し機械的に「24匹」と答えていた学習者が、、この場合、問いが２つあることに気付き、「うさぎが」「24匹多い」と２つの問いに不足なく答える。

　※ ア・イは、問いに対する答えの適切な答え方を指摘した例、ウ・エは他教科においても問いと答えとの整合性に敏感になって考えるようになった例である。

② 目標②を達成した学習者の反応例

　・ 明瞭な問いの直後に曖昧な要求を提示すると、「これ、問いがない。」と気付き、「相手は（説明対象について）全然知らないから何を質問すればいいかも分からないんだ。」「こういうときは、自分が問いを作らないといけない。」と反応する。

③ 目標③を達成した学習者の反応例

　・ 問いを挙げるときに、「問いのヒントカード」を参考にしながら問いを書き表す。

2　説明対象の特性をつかんで問いを想定させる授業（第2時）

（1）指導目標

① 説明すべき問いを想定するときには、説明対象を大まかにつかみ、それを念頭に置きながら列挙すべきことを理解する。

② 説明対象の素材の違いによって、要求される問いやそれらの優先が異なることを理解する。

③ 問いの型「ど・・・○○なのか？」を理解して使う。できれば概念語でまとめる。（例：どうして〜なのか→「〜の理由」、なぜその名前が付いたのか→「名前の由来」）

（2）授業の展開

第1単元「問い」…第2時の授業の実際

学習活動と学習者の反応	指導の手だて・考察
1　本時のめあてをもつ。	
説明しなくてはならない「問い」は何の説明でも同じだろうか。「孫の手」を説明する場合の「問い」と「Ｎ市の歌」を説明する場合の「問い」を比べよう。	
2　課題①を把握する。	
うちに遊びにきた友達、まあくん（4年生）が、部屋で「まごのて」を見つけました。まあくんは、不思議そうな顔をして、「こんなもの、見たことない。」と首をかしげています。まあくんに「まごのて」について説明します。	
（1）考えられる「問い」を書き出す。 （2）必要な「問い」について話し合う。 ・孫の手を実際に見ながら「問い」を想定する。 ・「これは何をするものか」（働き）は絶対要る。 ・「どれぐらいの長さか」「何でできているか」も、どの孫の手に共通するから説明したらいい。 ・それよりも孫の手っておもしろい名前だから「どうして『孫の手』というか」を説明するといい。	・数種類の孫の手（実物）を用意。何を説明すべきか、想定しやすかったようである。 ・前時の復習も兼ね、相手はそれについて全然知らないという条件下で、相手の立場になって、説明してほしい問いを思い付くだけ挙げさせた。

・孫の手を作った人は説明してもしなくてもいい。 3　課題②を把握する。	

> 　T市に住んでいる友達、やまさん（4年生）が「今、いろいろな市の歌を調べているんだけど、N市の歌のこと、全然知らないんだ。説明してくれないかな」と頼んできました。やまさんに「N市の歌」について説明します。

（1）各自考えられる「問い」を書きあげる。 （2）必要な「問い」について話し合う。 　・掲示してあるN市の歌詞を見ながら、説明すべき「問い」を想定する。 　・「どんな歌詞か」は絶対要る。 　・「歌詞はどんな意味があるか」も要る。 　・「どんなメロディーか」は言葉では分かりにくい。 　・「N市の歌は何番まであるか」 　・歌は「いつ誰が作ったのか」を知りたいと思う。 4　「孫の手」と「N市の歌」の課題で想定した「問い」を比べ、相違点を見つけ、理由を話し合う。 　・「孫の手」は道具だから、どんなときに便利か、どういう使い方をするのかが大事。でも「N市の歌」は歌うものに決まっているから「何をするものか」を説明しても意味がない。説明するものが違うから「問い」も違う。 　・「孫の手」は目で見えるけど、「N市の歌」は聴いたり歌ったりするものだから説明も違う。 5　学習のまとめをする。 　・「説明するときは、相手の知りたいことを考える」とまとめた学習者がほとんどであった。 　・説明する素材のことをつかんで、「問い」を想定する。また、素材によって求められる「問い」は異なる。	・学習者はそれぞれの表現で「問い」を挙げた。しかし、例えば「どんな役に立つか」「何のためにあるのか」「どういうふうに便利なのか」「なにをするための道具か」等は、すべて「働き（機能）」に集約できる。そこで、問いの文型で発表する際、それを概念語に言い換えるよう促した。適切な語句が浮かばないときは、論理語彙を豊かにするため教師が提示した。 ・問いの重要度を考えさせる場合、素材の特性を根拠とさせた。 ・上下に対比するように板書して、説明対象の素材の特性によって説明すべき「問い」が異なることを視覚的に理解させた。 ・本時の学習は4年生には「何を説明するかによって、説明する要素が変わる」という程度にまとめる。

説明対象による問いの違い発見＆概念語シート

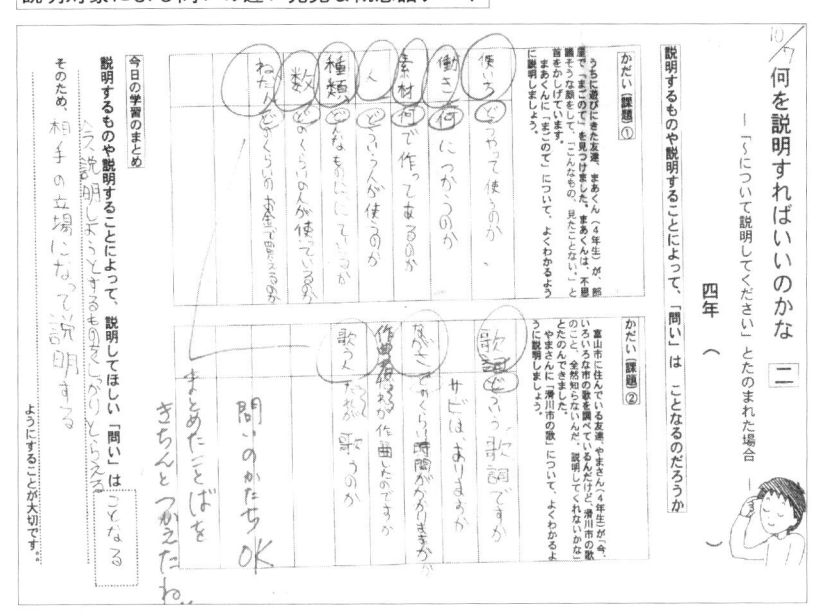

板書（説明対象による問いの違いを上下にして比較）

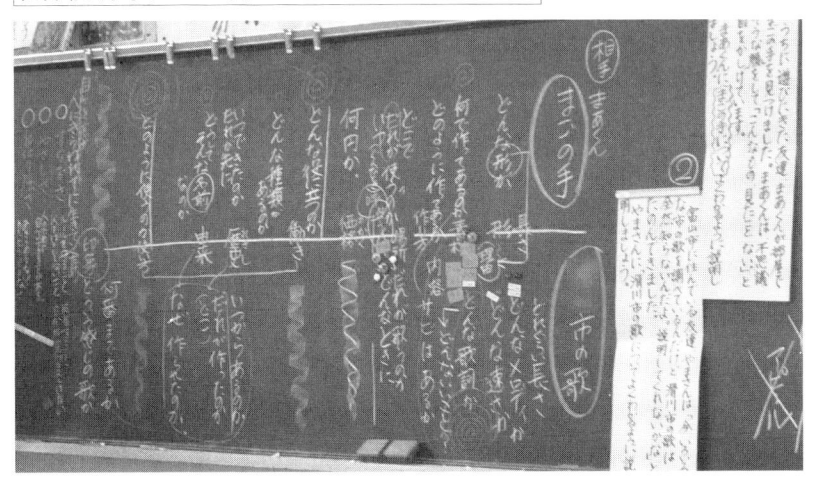

（3）目標を達成した学習者の反応例

① 目標①を達成した学習者の反応例

ア 「どんな歌詞か」「どんなメロディーか」など、Ｎ市の歌を念頭にお
きながら、説明すべき問いを想定する。

イ 「これは何をするものか」「どうしてそんな名前なのか」など、孫の
手を実際に見ながら問いを想定する。

② 目標②を達成した学習者の反応例

ア 孫の手は道具だから「何をするものか」を説明したほうがいい。

イ Ｎ市の歌は歌うものに決まっているから「何をするものか」を説明
しても意味がない。説明するものが違えば問いも違う。

③ 目標③を達成した学習者の反応例

ア 問いを書くべき欄に直接「答え」となる内容（「孫の手は木でできて
いる」）を書いていた学習者が、「問いのヒントカード」を参考にしな
がら「孫の手は何でできているか」と問いの文型を使うことができる
ようになる。さらに、学習者の中には「何でできているか」という問
いを「素材」という概念語で表した者もいた。

3　相手の状況に合わせて問いを想定させる授業（第3時）

（1）指導目標

① 説明すべき問いを想定するときには、相手の状況やそこから生まれ
る要求などを大まかにつかみ、それを念頭に置きながら列挙・選択す
べきことを理解させる。

② 相手の状況にかかわらず、詳細な説明に入る前に前提として説明す
べき問いがあることを理解させる。

（2）授業の展開

第1単元「問い」…第3時の授業の実際

学習活動と学習者の反応	指導上の手だて・考察
1　本時のめあてをもつ。 「〜について説明してください」と頼まれ「何を」説明するか決めるときには（前時説明するものがどんなものか、の他に）どんなことに注意すればよいだろう。 2　課題①を把握する。 「インフルエンザについて説明してほしい」と頼まれ、「問い」（説明要素）を考えてみました。ただし、説明できる要素は4つ程度と決められています。どれを選びますか。	
（1）各自、要素をつかむ。 　・これは「インフルエンザとは何か」だ。 （2）何を手がかりに選べばよいのか話し合う。 　・どれも大事そうな説明だから3つ選ぶのは難しい。自分だったら「インフルエンザにかかったらどうなるのか知りたいけど。この相手は何を知りたいのかがわからないと選べない。	・課題に対して「相手」と即答した場合、「どういう相手ならどうなのか」と問い返し、説明の目的と相手との関係を確認した。 ・質問を促すことで相手の必要を知るべきだという気付きに繋げることができた。
3　課題②を把握する。 　ふせぐくんは、この冬にインフルエンザが流行すると聞きました。ふせぐくんは、学校は休みたくないし、スキーにも行きたいし、苦しい思いをするのはいやだから、絶対にかかりたくないと思っています。ふせぐくんにインフルエンザについて説明するには、どれを選びますか。（4つ程度選択） 　なおこさんは、インフルエンザにかかり、高熱やせきなどに苦しみつらい1週間をすごしました。先日やっと治ったところです。なおこさんは、自分の体にあんなにつらい症状が出たのはどうしてかなと不思議に思っています。なおこさんにインフルエンザについて説明するには、どれを選びますか。（4つ程度選択）	
（1）状況が異なる相手ⓐとⓑの立場になって、ⓐに必要な説明とⓑに必要な説明をそれぞれ選択する。 （2）ふせぐくんへの説明に必要な要素を話し合う。 　・ふせぐくんは、かからないための予防策を知りたいってことだからⓒ・ⓓ・ⓔは説明して	・相手が説明してほしいであろう「問い」の数を限定することで、優先順位を付けるための判断基準（ここでは相手の状況）の必要性に気付いた。

あげたい。 ・力も対策になるから、ぜひ入れたい。 ・イ・ケは、二人ともに、要らない。 （３）なおこさんへの説明に必要な要素を話し合う。 ・自分がかかったわけを知りたいなおこさんには可が要る。 ・シはなおこさんが体験したことだから要らないと思う。 ・アは熱が出る理由だからいるよ。 ４　二人に必要な要素を比較し、違いが生じる理由を話し合う。 ・ふせぐくんは、絶対かかりたくないんだから、予防する方法を説明したらいい。インフルエンザという名前の由来を知りたいわけじゃないから、教えてもらってもいいけど、別になくても困らない。なおこさんはもう治ったのだからいまさら予防策を説明しても意味がない。熱が出たわけを説明してもらって納得したいはずだ。 ・相手（の状況）が違えば、説明することも違うんだな。 ・相手が本当に知りたいことを説明すると、相手はうれしいはず。 ５　二人ともに必要な、説明の大前提となる問いを見付ける。 ・アは、ふぜくにもなおこにも必要だ。 ・これを先に伝えると後の説明がしやすくなる。 ６　学習のまとめをする。 　説明する相手の状況を考慮して、相手が知りたいだろうことを「問い」として想定するようにする。	◎　どうしても入れなくてはならない（４つまで） ○　できれば入れる △　別に入れなくてもいい ・板書やワークシートでは二人を上下に対照させ、同じ素材であっても相手の状況や要求によって、説明すべき「問い」が異なることを視覚的に理解できるようにした。 ・相手の状況にかかわらず、この場合であれば、「アインフルエンザはウイルスによってかかる病気です」という説明が、その後の説明の前提として必要なことを理解させる。アをぬいて読んでみて、これがないと唐突な説明になることを実感させるようにした。

相手による想定すべき問いの違いに気付かせるシート

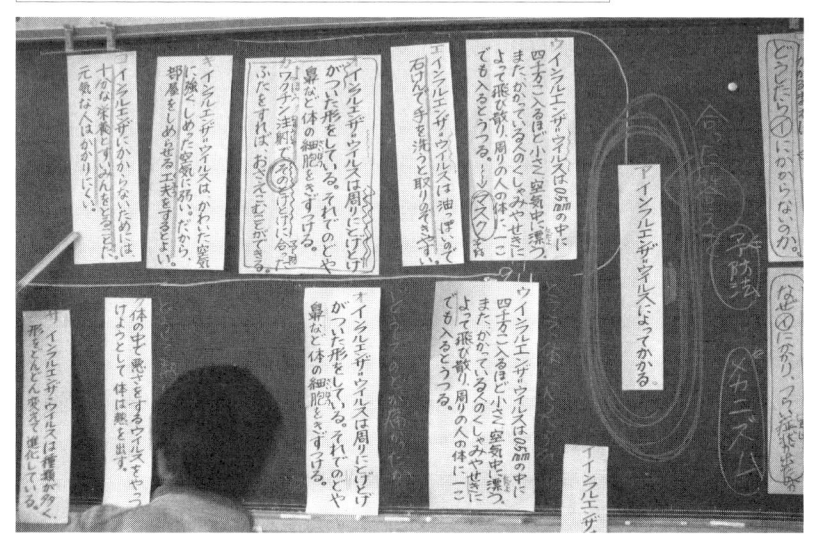

第3時板書（説明する相手による問いの違いを上下で比較）

（3）指導目標を達成した学習者の反応

① 目標①を達成した学習者の反応例

ア 「どれもインフルエンザの説明だから、4つ選ぶのは難しい。自分
だったらインフルエンザにかかったらどうなるのか知りたいけど。こ
の説明の相手が何を知りたいのかが分からないと問いを選べない。」
と相手の状況をつかむ必要性に気付く。

イ 「ⓐさんは、絶対かかりたくないのだから、予防する方法を説明し
たらいい。インフルエンザという名前の由来を知りたいわけではない
から、なくても困らない。ⓑさんはもう治ったのだから今さら予防策
を説明しても意味がない。こんなに熱が出たのはどうしてかを説明し
てもらって納得したいはずだ。」

ウ 「自分が知っていることではなくて、相手が本当に分かりたいこと
を説明してあげると相手は喜んでくれるはず。」

② 目標②を達成した学習者の反応例

ア 「アの『インフルエンザはインフルエンザウィルスによってかかる
病気である。』はその後どんな説明を続けるためにも必要だね。（説明
を展開していくうえでの大前提となる内容）」

イ 「アのような内容は、どんな状況にある相手にも必要だと思う。」

第2節　問いを把握・想定する能力を高める 指導の成果と課題

第1項　成果

　「問い」の形式理解と、「問い」の多様な想起・取捨選択・優先順位づけ
をさせる指導によって、相手の「問い」を的確に把握・想定した上で、そ
の「問い」について過不足なく「説明する能力」を育成することができる。

1　問いの形式に関する指導と成果

（1）問いはどのような形式で表されるのかを理解させる指導

（2）問い（例：どうして〜なのか、何のためか）を、項目や論理を表す
　　概念語（例：理由、目的）でまとめさせたり、概念語を問いの形式で
　　言い換えたりさせる指導

（3）列挙した複数の問いを説明項目に着目して分類させる指導

〈上記の成果〉

○　問いの形式の知識を使って、相手の問いを把握する。

○　説明項目や概念語が増え、問いを多面的に想定し、多様に挙げるこ
　とができる。

2　「問い」と「答え」の整合性に関する指導と成果

（1）説明は問いに答える責任があること、そのために問いをつかむ必
　　要があることを体得させる指導

（2）その記述は、どのような「問い」に対しての「答え」になってい
　　るのか、「答え」から「問い」を導き出させる指導

〈上記の成果〉

○　「問い」と「答え」との整合性を直感的に判断し、「問い」に応じよ
　うとする。

○　問いの形式の知識を使って、相手の問いを把握する。

3　相手や説明対象に合わせた問いの想定に関する指導と成果

（1）不明瞭な問いに対して、多様な問いを想起して列挙させる指導

（2）相手の状況から相手の要求を推測し、その上で問いを想定させる
　　指導

（3）相手の状況から、想定した複数の問いに優先順位をつけさせる指
　　導

（4）列挙した問いの中から、説明の前提となる問いを見付けさせる指
　　導

〈上記の成果〉

○　問いを発した相手やその要求を尊重しようとする。

○　説明内容となる「説明対象」の特性を想定する問いに反映しようとする。

○　問いには前提事項の確認や全体像の提示機能を果たすものがあり、先に位置付けるとよいことが分かる。

第2項　課題

1　問いの内容や背景を把握することの困難と意義

形式を見つけることは容易にできるが、その背景にある、なぜそれを説明してほしいのかを把握することは容易ではない。周囲の情報をできる限り集めて把握に努めたい。たとえ、十分集まらなくともそうした問いの背景を推測しようとする姿勢は相手のニーズに応じた分かりやすい説明につながっていく。

2　問いの形式と概念語を自由に置換するための語彙指導の必要

「なぜ」という問いは「わけ」「理由」「原因」「根拠」「根源」「状況」「意図」等、様々な概念語に置き換えることができる。概念語にすると同じ「なぜ」であっても何を問われているかを的確に絞り込むことができる。日常から様々な概念を表す語句を増やしていく指導を心がけけなければならない。

《参考》「問いを把握・想定する能力」を高める授業の有効性の検証

（1）問い（何が問われているか）を的確につかむ

当初、「孫の手は<u>どのように</u>使う<u>のか</u>」というような形式が理解できず、問いを立てようとしても「孫の手を背中に入れます」という書き方になってしまった学習者も徐々に問いの形式で書き表せるようになった。その際、「問いのヒントカード」が役立った。また、説明要素を概念語に置

きかえる活動により、「何の<u>ために</u>～か」は「目的」、「どうしてそんな名前がついたのか」とは「名前の由来」など、問いを概念語に変換できる学習者が増えた。

このように問いの形式に慣れていくことで、問いに敏感になり、説明的な文章を一読して問いを見出し、「この説明文は『問い』までが長いね。」「(文章から)『問い』が光って見える」などとつぶやく姿が見られるようになった。

（2）説明は相手の問いに答える活動だという構えが身に付く（＝「問い」と「答え」との整合性への意識が高まる）

第1時の適切な説明の選択、第3時の相手の状況に応じた問いの想定の学習を通して、どんなに上手な文章でも問いに答えていなければ、説明としては役に立たないことを理解した。こうした理解は、「相手が本当に知りたいことを説明してあげたら、相手はうれしいはず。」あるいは「説明はジコチュー（自己中心的）ではだめ。相手のことを考えないと。」という学習者の発言に表れていた。

また、こうした理解を実生活にも生かす姿が見られた。例えば、授業中の友達の発言に「それ、ずれているよ。今、先生は<u>困った理由</u>じゃなくて、<u>どうしたらよくなるか</u>を聞いているんだから、<u>解決の方法</u>を答えないとだめだよ。」などと問いに答えることを<u>互い</u>に促すようになった。

（3）明瞭な問いが示されない説明要求に対し自ら説明項目を立てる

1年前の調査では「じゃんけんのことを全く知らない人にじゃんけんについて説明する」という課題に、何を説明すべきか考えることなく、すぐに文章を書き出す傾向が強かった。ところが、授業実践後で、という同一調査課題記述前に取り組ませてみたところ、記述前に答えるべき問いを書き出し、それらに番号をふって記述した。

	記述の実際	考察
三年生（二月）のときの調査結果【学習前】	※　メモなしですぐに以下の記述をする。 【記述文章】 　じゃんけんは、グーとパーとチョキがあります。グーが石でパーが紙でチョキがはさみです。グーはパーにつつまれるから<u>負けます</u>。パーはチョキに<u>負けます</u>。チョキは紙を切れるからチョキはパーに<u>勝ちます</u>。チョキは石を切れないからグーに<u>負けます</u>。最初はグーで始めてパーチョキグーのどれかを出して勝負します。できるようになると楽しいです。	▽　記述前に計画的に「問い」を立て、見通しをもって説明しようという意識がない。 ▽　勝敗における三すくみの関係の表現形式が揃わない。［表現］
四年生（三月）のときの調査結果【学習して半年後】 本人には一年前書いた文章は見せない。以前に同じような課題に取り組んだ記憶がある。	※　以下のような<u>メモ</u>を書いてから記述する。 　1　じゃんけんは何か 　2　さいしょのことを言う 　3　グーチョキパーの手の形 　4　勝敗の決め方　あいこのとき 　5　おわり方 　6　何に使うか 【記述文章】 　じゃんけんは、手でする勝ち負け（勝負）のゲームです。 　まず、「最初はグー」と言って、五本の指をとじた形を作ります。<u>これ</u>をグーと言います。 　<u>そして</u>、「じゃんけんぽん」と言って、ポンの時にグーかパーかチョキのどれかを出します。グーは、さっき書いたとおりです。チョキは、人さし指を出して、親指と小指と薬指をとじた形です。パーは、五本の指を開いた形です。 　グーは石で、パーは紙で、チョキははさみです。グーはチョキに<u>勝って</u>、パーはグーに<u>勝って</u>、チョキはパーに<u>勝ちます</u>。同じものを出したら、「あいこ」といって、勝負がつくまでやります。 　じゃんけんは、例えば、残り物をだれがもらうか決めるときとか、順番を決めるときに使います。	○　大まかな内容（「問い」）を立て、順番を考えた上で記述し始める。計画的に見通しをもった態度が見られる。【問い】 ○　項目が段落の設定に反映されている。【表現】 ○　自分で挙げた項目の順序を批正する。【批正】 ○じゃんけんの説明に欠かせない以下の項目を説明する必要に気づく。 【認識】 　・かけ声 　・どんなものか 　・手の形 　・あいこの場合 　・どんな場合にするのか ○　先に全体像を示す必要があることを理解している。【問い・表現】 ○　<u>接続語</u>や<u>指示語</u>を使うようになる。【表現】 ○　「グー→チョキ→パー」の順が乱れない。【記述】 ○　勝敗における三すくみの関係を明快に記述できている。

（4）先に大前提の問いに答えるようになる

　「～について説明してほしい」のように総合的な説明を求められた場合には、「そもそもそれは何なのか」という前提となる問いに答えるべきである。例えば、「それは『孫の手』という道具である」「インフルエンザはインフルエンザウィルスがもとで起きる病気である」などで、それがないとその後の説明が成り立たない。

　授業を通して、前提となることは先に書くと分かりやすいことを学習した学習者（学習集団A）が書いた「じゃんけんの説明」では、12名中9名がまず先に「じゃんけんとはそもそも何なのか」を記述した（4学年末）。この9名には1年前（3年時）に、それを記述できなかった3名が含まれている。これは学習の成果と考えられる。参考までに、1年前、当時の4年生（1学年上の学習集団B）が同一の調査で、前提を先に記述したのは5名中いなかった。なお、この1学年上の学習集団Bに対し、1年後（5学年時）に同一調査をしてみたが、大前提となる説明を記述した学習者は11名中1名にとどまった。（授業はしていない）

「大前提となる説明」を先に記述した学習者数の変容		
	授業対象集団A	授業対象外集団B（1学年上）
3年時	0／3名	
4年時	授業で学習　9／12名 （3／3名　3年の際の被験者）	0／5名
5年時		授業なし　1／11名（1／5名）

　さらに、前提となる内容を記述する必要性への理解は、説明的な文章を読む学習場面でも見られた。「アップとルーズで伝える」（光村図書4年下平成17年度版）で「この文章で説明の前提となる内容を書いている部分はどこかな」と発問したところ、12名中8名の学習者が「アップとは…です。ルーズとは…です。」を抜き出し、「これをまず説明しないとアップとルーズの違いの説明はできない」と理由も述べることができた。

第9章　対象認識する能力の育成

第1節　対象認識する能力を高める授業

第1項　授業構想

（1）単元名

　　それはどうなっているのかな

（2）指導目標

　①　文章表現の前に、よく対象をつかむべきことを理解させ、客観的な構えを身に付けさせる。

　②　さまざまな思考法とその用い方を理解させる。

　③　認識したことをメモに整理する技能を高める。

（3）学習目標

　　整理メモを書いて説明するもの（こと）は、どうなっているのかをとらえよう。

（4）指導の指針

　　本単元は、「説明対象」を分析する際の適切な思考法の用い方や事柄の関係性を整理する図解の方法を理解させ活用させることを目指す単元である。対象認識手段・説明対象の特性・用いる思考法の3つの視点から、正確に対象認識する能力を育成することを目指す。

（5）単元の全体計画

第2単元「対象認識する能力を高めるための単元」の全体計画

時	高めたい能力	学習課題とその特性			主な学習活動
		学習課題	認識手段	思考法	
1	○説明には、正確な対象認識が必要であると理解する。 ○「見えるもの」に対し、観察による分析ができる。 ○整理メモの有効性に気付く。 ○目的と手段を関係付ける。	コンパスについての説明の分かりにくい原因を考える。 「孫の手」（道具）について説明する。	実物の観察	観点 因果	・対象認識をせずに書いた文章を読み、問題点を見つけて発表する。（自己批正する能力の育成） ・対象認識に必要な条件を考える。 ・孫の手を分析・統合する。
2	○比較の思考法を用いて説明対象の特徴を整理する。 ○多角的・多面的な観点をもって分析する。	「ころころ」と「ごろごろ」（擬態語）の違いを説明する。	用例分析	観点 比較	・多角的・多面的に複数の観点を設けて比較する。 ・比較した結果を整理メモに書く。
3	○分類の思考法を用いて対象認識する。 ○複数の観点をもち多面的に分析する。 ○ラベリングを使ったメモができる。	おでん・シチュー・はし・スプーン・フォーク・ようじ・大根など、16種類を教える。	対象のグルーピング	分類 （上位・下位）	・観点を設けて分類し、整理メモをする。 ・多様な分類方法を紹介し合う。 ・カテゴリーをさらに分けたりまとめたりする。
4	○条件を設定して事柄を整理する。 ○条件と条件下での結論をメモで整理することができる。	ある詩の空欄に入る助詞とその理由について説明する。	考えの客観的な思索	因果	・用いる言葉とその適切さや効果を客観的に分析する。 ・考えを整理するメモの仕方を話し合う。（自己批正する能力の育成）

第2項　授業の実際と学習者の反応

1　正確な対象認識の必要を理解させる授業（第1時）
（1）指導目標
　①　相手に役に立つ説明をするには、正確な対象認識が必要であること
　　に気付かせる。
　②　複数の具体物から共通する特性を選ばせることで一般化の思考法を
　　理解させる。
　③　目的と手段の関係（原因と結果）を整理させる。
　④　認識した因果関係を整理するメモの方法を技能として身に付けさせ
　　る。
（2）授業の展開

第2単元「対象認識」…第1時の授業の実際

学習活動と目標に照らした学習者の反応	指導の手だて・考察
1　本時の学習課題①に取り組む。	
①「コンパスとはどういうものか」を説明した文章を読んで、何が問題か考えよう。	
・分かりにくいなあ。どうしてこうなったのかな。 ・コンパスについてよく考えもしないで書いたんだ。 2　本時の学習課題②に取り組む。	・　思いつきで記述すると視点がずれたり大事なことが不明だったりして分かりにくいことを感得させた。
②「道具事典」の「孫の手」の説明を任せられたごうくんのメモを見て気づいたことを話し合おう。	
・「曲がっている」って、「どこがか」が分からない。 ・ごうくんのうちのことを説明しても意味がない。ぼくならそんなこと説明してもらわなくていい。 ・孫の手の場合、色は大事ではないと思う。 3　学習課題③に取り組む。	・　相手の理解こそが説明の目的だと意識させ、不適切な認識に基づく説明は、相手にとって迷惑、無意味であることに気付かせていった。 ・　孫の手の一般的な要素を

> ③「孫の手」はどんなものか実物を観察してとらえよう。とらえたことをメモしながら整理しよう。

・先が曲がっていて、細長い棒みたいだよ。 ・それはどんな形か見たんだね。 ・伸び縮みするよ。伸ばせばかなり遠くまで届くね。 ・この「孫の手」がそうなっているだけだ。 4　対象認識したことを関係付けながら整理してメモする方法やそのよさについて話し合う。 　・この矢印は、接続語に置き換えると「だから」だね。 　・こんなふうに図をかくと文を書くとき書きやすいね。 5　学習のまとめをする。 　・説明しようとするものをよく捉える。 　・捉えたことを書き出して整理する。 [事後の応用課題] 　・コンパスを対象認識し、整理メモを書く。	抽出していくために、次のような孫の手を見せ、共通点に着目しながら考えさせた。 ・　用意した孫の手 　□木製のシンプルな孫の手 　□ローラーがついた孫の手 　□収縮する孫の手 　□肩たたき用のゴルフボール付きの孫の手 　□プラスチック製の孫の手 ・　「それはどれかの孫の手のこと？すべての孫の手のこと？」「その形は何に関係するかな？」「働きに関係する特徴は何かな？」などと問い、どんな観点でどうとらえたかを自覚させた。 ・　特徴（形状）と機能（働き）の関係について、矢印を使って整理し板書することで、対象認識での思考を視覚的に自覚させた。

観察による対象認識シート（図解メモする）

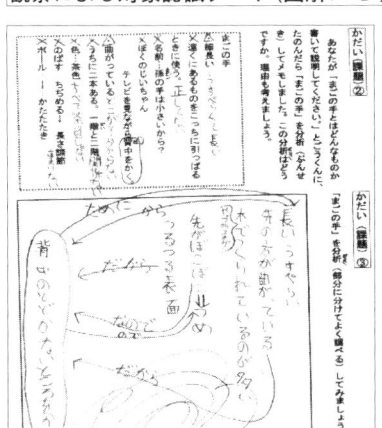

目的と形状の関係を矢印で表している。さらに、形状から働きに向かう左矢印は「だから」「ので」等に言語化し、働きから形状に向かう右矢印は「ために」等に言語化することができた。

同じ学習者による応用課題（コンパスを対象認識する）シート

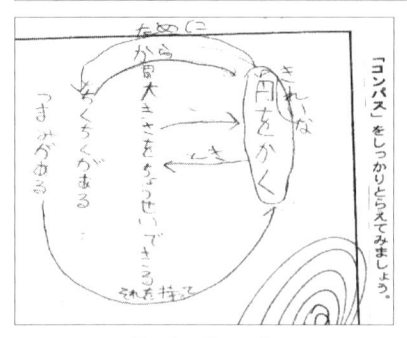

※　第1時の学習が生かされている。

（3）指導目標を達成した学習者の反応

① 目標①を達成した学習者の反応例

・ 「この説明、分かりにくいなあ。書く前に、何を書くかを決めないで書き始めたんだ。」

② 目標②を達成した学習者の反応例

ア 「自分のうちに孫の手が２つあるって説明しても意味がない。ぼくならそんな説明は要らない。」

イ 「孫の手がする仕事が大事。色はどうでもいいと思う。」

ウ 「ボールは全部には付いていない。でもここにある全部の孫の手は手みたいに曲がっている。」

③ 目標③を達成した学習者の反応例

ア 「孫の手の仕事は、背中の届かないところを掻くことだから、ちょうど背中に届く長さになっているんだ。」

イ 「平らでつるつるだから服の下にするっと入って掻きやすい。」

ウ 「竹尺も似ているけど先は曲がっていないから掻けない。」

④ 目標④を達成した学習者の反応例

ア 「『先が曲がる→かきやすい』とメモをする。この矢印は『だから』っていう意味」。「つるつると背中を掻くの間も矢印で繋がる。」

イ 「『反対向きの矢印（書きやすい→先が曲がる）』だったら、『そのため

に』という接続語になる。」

ウ　「こんなふうに整理されていると文を書くときすっきり書けそう。」

エ　「コンパスの分析もこのやり方でできる。道具はこのパターンで分析するといい。」

2　比較法を用いた対象認識とメモの仕方を理解させる授業（第2時）

（1）指導目標

①　比較するときは観点を同一にすることを理解させる。

②　比較法での対象認識した結果を整理するメモの方法に見通しをもたせる。

（2）授業の展開

第2単元「対象認識」…第2時の授業の実際

学習活動と目標に照らした学習者の反応	指導の手だて・考察
1　本時の学習課題を把握する。	
「ころころ」と「ごろごろ」との違いはどのようにとらえたらいいのだろう。	
2　6つの用例を「ころころ」「ごろごろ」のどちらが適切か、わけも加えながら話し合って分類する。 「ころころ」 　ア　つつみを開いたら、おむすびが□□□□転がり出た。 　イ　葉っぱの上の露が□□□□転がった。 　ウ　ピンポンの玉が□□□□転がってきた。 「ごろごろ」 　エ　山の上から岩が□□□□転がってきた。 　オ　箱の中からじゃがいもが□□□□転がり出た。 　カ　機関車の大きな車輪が□□□□動き始めた。 〈分けた理由〉 ・おむすびはころころだ。「おむすびころりん」っていうもん。 ・機関車の車輪は重そうにゆっくり動くから「ごろごろ」だ。 3　各自「ころころ」を使うときと「ごろごろ」を使うときの違いを分析する。 〈ころころ〉小さい・やわらかい・軽い・転がりやすい・つるつる	・比較した結果（ころころが合うかごろごろが合うか）のみを述べがちだったため、用例を仲間分けさせるという目的に立ち返らせ、そう分けた理由となる特徴を具体的に述べさせるようにした。 ・いくつも「語」の特徴が列挙されたところで、分けたその理由として「何に目を付けたのか」と発問した。学習者（本実践では4年生）に「観点」をとらえさせるには、このように具体から入ることが有効であった。そして、比較する際には同一観点で分析する必要を理

〈ごろごろ〉大きい・かたい・重い・転がりにくい・ごつごつ

4　分析の観点と結果を出し合い、整理メモを書いてみる。

T　(「ころころ」の対極に「ごろごろ」を板書する。)これは何に目を付けたのかな。

C　転がるものの形。

T　(「形」と中央に板書。)

T　どうして線で結んだか分かる?

C　反対の意味だから。セットだから。

T　こんなふうにセットを結んで真ん中に目の付け所を書こう。

C　大きい、小さいとは書くが「大きさ」(観点)は書けない。

T　これは何に目を付けたのかな。

C　大きさだ。

C　「ころころ」は速く転がって。「ごろごろ」はそれより遅く転がる。

T　「○○に着目すると、～は…。これに対し、～は…。」の文型を提示して、これを使って発表させる。

C　転がる速さに着目すると「ころころ」は速くて「ごろごろ」は遅い。

T　比べるとき、いろいろなところに着目することが大事だね。

5　学習のまとめをする。

　・右と左で比較すると違いが分かりやすいね。

|事後の応用課題|・「トントン」と「ドンドン」でも整理メモを書く。

・解させた。ただし、「大きい」「小さい」の観点が「小ささ」か「大きさ」かで悩む学習者もいた。

・比較の観点や結果が分かるよう、また、対応関係を視覚で捉えられるように板書し、学習者が自力で整理メモするときの参考にさせた。

・比較の対応関係が明確なメモを工夫している学習者がいたので取り上げた。

・違いの差の大きさを距離の遠近で表現することは4学年には難しかったので取り上げなかったが、高学年や中学生であれば可能と思われる。

・ここで、「○○に着目すると、～は…です。これに対し、～は…。」の文型を提示して、見つけた違いをこの文型を使って発表させた。

応用課題（トントンとドンドンの比較）シート

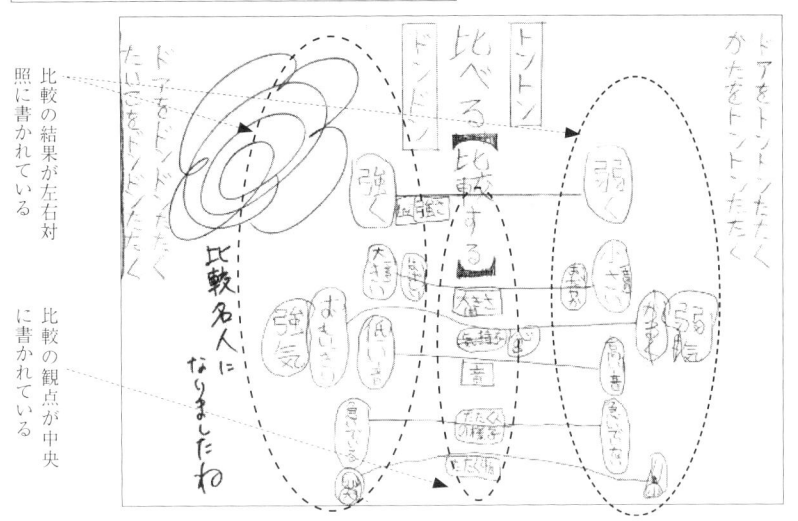

（3）指導目標を達成した学習者の反応

① 目標①を達成した学習者の反応例

ア 「大きい」と「小さい」を線で結ぶ。

イ 「がたがた」と「つるつる」の間に観点「形」とメモする。

ウ 「重い」があるその反対に「軽い」を書き加える。

② 目標②を達成した学習者の反応例

ア 「違いが右と左で見やすいね」

イ 応用課題で比較の観点とその結果を正しく整理して書いている。

ウ 対比した結果は、対義語を使い、左右に書き並べている。

3　分類法を用いた対象認識とメモの仕方を理解させる授業（第3時）

（1）指導目標

① 柔軟に分析の観点を思いつき、多角的・多面的に分類させる。

② 分類法での対象認識した結果を整理するメモの方法を理解させる。

③ カテゴリーに適したラベリングとその方法を理解させる。

（2）授業の展開

学習活動と目標に照らした学習者の反応	指導の手だて・考察
1　本時の学習課題を把握する。	

> ここにある 12 個のものを友達に分かるように整理して説明します。説明のメモを書きましょう。

2　たくさんのものは、どうすれば説明しやすいか話し合う。 3　分類する。 （1）一例だけ全員で考えてみる 例 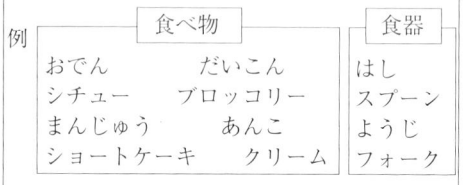 ・食べ物はもっと細かく分けられる。おでんは料理だし、大根はその中に入っているもの、まんじゅうとあんこもそう。 （2）他にはどんな分類が考えられるか各自整理メモをする。 （3）分け方と観点とラベルを、整理メモの仕方とあわせて発表する。 ・それらに「甘いもの」というラベリングをしたら、それ以外のグループも味でグルーピングしないとおかしいよ。甘いものだけグループにして、あとのスプーンも大根も同じグループにするのは変な感じがする。 ・食べ物と食器に分けて、食べ物の中身だけを甘いものとおかずに分けるのならいいと思う。 ・それなら甘いものではなく、おやつにするといい。 ・平仮名と片仮名にも分けられるよ。 ・同じわけ方だけど、ぼくは伸ばす音「ー」が入っているかどうかで分けた。 ・まとまった食べ物とその中に入っている材料とそれを使うときに使う物というセットを作った。	・無秩序に列挙されているものを説明するには、仲間分けをするとよいことについて生活場面を想起しながら気付かせた。 ・分類とはどうすることか、全員で一回分類をしてみたことで、全員が分類する方法を理解し、各自の考えでそのあと取り組むことができた。 ・整理するためのメモが書きやすい課題であるため、まずは各自にメモの仕方を考えさせるようにした。そして、学習者に板書させて、そのよさを話し合った。 ・整理メモの話題になった際には、「ラベリング」という用語を教え、まとめたものに見出しを付ける有効性を考えさせた。また、用語を話し合いで使うように促したところ、4 年生でもすぐに使えるようになった。 ・「○つのグループに分けます。一つ目は、◇のグループで、ここには△、△が入ります。二つ目は、◇のグループで、ここには△、△が入ります。」という文型を使って、分け方を発表させた。 ・一つのグループがさらに分けられたり、複数のグルー

4　分類の仕方は、相手の必要で基準が変わることを話し合う。 ・お母さんが整理するとすれば、この分類がぴったりだ。 ・２年生が文字の違いを学習するときにはこの分類だね。 5　学習のまとめをする。 ・たくさんのものをグルーピングするのはすっきりする。 ・目の付け方を変えると分け方も変わるね。 ・分けたものをまた分けられるのがおもしろい。	プが一つにまとめられたりすることも考えられる。これは上位と下位の思考法を学ぶ機会にもなる。 ・この場合は、それを整理メモで示させ、「これは、さらに、◇のグループと○のグループに分けられます。◇のグループには△と△が入り、○のグループには△と△が入ります」などの文型で発表させる。

分類を図解するシート

分け方を３通り示している。

分類したものを更に下位のカテゴリーに分けている。
　その際、包含関係を図解している。

グループごとにラベリングをしている。

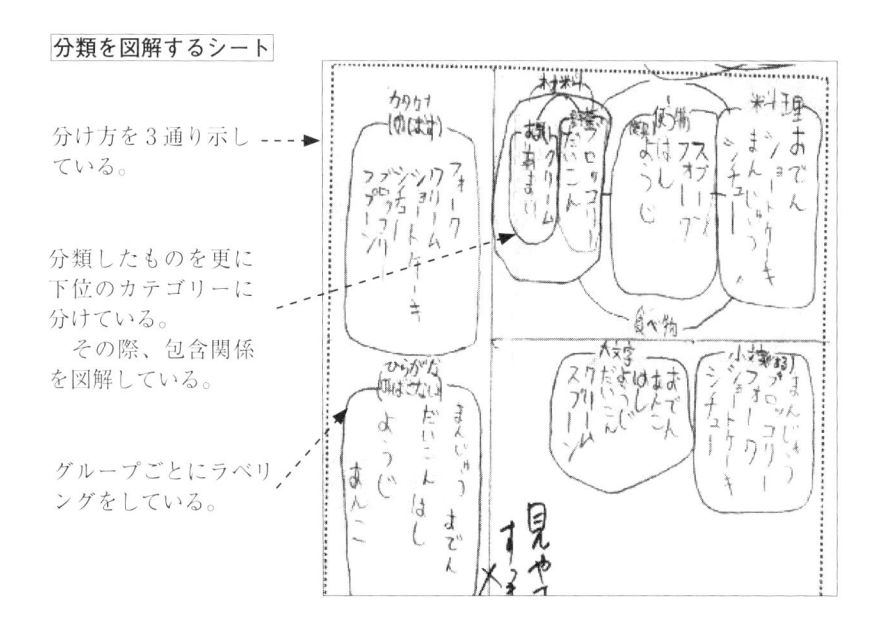

（３）指導目標を達成した学習者の反応

①　目標①を達成した学習者の反応例

　ア　同じ観点で分類するべきだと気付く。

　　　「それらに『甘いもの』というラベリングをしたら、それ以外のグループも味でグルーピングしないとおかしいよ。甘いものだけグ

ループにして、あとのスプーンも大根も同じグループにするのは変な感じがする。」

イ　分け方が同じでも観点が異なることがあることに気付く。

　　「平仮名と片仮名と同じわけ方だけど、ぼくは『一』（長音）が入っているかどうかで分けた。」

ウ　分類の多様さに気付く。

　　「分けるっていっても、いろいろな分け方ができるんだね。」

②　目標②を達成した学習者の反応例

　　ア　枠で囲った中身をさらに枠で囲む。（グルーピング）

　　イ　枠の上にはどんな仲間かを示す言葉を書く。（ラベリング）

③　目標③を達成した学習者の反応例

　　ア　上位のラベルと下位のラベルが付けられることに気付く。

　　　　「食べ物と食器に分けて、食べ物の中身だけを甘いものとおかずに分けるのならいいと思う。」

　　イ　並列するラベルは同一観点で対比的に付けるべきことに気付く。

　　　　「それなら甘いものじゃなくて「おやつ」にしたらいい。」

4　条件を設定して対象認識する方法を理解させる授業（第4時）

（1）指導目標

①　浮かんだ考えをすぐ書き始めずに、考えを整理する必要性に気付かせる。

②　理由がはっきりしない場合に条件付けて考えをもつ方法を理解させる。

③　条件づけた事柄のメモの方法に見通しをもたせる。

（2）授業の展開

第2単元「対象認識」…第4時の授業の実際

学習活動と目標に照らした学習者の反応	指導の手だて・考察
1　考えはあるのに、それをうまく伝えられなかった経験について思い出す。 ・算数を友達に教えていたとき、式は分かるけどなぜそうなるのか説明できなかった。 ・どう考えたのか、ノートに書くようにした。	・　せっかくの考えが誤解されたり伝わらなかったりするもどかしさを味わった経験を発表し合うことで課題意識を高めた。また、その理由を問い、自分はどう考えたかを一度整理する必要に気付かせた。

> 理由がはっきりしないときどう考えを整理すればいいのだろう。

2　詩を読み、叙述の空欄①と②に「も」「は」のどちらを入れるか考えをもつ。 ・これは今日の天気が分からないけど、天気を決めれば何が入るか決まるね。 ・ぼくの考えは、①は「も」、②は「は」だな。 ・ぼくの考えは、①は「は」、②は「も」だな。 ・わたしの考えは、①は「は」②は「は」だな。 3　各自メモを書いて自分の考えを整理する。	てるてるぼうず あした　てんきになるように　① あした　ざんざかふるように　② 江口あけみ

例1　「も」　○→○　のときつかう
　　　「は」　○→△　のときつかう

今日の天気	①いくちゃん	②あまがえる
☂雨	「こそは」☀	「も同じ」☂
☁くもり	「こそは」☀	「こそは」☂
☀晴れ	「も同じ」☀	「こそは」☂

・　問いを把握したり考えをもったりすること自体難しい学習者には、指導者が個別に対話し、考えを明確にできるように支援した。

・　分析したことを「整理メモ」にしておくと、次の「記述段階」で役立つことを示した。その際、第1時で、「だから」を矢印に、矢印を「だから」に置き換えたことを想起させた。

4　整理したメモとそのよさを話し合う。

例2　今日は雨　→明日こそは　今日とは違って晴れてほしい
　　　　　　　　→明日も　今日と同じように雨がふってほしい

・　表を用いる場合には上段は何で、下段は何なのかを問うことで明確な意識で整理させた。

　・「→（矢印)」で「〜たら〜になる」ということが表せる

・　学習者に実際に黒板で、矢印や

・表で整理すると天気がどうならどうかということがよく分かる。 ・いくちゃんに「晴れがすき」、あまがえるさんに「雨がすき」って書けばもっと分かる。 ・　すべての場合の天気を整理できた。 5　学習のまとめをする。 ・整理するとすっきりわかる。 ・じっくり考えないとメモは書けない。 ・メモを書いていたらアタマがすっきりした。	位置関係等その意図を語らせながら「整理メモ」をかかせた。これにより、メモによって考えが整理されることに気付いていったようである。まねて書いてみる学習者も増えた。 ・　分析によって分かった事柄とそれらの関係という見えにくい思考を視覚的に分かるよう板書で整理して示した。 ・ここでは「かりに○○だとすれば・・・・」という文型を提示し、これを使って発表させた。

考えを図解で整理

学習者が黒板にかいた図解メモ　　　　学習者の行ったまとめ

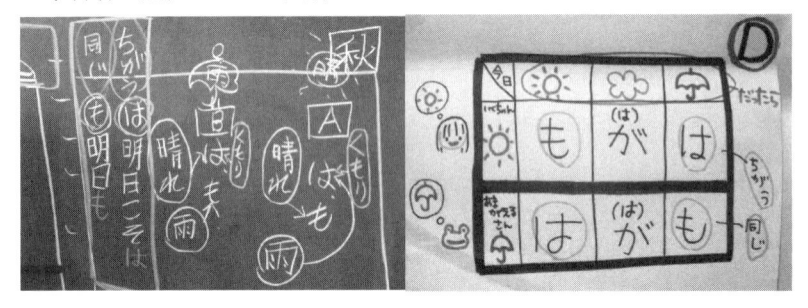

（3）指導目標を達成した学習者の反応

①　目標①を達成した学習者の反応例

ア　授業後、すぐに書き出さずに、何らかのメモをし整理しようとする姿が見られるようになる。

②　目標②を達成した学習者の反応例

ア　「これは今日の天気が分からないけど、天気を決めれば何が入るか決まるね。」

イ　「かりに○○だとすれば・・・・」という文型を適切に用いて考えを発言する。

③　目標③を達成した学習者の反応例

ア　条件とその条件下での結論を整理するよさに気付く。

　　・「『→』で『〜たら〜になる』ということが表せるね。」

　　・「表にすると天気がどうなら何が入るかがよく分かる。」

　　・「いくちゃんのところに『晴れがすき』、あまがえるさんのところ
　　　に『雨がすき』って書けばもっと分かるよ。」

　　・「すべての天気の場合を書いているのがいい。」

イ　理科の学習で予想を立てるとき、表を使ったり矢印を使ったりし
　　て、条件とその条件下での結論を関係付けてメモできるようにな
　　る。

第2節　対象認識する能力を高める指導の成果と課題

　適切な思考法を用いて、事柄や事柄相互の関係性を多面的・客観的
に分析し、それらを整理するためのメモを書かせる指導をすること
で、正確に認識した説明対象を相手に忠実に伝えようとする「説明す
る能力」を育成することができる。

第1項　成果

1　対象認識手段の選択に関する指導と成果

○　観察・調査・思索・他者の説明などから、相手の要求や説明対象や
　　自分の状況等に応じた適切な対象認識手段を選択させる指導

〈上記の成果〉

○　書く前にまず対象を捉えようとし、そのための認識手段をいくつか
　　思い付いたり最適なものを選ぼうとしたりする。

2　対象認識の保持に関する指導と成果

（1）説明者の責任から、対象認識の必要性を自覚させ、確かなこと不確かなことを識別させる指導

（2）自分の個人的な主観は排し、客観性を保つことの大切さに気付かせる指導

〈上記の成果〉

　　○　ある事実や思いこみなどの特殊と一般とを識別しようとする。

　　○　対象認識をできるかぎり正しく行おうする。

3　思考法に関する指導と成果

（1）説明対象の特性や問いに合わせた観点で対象を分析させる指導

（2）問いに応じた思考法（比較・分類・理由付け・一般化等）を用いて、事柄を関係付ける指導

（3）様々な思考法とそれにふさわしい文型を用いて対象認識させる指導

〈上記の成果〉

　　○　思考法の用語を理解し、使おうとする。

　　　（例：比べる、まとめる、分ける、例える、あてはめる、仮に〜する、着目する、取り上げる、具体的にする等）

　　○　説明対象の一番大事なこと、本質的な事柄を落とさずに対象認識しようとする。

　　○　思考法への関心が高まり、進んで用いようとする。

4　整理・関係付けのためのメモに関する指導と成果

（1）分析した事柄同士を整理したり関係付けたりするために、紙面上の位置・矢印・囲み等を活用しながらメモを書かせる指導

（2）適切な文型を与え、メモによって認識した関係性をより明確にさせる指導

〈上記の成果〉

　　○　計画的に紙面を使い、囲み、矢印、分岐、対置、表等で、構造的に

メモする。

○　説明の文型の論理的な心地よさを味わい、進んで使おうとする。

第2項　課題

1　説明対象の難易と思考法の難易を考慮した題材開発の必要

発達段階を加味して、思考法指導を行うべきであるが、これに関しては、学習者にとっての説明対象の難易も考慮すべきであり、単純に「比較」は低学年、「一般化」は高学年…という配置ができるものではない。説明対象になじみがあれば低学年でも一般化の思考が働くだろうし、高学年でこそ取り組ませる複雑な内容を比較させるもあるだろう。

2　自分の対象認識を確かにするために図解するという意識

指導者対象アンケートによると「図を補助資料として提示しながら説明する」ことは、国語科だけでなく他教科・他領域でよくなされているようである。しかし、自分が対象認識するために、試行錯誤しながら図解の仕方を考えることはあまりされない。今回の授業でも、きれいに仕上げたいという学習者の意識が強く感じられた。美しく整えた結果としての完成の図解ではなく、悩みながらかく思考の過程としての図解が役に立つという意識をもたせる必要がある。

3　図解モデルを教師の板書で教示

図解が有効であるということは理解できても、すぐにできるわけではない。学習者はそれほど図解の方法を持ち合わせていないからである。このように経験の少ない学習者にとって、最たるモデルは普段の教師の板書である。「思考を促す構造的な板書」、「思考過程が見える筋道のある板書」が求められるが、これが、まさに対象認識の際の学習者の手がかりとなる。板書の工夫を、結果として見せるだけでなく「このような意図でこう図解した」と解説をすると有効であろう。久恒啓一（2005・2003）[1]、西村克己（2002）[2]、竹内元一（2003）[3]、永山 嘉昭（2003）[4]らが図解の仕方を解説している。

《参考》「対象認識する能力」を高める授業の有効性の検証

（1）すぐに文章を書き出さないで、対象認識しようとする。

（2）思考に関する用語を使えるようになる。思考法を理解し意識的に用いるようになる。

　前述のような授業をきっかけに、学習に関する用語として、「比較する」「共通点」「分類する」「具体例」等の思考に関する用語を常時掲示して、意識的に繰り返し指導をするように心がけた。その結果学習者は、様々な説明場面で思考に関する用語を使うようになった。例えば、算数で「ａの四角形とｂの四角形を辺の長さに着目して比べてみると、４本とも長さが同じってところが共通している。」と思考に関する用語を用いたり、理科で「金属が熱しても膨らまないのなら熱する前と同じようにこの輪を通るはずだけど、通らなかった。熱した後通らないということは熱で膨らんで大きくなったことになる。」と筋道立てて書いたりする姿である。

（3）対象認識したことをメモで整理しようとする。

　1年前の調査（じゃんけんの課題）では、勝敗関係を図解することがなかった学習者が、授業実践後には、右のように勝ちから負けへという意味付けをした矢印を使って、三者の勝敗関係を図解している。文章でも勝ち負けの仕組みが乱れることなくすっきりと説明できているが、この明快な図解が支えたと考えることもできる。

〈事例〉 Ｔ児の学習前（３年生）と学習後（４年生）の説明の文章の変容
「じゃんけんについて」

【学習の半年前】　３年生（２月）のときの調査結果

　じゃんけんは、グーとパーとチョキがあります。グーが石でパーが紙でチョキがはさみです。グーはパーにつつまれるから負けます。パーはチョキに負けます。チョキは紙を切れるからチョキはパーに勝ちます。チョキは石を切れないからグーに負けます。最初はグーで始めてパーチョキグーのどれかを出して勝負します。できるようになると楽しいです。

　※　メモ欄に何も書かずに記述する。

　▽　記述前に、落ち着いて対象認識しようという意識がない。

▽　「グー→チョキ→パー」の順が乱れる。【記述】

▽　勝敗における三すくみの関係の表現形式が揃わない。対象認識段階での関係性の整理が曖昧なことも原因だと考えられる。

【学習の半年後】４年生（３月）のときの調査結果

前にこの課題に取り組んだことだけはＴ児の記憶あった。本人には一年前に書いた文章は見せない。

※　メモ欄に右のような図解メモをかく。

じゃんけんは、手でする勝ち負け（勝負）のゲームです。

まず、「最初はグー」と言って、五本の指をとじた形を作ります。これをグーと言います。

そして、「じゃんけんぽん」と言って、ポンの時にグーかパーかチョキのどれかを出します。グーは、さっき書いたとおりです。チョキは、人差し指を出して、親指と小指と薬指を閉じた形です。パーは、五本の指を開いた形です。

グーは石で、パーは紙で、チョキははさみです。グーはチョキに勝って、パーはグーに勝って、チョキはパーに勝ちます。同じものを出したら、「あいこ」といって、勝負がつくまでやります。

じゃんけんは、例えば、残り物をだれがもらうか決めるときとか、順番を決めるときに使います。

○　３要素の三すくみ関係が図解で整理されている。

そのため、「グー→チョキ→パー」の順が乱れず、勝敗における三すくみの関係を明快に記述できている。

じゃんけんの勝敗の三すくみの関係について何らか図解をした学習者		
	授業対象集団Ａ	授業対象外集団Ｂ（一歳年上）
３年生時	１／３名	
４年生時	授業で学習　８／12名 （３／３名　３年時の被験者）	０／５名　被験者
５年生時		授業なし　４／11名 （３／５名）

※（　　）内は一年前に調査対象になった同一学習者に着目した場合

【注】

1　久恒啓一『図で考えれば文章がうまくなる―「図解文章法」のすすめ』（2005PHP研究所）

　　久恒啓一『仕事力を高める図解思考術―〈思考力・企画力・伝達力〉が飛躍的にアップする―』（2003永岡書店）

2　西村克己『図解する思考法』（2002日本実業出版社）

3　竹内元一『図解表現の技術が身につく本―すぐに使えるビジュアル資料作成のノウハウ満載』（2003PHP研究所）

4　永田豊志『頭がよくなる「図解思考」の技術』（2009中経出版）

第10章　文章表現する能力の育成

第1節　文章表現する能力を高める授業

第1項　授業構想

（1）単元名

　　相手がすっきりわかるためにはどう書けばいいのかな

（2）指導目標

　①　目的に合わせ事実と感想を区別して内容を選ぶ必要に気付かせる。

　②　過不足のない項目（まとまり）の設定を考え判断させる。

　③　構成（相手の理解の道筋に配慮した順序付け）の必要を理解させる。

　④　結論先行型の記述ができるようにする。

　⑤　適切な例の挙げ方とその書き方を理解させる。

（3）学習目標

　　相手がすっきり分かる説明の文章の書き方を考えよう。

（4）指導の指針

　　本単元は、明解に説明するための文章表現の能力を高める単元である。相手の問いをいかに的確につかんでも、対象をいかに正確に認識しても、適切に文章に書けないと「分かりやすい説明」は実現せず、相手を理解させられない。それまでのプロセスが水の泡になる。そこで、本単元では4年生という発達段階も考慮し、第1単元や第2単元で用いた題材も用いながら、文章表現する能力を身に付けさせる。ただし、テクニックの一方的な伝授に終わらないよう題材を工夫したり、学習者の気付きを促すような課題提示をしたりする。そうすることで、文章を書く技能が分かりやすい説明に必要であることを実感させる。

（5）単元の全体計画

第3単元「文章表現する能力を高める単元」の全体計画

時	高めたい能力	説明の文章表現に関する指導内容			題材	条件	主な学習活動
		記述方法や文型 ※1	思考法 ※1	適切さ ※2	説明対象	相手条件	
1	○目的に合わせ事実と感想を区別して内容を選ぶ必要を理解する。○「説明書」を簡潔に書く。	・箇条書き。・ナンバリング。・見出しの設定。・常体に統一。	順序	アイウオソ	べっこうあめの作り方	相手 べっこうあめを作りたい人 条件 箇条書きを使う	・書く目的と文種の確認。・箇条書き。・見出し付け。・「材料」と「準備物」等の見出しの語句の吟味。
2	○過不足のない項目（まとまり）設定とそれらの適切な順序付け。○構成（相手の理解の道筋に配慮した順序付け）○「問い」ごとに段落を設けて書く。（一段落一内容）	・とは～のことだ(定義)・～ので(理由)・～ために(目的)	因果・一般化（定義）	アエオクケシ	「ノーゲームデー」について	相手 他の小学校 条件 5段落（「問い」は5つ）	・問いを設定する。（5項目に限定）・相手の理解に応じて順序付ける。・問いに合わせて段落を設けて記述する。・友達と問答する。（自己批正の能力の育成）
3	○理由と結果の文型の活用。○結論先行の原則。○対象の特性に応じる必要。○字数制限内での内容選択や使用語句の判断。	・そのために・～ので・～だから・～である。	因果・一般化（定義）	イウエオス	「孫の手」について	相手 1・2年生 条件 「道具事典」の項目の記述（50字以内）	・課題条件を把握する。・対象認識を想起する。・記述する。・結果と理由、どちらを先行するか考える。
4	○比較の文型を活用。○共通点と相違点の書き分け。○分かりやすい例の挙げ方。	・○○に着目すると・～は～なのに対して	比較・具体化	エキクコ	ころころとご	相手 外国の人 条件 観点は2つ 用例を示す	・示す例の選択基準を吟味する。・記述する。・例はどこに位置づけるか吟味する。

| 5 | ○適切な文の書き方や語句の選び方。
○認識し、関係を整理したメモを記述に生かす。 | （例示） | ろごろの違い | ・黒板に示した記述を問答する。
（自己批正の能力の育成）
・文型を示す。 |

※1 「思考法」…当該の説明をする際の対象認識に必要であり、文型にも関わる。第4章（表4-2）参照。
※2 「適切さ」…文章表現に求められる分かりやすさに関わる要素。ア〜ソは第5章（表5-2）の記号を指す。

第2項　授業の実際と学習者の反応

1　事実と感想を区別して材料選択し、要点を箇条書きで記述させる授業（第1時）

（1）指導目標

①　説明の目的に応じて、必要な事柄を選び整理できるようにする。

②　見出しやナンバリングを用いながら箇条書きで簡潔に書くことができるようにする。

③　常体で表す簡潔さに気付き、適切に用いることができるようにする。

（2）授業の展開

第2単元「文章表現」…第1時の授業の実際

学習活動と学習者の反応	指導の手だて・考察
1　提示した文章はべっこうあめを作ったときの感想であることをつかむ。 2　学習課題をつかむ。	・「べっこうあめを作ったときの〔　　　〕」という題を提示し、〔　　　〕に合う言葉を考えさせ、感想を伝える文章であることを確認した。
べっこうあめを作ったときの感想を、学級の友達がそれを読んでべっこうあめを作ることができるよう「べっこうあめの作り方を分かりやすく教える説明書」に書きかえよう。	
3　目的、相手、自分に与えられている条件を明確にし、分かりやすい説明書を作成するためにはどんなことが必要か話し合う。	・書こうとする説明書には、どんな説明要素を入れたらいいか検討させる。その際、「学級の友達が、それを読んでべっこうあめを作ることが

4　感想文の中の事実と感想とを読み分け、色別のサイドラインを引く。 ・「おもしろかったです」は感想だ。 ・感想はまだ書いてあるよ。作り方を説明するときは感想は必要ない。削っていい。 ・「砂糖を入れ・・・割りばしでかき混ぜました」は、「したこと」を教えているだけだ。 5　材料と準備物を抜き出す。 6　作る手順を４段階で箇条書きする。 ・作る順番が正しくないと説明が役に立たない。 ・「まず」「つぎに」「あとは」に着目すると３段階なのに、４つの箇条書きになっている。どれを２つにわけたらいいのかな。 ・順番ごとに番号を付けるのなら、「まず」「次に」…はいらないね。 ・「つけてできあがりです」が「つける」になっているよ。それじゃあ、「まぜる」にそろえた方がいい。 7　説明書を書き上げ、互いに読み合う。 8　学習のまとめをする。 ・同じべっこうあめについて書く文章でも、目的が違うと書き方が変わるんだな。 ・説明書は、大事なことを短く整理して書くといいんだね。	できるようにする」という目的に立ち戻って考えるよう助言した。 ・材料と準備物（用具）を区別させた。 ・手順については、「まず」「次に」「あとは」という接続語に着目させ、３段階にまとめさせる。また、書く目的と照らし合わせ、それを時間の順に並べなければならないことに気付かせた。 ・感想文の接続語に着目すると３段階に分けられるが、箇条書きは４段階になっている。「まず」以降は、２文あることに着目させて、手順をまとめられるようにした。 ・調査問題※では①と④がすでに箇条書きにされているが、本時では④だけを残し、①は考えさせた。 ・箇条書きにする際には、敬体の例と常体の例を提示し、それを比較させることで、目的に適していると思う方で考えさせた。 ・目的に応じた表現様式で書くことの大切さを中心に学習のまとめをさせる。 ※　この授業で用いた教材は、平成19年度全国学力・学習状況調査小学校国語Ａ問題⑧をもとにしている。

事実と感想の識別のための書き換えシート

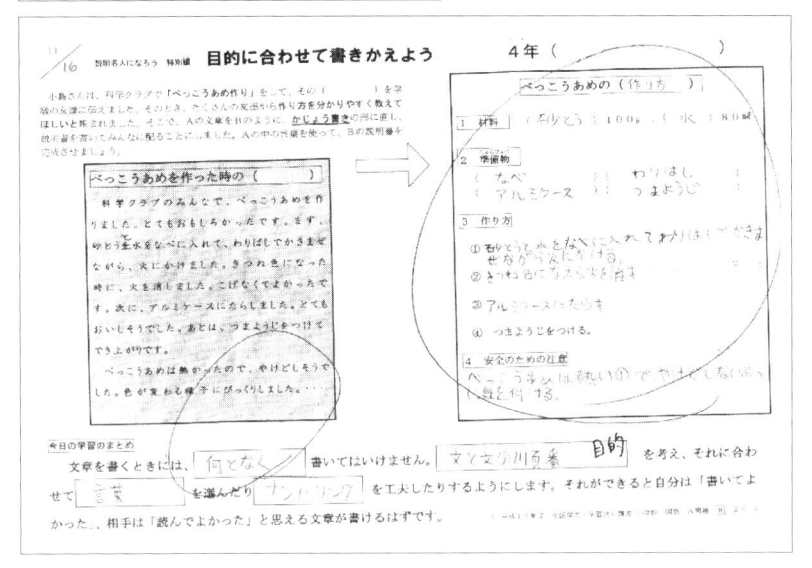

（3）目標に照らした学習者の反応

① 目標①を達成した学習者の反応例

ア　「『おもしろかったです』は感想だ。作り方を説明するときは感想は
　　　いらない。削ってもいい。」

イ　書き換え前の文章を事実と感想に区別する。

② 目標②を達成した学習者の反応例

ア　「材料」、「準備物」という見出しに着目して、材料と準備物を分け
　　　て書く。

イ　「作り方は、順番に書かないとべっこう飴がうまく作れないね。」

ウ　「番号があるんだから、『まず』、『次に』という言葉はいらない。」

エ　「読みながら作るんだからなるべくすっきり短く書くようにしよう。」

③ 目標②を達成した学習者の反応例

ア　「『つける』に合わせれば、『垂らす』だね。」

イ　「それに、そこにいる人に話をしているんじゃないんだから『垂ら
　　　します』より『垂らす』って短く書いてある方が読みやすい。」

2 相手の理解の道筋に立って説明すべき事柄に順序をつけさせる授業(第2時)

（1）指導目標

① 説明対象にあった適切な問いを設定し、それらを相手の理解の道筋に立って順序を付けさせる。

（全体から部分への順、因果の順、成果と課題の順　など）

② 一段落一内容で、問いに対応して段落を設けて文章を書けるようにする。

（2）授業の展開

第2単元「文章表現」…第2時の授業の実際

学習活動と学習者の反応	指導の手だて・考察
1　学習課題を把握する。	
となりのK小学校の人に、ぼくたちのH小学校で10月から始めた「ノーゲームデー」について知りたいと頼まれたので、文章に書いて説明することになりました。説明しなくてはならないのは、どんな「問い」でしょうか。ステージⅠ（問いを立てる）の学習を思い出して考えましょう。ただし、「問い」（「ど・・」の問い）は5つまでにしましょう。また、それらはどんな順番に並べたらよいでしょうか。	
1　「問い」をあげる。 ・いつやっているかも説明すべき。 ・どうしてそういうのを始めたかもいるね。 ・どんな効果があるかも説明すればいい。 2　挙げた問いを5つに絞る。 ・何年生が一番がんばっているかは別にいらない。 ・ノーゲームデーとはどんなものかを説明しなきゃ。これは、絶対いる。 ・「ノーゲームデーは好きじゃない」とか、「みなさんもやったらいい」は感想だから要らない。 3　5つの「問い」を順序付ける。 ・ノーゲームデーとはどんなものかは最初に書く。 ・ノーゲームデーって何のことだか分からないのだから、それはどういう日なのか、まず、先に書く。	・「問い」を把握・設定する学習を想起させるために、第1単元のワークシートを見直しさせた。また、以前に使った「問いのヒントカード」も活用させた。 ・学習者が挙げた「問い」を5つ取捨選択する際、問いの詳細な分析は本時のねらいではないため、教師の方でリードしながら合成したり分解したりした。(例　「いつやっているか」＋「何回やっているか」→「どのようにやっているか」) ・「問い」を概念語にできる学習者にはさせてみた。例「何のために」→「目的」 ・問いの並べ替えはカードを使って可動的に行わせ、相手の立場に立ちながら試行錯誤させた。 ・「問い」と「答え」の照応の整合性

・もしかしたらだいたい分かっている
かもしれないけど、ゲームってどん
なゲームなのか、ノーの意味を分
かってもらってから、次の説明に進
まなくてはならない。
・どうしてそういうのを始めたかを分
かってもらってから、決まりの内容
を書けばいい。
・どんな効果があるか、とか、問題も
あるってことは、付け加えだから、
ノーゲームデーのことをいろいろ分
かってもらった後で書くといい。
4　「問い」と段落を照応させながら
　各段落を記述する。
・並べた順番に段落を作って書こう。
・段落は内容のまとまりだから、その
　方が読む人がすっきり分かるね。
5　本時の学習をまとめる。
・ワークシートの空欄に適切な語句を
　書き込む。

の見直しには、「作文カンファレン
ス」の手法（木村正幹 2008）を用
いて、ペアで問答させた。
・目的を表す語句「〜ために」、理由
を表す語句「〜ので」、定義を表す
文型「〜とは・・・である」を使え
そうな文型例として示した。
・必要となる対象認識内容はメモとし
て書き出し、学習者はそれを使って
文章を書いた。（対象認識は本時の
ねらいではないため）

問いごとの段落設定シート

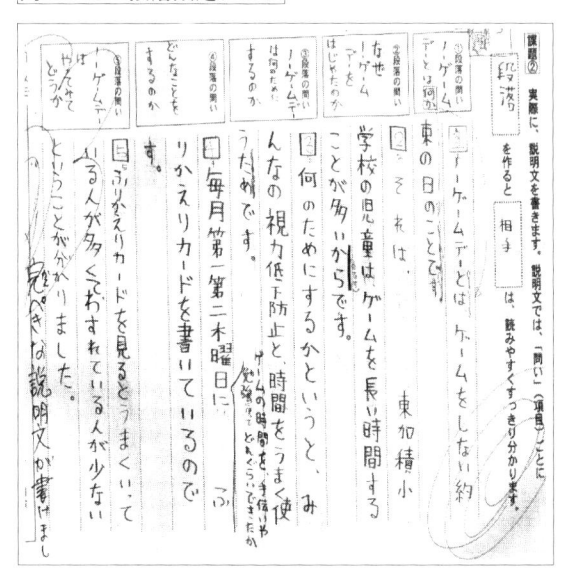

> 　「ノーゲームデー」とは、Ｈ小学校で決めたゲームをしない日のことです。
> 　「ノーゲームデー」は、Ｈ小学校の児童はゲームを長い時間する人が多いことが分かったので、作られました。
> 　目的は、以下のとおりです。
> 1　視力の低下を防ぐこと
> 2　ゲームに使っていた時間を勉強・運動・読書・手伝いなどに使うこと
> 　毎月第1・2木曜日、帰宅後してから寝るまでの間、ゲームをしないで、かわりに勉強や運動や読書や手伝いなどをして過ごします。毎回できたか振り返りカードも書いています。
> 　守っている人がほとんどで時間をうまく使えるようになっていますが、忘れてゲームをしてしまう人も多く、それが問題です。

（3）目標に照らした学習者の反応

　① 　目標①を達成した学習者の反応例

　ア　「ノーゲームデーって何のことだか分からないのだから、それはどういう日なのか絶対に書かなくてはいけない。まずは、それを先に書く。」

　イ　「もしかしたらだいたい分かっているかもしれないけど、ゲームってどんなゲームなのか、ノーの意味もはっきり分かってもらってから、次の説明をしなくては分かりにくいと思う。」

　ウ　「どうしてそういうのを始めたか、そのきっかけを分かってもらってから、決まりの内容を書けばいい。」

　エ　「どんな効果があるか、とか、問題もあるってことは、付け加え見たいことだから、ノーゲームデーのことをいろいろ分かってもらってから、その後で書くといい。」

　② 　目標②を達成した学習者の反応例

　ア　上段に挙げた問いに対する答えを下に文で書いていく。

　イ　それぞれの問いに対応する文章ごとに一つの段落をつくるために、適切に改行できる。

3　結論（結果）先行型の説明を書かせる授業（第3時）

（1）指導目標

①　結果先行の分かりやすさを理解させ、結果とそれを支える原因の順
で書かせる。

②　結果と原因の関係を「そのために」等の接続語を用いて書くことが
できるようにする。（「○○は・・・です。そのために・・となっています。」）

③　原因の部分に取り上げて書く内容を結果に対しての重要性を吟味し
て厳選させる。

（2）授業の展開

第2単元「文章表現」…第3時の授業の実際

学習活動と学習者の反応	指導の手だて・考察
1　学習課題を把握する	
クラスのみんなで『身のまわりにある道具事典』（小学生用）を作ることになりました。「孫の手」について、「35文字×3行以内」、「2段落」の文章を書いて説明しなければなりません。どのような文章を書けば、すっきり分かってもらえるでしょうか。実際に書いてみましょう。	
2　事典には、どんな「問い」にこそ応えて書くべきか2段落という条件に合わせて、各自「問い」を挙げ、2つに絞る。 ・どうしてそんな名前なのか ・どんなことをするものか ・どのようになっているのか ・どんな役に立つかは絶対いるね。 3　各自、2つの項目の順序を決定し、記述する。 ・前に書いた「整理メモ」を見直して書こう。 ・実際に文章にするのは難しいな。 ・制限字数があるから調整しよう。 4　書いた文章を吟味する。 ・2つの問いはどちらを先にすべきかなあ。	・事典の記述という設定で字数制限し、語句や内容を吟味させた。 ・機能の説明と形状の説明を別のまとまりとして表現させるため「2段落」という条件を提示した。また、別にすることで、2段落目の文頭に、両者の関係を示す接続語を使わせるようにした。 ・学習者が挙げた「問い」をを2つ選択する際、問いの詳細な分析は本時のねらいではないため、教師がリードしながら適宜合成したり分解したりした。（例　「どんな形か」＋「どれぐらいの長さか」→「どのように作ってあるか」） ・大前提として、これは「孫の手」という名前の道具であることを説明すべきだと考える学習者がいた。そこで、「孫の手」という名前については事典の見出しとして示されているため不要なことを確認した。 ・第2単元（対象認識の学習）で「孫の手」を認識した「整理メモ」を使って書かせ

・「孫の手」は道具だから、相手にはまずどんな仕事をするのかを分からせた方がいい。 ・どうなっているかより、まずはどんな仕事をしているか書く方が分かってもらえる。 ・「そして」よりも「そのために」の方がそうなっている理由だとわかる。 ・「～で、～で、～で、～です」はだらだらだ。 5　文章を完成させる。	た。その際、矢印を「だから」や「ために」置き換えたことを使って記述するよう促す。 ・相手が「孫の手」についてすぐ分かるのは、以下２つの順序のうちどちらかを吟味させ、説明では結果先行方の方が原則的によいということに気付かせた。 　　a　機能（結果）→「そのために」→形状（理由） 　　b　形状（理由）→「だから」→機能（結果） ・「そのために」の有無による分かりやすさの違いを実感させるため、「そのために」がある記述とない記述を比較音読させた。また、「そして」ではどうか問いかけ、「結果と理由の関係」を表現するための「そのために」という接続語を用いるとよいことを理解させた。

目指す文章例

> 「孫の手」は、自分の背中の手が届かないところをかく道具です。
> 　そのために、長さは五十センチぐらいの平たく細長い板のようなものでできています。先は、手首が曲がったような形になっています。

（３）目標を達成した学習者の反応

① 　目標①を達成した学習者の反応例

ア 　「孫の手は、長いとか曲がっているとかを先に分かってもらおうとしても、どうしてそうなっているのか分からないから、孫の手は背中をかく道具だって先に書かないとだめ。そうしないと、また最初の方に戻って読まなくちゃいけなくなる。」

イ 　「発表するときも意見の次にわけを言う方がいいって言われる。それと似ている。」

② 　目標②を達成した学習者の反応例

ア 　「『そのために』が合う。」

イ 　「手の届かないかゆいところをかくためにってこと。」

③　目標③を達成した学習者の反応例

ア　「つるつるなことよりも、長さが大事。ちょうどいい長さだからかける。」

イ　「先の方が掻くときの手と同じで曲がっていることも大事。」

ウ　「ボールが付いているのもある。」のようにおまけには「も」を付けて書く。

順序付けと記述のシート

問いを上に書く。ただしその順序は相手の立場に立って検討させる。

問いと記述を上下で対応させる。問いごとに段落を作り、その順を検討しながら記述していく。

字数制限（マス目）を設けて簡潔に書かせる。

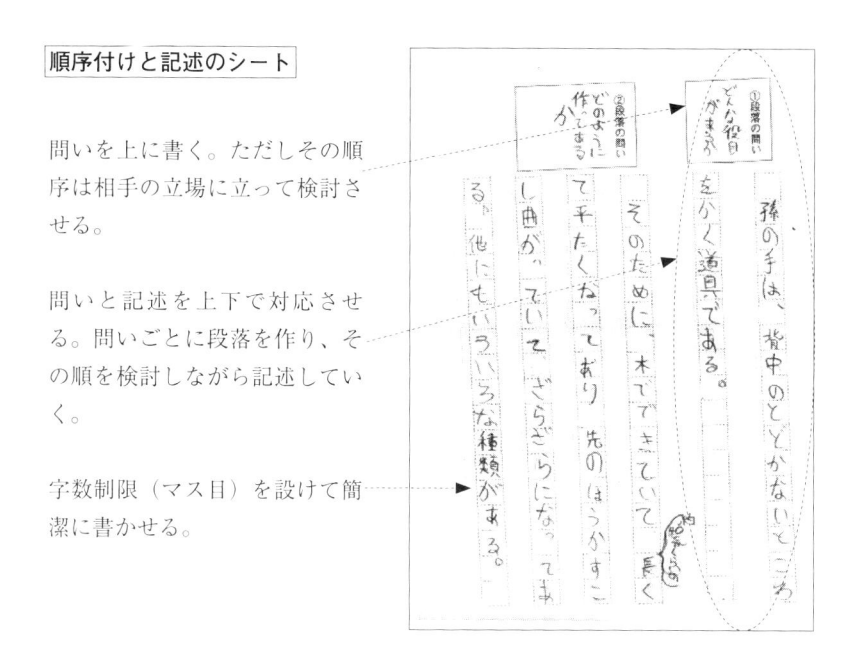

4　例を示す効果と適切な例の条件に気づかせる授業（第4時）

（1）指導目標

①　違いを説明するには、違いの中でも大きな違いを示すとよいことを理解させる。

②　例を挙げて説明することの効果を理解させる。

③　例は説明したい内容の典型かつ、相手にとって既知でなじみ深いものが望ましいことに気付かせる。

（2）授業の展開

第2単元「文章表現」…第4時の授業の実際

学習活動と学習者の反応	指導の手だて・考察
1　ころころとごろごろの違いは何かを確かめ、それを説明する際どうすれば分かってもらえるか話し合う。 ・一番違うのは転がる物の大きさだよ。 ・でも、運動会の大玉は大きくてごろごろって音じゃないから重さも大事だと思う。形の違いはあまりはっきりしない。 T　「説明するものはどうなっているのかな」の勉強したとき、大きさと重さが違うって言っていたね。 ・でも、ただ「大きさや重さが違います」って書いてもからない。それだけ書いても分からない。 ・どんなふうに使うか「例えば」って例を書けばよく分かる。	・対象認識段階の整理メモを見直し、両者の相違点は多様にあるが、その中で最も差異のはっきりした観点を選んだ方が、違いの説明としては適切であることに気付かせた。 ・用例の選択肢には以下のものを挙げた。

ころがる様子を表す「ころころ」と「ごろごろ」という言葉の違いについて、外国の人に分かってもらうために、例を挙げながら説明します。どんな例を挙げるとよいだろうか。

2　例から用例として最適のものを一つずつ選択する。また、それを選んだ理由について話し合う。 ・ピンポン玉（C）の文をころころの例に出して、岩（a）の文をごろごろの例に出せばいい。ころころとごろごろは、転がる物の重さと大きさが一番違っている。だから、ピンポン玉は軽くて小さいし、岩は重くて大きいし全然違うもの同士の例を出せばいいと思う。 ・ごろごろは岩が一番分かりやすいと思うけど、ころころはピンポン玉よりおむすびの方がいいと思う。どんなに外国の人でも、おむすびのことは知っているはず。「おむすびころりん」は有名だから。 ・「一番違うのは転がるものの重さと大きさ。ちょっとの違いより大きな違いのある方が違いを分かってもらえる。」 ・「岩は大きいにも当てはまって重いにも当	┌ころころ┐ A　つつみを開いたら、おむすびがころころ転がり出た。 B　葉っぱの上の露が、ころころ転がった。 C　ピンポン玉がころころ転がってきた。 ┌ごろごろ┐ a　山の上から岩がごろごろ転がってきた。 b　箱の中からじゃがいもがごろごろ転がり出た。 c　機関車の大きな車輪がごろごろ動き始めた。

てはまるから、ごろごろの例にするとい
い。反対に、小さくて軽いピンポン玉を、
ころころの例にするのがいい。
・でも、おむすびよりピンポン玉の方が軽い
よ。それにまんまる。おむすびは三角形も
あって分かりにくい。
・ピンポン玉は外国の人でも知っているはず。
　4　提示された文型を参考に、説明する文
章を書く。
　5　本時の学習をまとめる。
・例を挙げると分かりやすい。
・例にはその特徴がはっきりしたものがよい。
・例には相手がよく知っているものがよい。

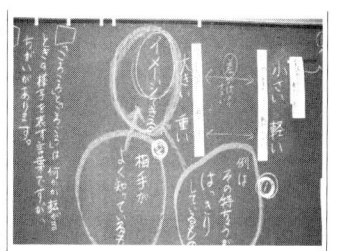

目指す文章例

　「ころころ」と「ごろごろ」は、どちらも連続して転がる様子を表すことば
ですが、違いがあります。
　例えば、このように使い分けます。
　「ろうかにピンポンの玉がころころ転がってきた。」
　「山の上から岩がごろごろ転がってきた。」
　例からも分かるように、転がるものの大きさに着目すると、「ころころ」が
比較的小さいものなのに対し、「ごろごろ」は比較的大きいことが多いようで
す。
　また、重さに着目すると、「ころころ」が比較的軽いのに対し、「ごろごろ」
は比較的重いです。さらに、転がるもの形に着目すると、「ころころ」が球の
形であるのに対し、「ごろごろ」は比較的凸凹した形が多いようです。

（3）目標を達成した学習者の反応

　①　目標①を達成した学習者の反応例

　ア　「ころころとごろごろは、転がる物の重さと大きさが一番違ってい
　　　る。ちょっとの違いより大きな違いのある方が違いを分かってもらえ
　　　る。」

　②　目標②を達成した学習者の反応例

　ア　「ただ『大きさや重さが違います』って書いてもそれだけではよく

分からない。「どんなふうに使うか『例えば』ってよく書いてある。例を書けば、そういうときに使うんだなってよく分かる。」

③　目標③を達成した学習者の反応例

ア　「ピンポン玉（C）の文をころころの例に出して、岩（a）の文をごろごろの例に出せばいい。ピンポン玉は軽くて小さいし、岩は重くて大きいし、全然違うもの同士の例を出せばいいと思う。岩は大きくて重いから、ごろごろの例にするといい。」

イ　「ピンポン玉より、おむすびの方が知られている。例は相手がイメージしやすいのがいい。『おむすびころりん』の昔話があるから、みんなよく知っていると思う」

5　違いを対照的に説明する記述の仕方を身に付けさせる授業（第5時）

（1）指導目標

①「△に着目すると、○は〜なのに対して、□は〜である。」のような対照的な表現を用いて書くようにさせる。

②　例示の際は、「例えば」「例を挙げると」等の接続語を用いて書くことを理解させる。

③　対応する内容は形式を揃えて書いた方が明快であることに気付かせる。

（2）授業の展開

第3単元「文章表現」…第5時の授業の実際　「自己批正」する能力を付ける授業として設定

学習活動と学習者の反応	指導の手だて・考察
ころがる様子を表す「ころころ」と「ごろごろ」という言葉の違いをはっきり比べながらせつめいするときには、どう書けばいいのだろう。 《条件》　①　説明する違いはころがるものの大きさと転がる物の重さにする 　　　　　②　ころころをごろごろの用例をそれぞれ一つずつ示す。	
1　提示文例のどういう書き方が分かりにくい原因になっているのか、見付けて、話し合う。	・「△に着目すると、○は〜なのに対して、□は〜である。」 ・学習者に気付かせたい要素「例示を

・例なのに「など」って書いてないからその時だけに思える。
・順番にルールがない。「ころころ」が先だったり、「ごろごろ」が先だったりする。
・接続語が使ってないから、ばらばら感じがする。
・「だ」より「である」の方がいい。
・最初の文は長すぎる。短く分けたほうがいい。
・例は最後よりも初めに書いてある方が相手はイメージしながら読める。

2　自分で記述を批正する。

示す語句」「比較する両者の表現形式をそろえる」などの課題を含んだ文例を作り、提示した。

検討の対象にした教材文

ころころとごろごろは、連続して転がって、ずっと坂とかを転がっていく様子を表す言葉で、ちがいがあって、ちがいはいくつもあって、ここで、一つの観点で説明します。大きさは、「ころころ」はピンポン玉が転がるときに使っ「ごろごろ」は岩が転がるときに使います。重さです。ごろごろは、転がる物が重いです。それに、ころころは転がる物が軽いです。廊下に、ピンポン玉がころころ転がってきた。山の上から岩がごろごろ転がってきた。

文章を自己批正（推敲）するシート

問題点を書き込む

批正の方針を書き込む

修正案を書き込むる

（3）目標を達成した学習者の反応

① 目標①を達成した学習者の反応例

ア　提示した文型に内容を適切に当てはめて、文章中に用いる。

② 目標②を達成した学習者の反応例

ア　「岩はごろごろころ転がります、だったら、岩のときだけごろごろ
　　を使うと思われてしまう。」

イ　「ほかにもあるけど、一つ例をだすよっていうことが分かるように
　　しないといけない。」

③ 目標③を達成した学習者の反応例

ア　「まず、どちらも転がる様子を表す言葉だと分かってもらった方
　　が、違いのことを説明しやすい。」

イ　「ころころとごろごろでは、と書いたんだったら、ころころをいつ
　　も先にして、ごろごろは後にするという順番にそろえたらいい。」

ウ　「『大きくて重い』の反対は『軽くて小さい』ではなくて『小さくて
　　軽い』だ。」

第2節　文章表現する能力を高める指導の成果と課題

第1項　成果

> 　対象に含まれる事柄や事柄相互の関係性を適切に表現することの必
> 要性や文章表現の方法を、構想レベル・記述レベル等で指導すること
> により、相手をより確かな理解にたやすく導くための「説明する能
> 力」を育成することができる。

1　条件把握に関する指導と成果

与えられた条件（分量、項目制限等）を把握させ、意識し続け、最終的
に守れたかを振り返らせる指導

〈上記の成果〉

○　条件は守るべきこと、条件内で分かりやすく書く努力をすべきことが分かる。

2　選材に関する指導と成果

相手の必要に応じて内容を取捨選択する判断基準の指導、不必要なことは思い切って捨てる指導

〈上記の成果〉

○　自分本位ではなく相手の立場に立って内容を取捨選択しようとする。

3　構成に関する指導と成果

（1）相手の理解や素材の特性に応じて項目を順序付ける指導

（2）説明では、結論→理由、全体→部分の順が分かりやすいことを理解させる指導

（3）「問い」ごとにまとまりを作り、それに合わせて段落を設ける指導

（4）見出しを用いる指導

〈上記の成果〉

○　結論や全体像を示してから、詳細な説明に入ることのよさが分かり、構成の際に生かす。

○　文章の組み立てを考える際に、俯瞰的なとらえ方でまとまりを考えようとする。

4　記述に関する指導と成果

（1）思考法に応じた文型を用いて書く（形式の論理と内容の論理を合わせる）指導

（2）関係性を表す接続語（同類の働きをする接続語を分類したもの）を提示し、複数から選んで使わせる指導

（3）一文を短くする指導（1文を2文にするなど）

（4）事柄に対する説明者の判断のレベルに応じた文末表現を提示し、選んで使わせる指導（～にちがいない、～のはずである、きっと～だろうおそらく～だろう、～の可能性がある、～かもしれない等）

（5）関係を正しく適切に示す助詞の指導

（6）箇条書きを用いる指導

（7）対照的に説明するときは、言語形式をそろえる指導

（8）対象と相手の理解にふさわしい語句を選んで用いる語彙指導

〈上記の成果〉

○　目的に応じた形式をとる必要性が分かり、箇条書き等を利用しようとする。

○　接続する語句が増える。適切さに使えるようになる。

○　関係を表す語句や文型を知識として増やす。

〈その他の成果〉

○　文章で説明することへの抵抗感が減ったり、知的な文章表現への憧れが高まったりする。

○　文章で説き明かした達成感・充実感を味わい、文章表現への自信をもつ。

○　書くことで認識が深まることを実感する。

○　文章表現する際に整理メモが効果を発揮することを実感する。

第2項　課題

1　説明を書く必然性

　説明が生活上の実の目的を伴わない課題もあったため、せっかくその有効性に気付いて用いた技能も、実際に相手をどれほど効果的に理解させられたかを実感させられなかった。国語科で指導するときには、できる限り実在する相手を設定し、その人に役に立つ説明をさせたい。

2　分かっていても文章には書けない学習者

　対象認識段階で図解したり話型を示して話していても、説明する文章を書く機会が少ないため、いざ文章化すると抵抗を示したり整理されない文章を書いたりしてしまう学習者がいた。指導者の中には、説明の技術指導を無味乾燥とする捉えも見られた。しかし授業ではどう書くのか書き方を具体的に示すことで見通しがつき、意欲的に記述を始める場面も多かった。技術の教示とその活用の機会を増やす必要がある。

3　使えそうな語句や文型の積極的提示

　指導者が感じている学習者の課題の中でも最も多かったものの一つは「語彙不足」である。この指摘は学習者自身が自覚する悩み、「言葉が思いつかない」と一致する。しかし、実際の説明表現指導では、どんな言葉が適切かは自分で考えさせようという傾向がある。実施した授業で、文型の提示を行ったが、それを学習者は歓迎していた。もっと数多く提示するべきであったと思われる場面さえあった。今後は、与えることに躊躇せず、今書こうとしている説明に使えそうな文型や語句を学習者に積極的に提示し、選択させて使わせる指導が必要である。

第11章　自己批正する能力の育成

第1節　自己批正する能力を高める学習活動

第1項　自己批正のための活動の構想

（1）自己批正のための活動

　説明のプロセスを側面から支える自己批正する能力を高めるための学習活動を自己批正のための活動とする。ここでは、説明のプロセスの中に自己批正のための活動を適宜取り入れていく。

（2）指導目標

　相手の立場になり、一連の思考・判断・表現を吟味する能力を高める。

（3）学習目標

　この説明で読んだ相手は分かるかチェックしよう。

（4）指導の指針

　自己批正する能力は、説明のプロセスを側面から支える能力であるため、この能力育成だけを目指した単独の単元は設定せず、説明する能力を高める授業の中に自己批正する活動を意図的に取り入れて指導することとする。

　「自己批正」する能力は、本来、自分が自分の行った思考・判断・表現を批正するために発揮する能力である。これを高めていくには、批正の必要や観点についての気付きを外言化させたり、他者と視点を交流させたりしなくてはならない。

　授業中に行う批正の対象としては、以下3通りが考えられる。

　A　自分自身の思考・判断・表現を吟味させる。

　B　互いに思考・判断・表現を吟味して交流させる。

　C　教材における架空の説明者の表現から思考・判断を推測させる。

（5）　学習活動の設定計画

　前述の第1単元、第2単元、第3単元の授業の中に取り入れた「自己批正」の活動を以下の表に示す。

自己批正する能力を高めるための学習活動の設定計画

単元	時	高めたい力	題材	学習活動
第1単元 問いの把握・想定	第3時	問いの想定が相手の要求に合っているかを批正する能力	インフルエンザ	要求の異なる二人の相手に応じた「問い」を選択する。
第2単元 対象認識	第1時	対象認識が正確なものかを批正する能力	孫の手	対象分析の不適切な部分を指摘する。
	第4時	対象認識の整理の仕方（整理メモの書き方）を批正する能力	自分の考え	整理メモの書き方のよさや問題点を指摘する。
第3単元 文章表現	第2時	問いに答えた記述になっているかを批正する能力	ノーゲームデー	ペアで問答する。
	第5時	説明対象を忠実かつ適切に文章化しているかを批正する能力	ころころとごろごろの違い	不適切なところを指摘し、批正する。

　　第2項　活動の実際と学習者の反応

1　問答によって問いと答えの整合性を吟味させる活動

（1）指導目標

　①　想定した「問い」とそれに対して自分の書いた「答え」との整合性を直感的に判断できるようにする。問答がかみ合う心地よさやかみ合わない違和感を味わわせる。

　②　問いの形式（「ど・・・○○なのか？」）に応じて答える力を高める。

（2）活動の展開

※第3単元「文章表現の能力を高める」第2時

学習活動	指導の手立て・考察
（略） 1 友達とペアになって問答する。 　① 自分は説明の相手になったつもりで「問い」を読み上げる。 　② 友達に自分が書いた説明を読み上げてもらう。自分が問うたことに答えているかチェックする。 2 友達と役割を交代する。 3 問いに答えていなければ、互いに助言し合いながら直す。	・一段落に一つの問いに対する答えを書くという条件にした文章なので1段落「問い」→「答え」、2段落「問い」→「答え」という順で、問答させた。これにより、「問い」に答えてくれる心地よさや「問い」に答えてくれない違和感を味わわせた。これにより、整合性を感知する論理的直感力を高めるようにした。 ・「問い」に合っていない場合、直す手がかりとして、以下のような文型を与える。 ・□問い□理由→□答え□○○だからです。 ・□問い□目的→□答え□○○のために ・□問い□定義→□答え□○○のことです。○○である。

（3）目標を達成した学習者の反応

　① 目標①を達成した学習者の反応例

　ア　問「何がきっかけで始めたのですか？」

　　　答「ゲームをするために、視力が下がった人や寝不足の人が多いことが分かったから始めることにしました。」

　　　→これは問いと答えがぴったり合っている。

　イ　問「ノーゲームデーとは何ですか？」

　　　答「木曜日はゲームはやったらだめです。」

　　　→なんだか、ずれている。「ノーゲームデーとは、ゲームをしない日のことです」と答えないと気持ち悪い。

　② 目標②を達成した学習者の反応例

　ア　「何のために」という「問い」には「○○のために」と答えないと合わない。

　イ　理由は「○○からです」と答えると理由を答えるのだと分かる。

　ウ　理科のテストで、「金属が輪を通らなくなったのはなぜでしょう。」

と理由を聞かれたのに、「輪を通らないからです。」では理由になっていない。「○○からです」と答えても理由になっていないからだめなんだ。

2　つまずきを予想させる活動

道順の説明で、例えば、Aの道路は曲がっていて方向を見失うかもしれないから、Bの道に進むように道順説明をしてあげるとよいぞ、と相手がしそうな失敗を予想して説明内容を選ぶ場合がある。また描画の説明で、「四角形の上に三角形をかきます」という表現では相手が、四角形と三角形を離して描くかもしれないと、記述が原因となるつまずきを予想する場合もある。（173 頁参照）つまずき予想は、相手の役に立つために欠かせず、これが柔軟にできれば、分かりやすい説明が実現する。

3　同じ題材で説明を読む立場と説明を書く立場になってみる活動

第 2 学年[1]での実践では、「一本の木」の描き方について書かれた説明的な文章を読んで「一本の木」の絵を描いてみた。その次に、同じ描き方を年下の友達に説明する文章に書き換えるという活動を設定した。説明を読む立場から説明のどこが分かりやすくてどこが分かりにくいかが分かっていたため、書き手となったときには、相手の理解の道筋やつまずき等に配慮しながら書くことができた。

4　相手が説明に対して行った評価をもとに再挑戦する活動

第 2 学年[2]では、自分が考えた絵を自分の説明だけを手がかりに友達に描いてもらう「絵かきゲーム」という活動を行った。ここでは、自分の説明を読みながら絵を描く友達の傍らにいて、相手の様子を観察させた。観点は「相手はどこで絵を間違ったり描けなくなったりするか」である。描画の説明は説明の良し悪しがすぐに現れるので、低学年の学習者でも観察しやすい。また、描き終わった友達に分かりにくかったところはどこか評価してもらう。さらに、その評価を生かして、説明に再挑戦させた。相手

の立場に立って批正しているので成果が出やすく、分かりやすく修正することができた。

第2節　自己批正する能力を高める指導の成果と課題

第1項　成果

1　自己批正に関して成果の見られた指導

> 　説明の各プロセスにおいて、「自己批正」する活動を適時に意識的に設定し、自分の思考・判断・表現などの正誤・適否を判断したり、対案を考えさせたりする指導をすることにより、よりよい説明表現を求めて、常に表現の整合性に対する直感を働かせ、自己批正しようとする「説明する能力」を育成することができる。

（1）その「問い」は相手の要求や説明対象に合っているのかを吟味させる指導
（2）その「分析手段」は適切なのかを吟味させる指導
（3）その「対象認識」は正確なのかを吟味させる指導
（4）その「整理メモ」は関係性を正しく表しているのか、文章を書くときの役に立つのかを吟味させる指導
（5）その記述は問いに対する答えになっているかを吟味させる指導
（6）その記述は相手の理解の道筋に合っているのかを吟味させる指導
（7）用いた語句は、対象を言い当てているか、相手が理解できるものかを吟味させる指導
　以上、その適否を吟味させ、不適切な場合、その原因をはっきりさせて、対案を出させる。

〈左記の成果〉

○　おかしいぞという感覚をもったとき、一旦手を止めて考えようとする構えをもつ。

○　自分の表現を常に吟味しながら次のプロセスに進もうとする構えをもつ。

○　説明において、相手を尊重しようとする態度と自分に厳しくあろうとする構えをもつ。

2　指導法の工夫

①　分かりにくさを直感的に感知する能力を強化するため

・なるべく短いサイクルで問いと答えのかけあいをさせる。

・音声化するので論理的なズレを直感的に察知することができる。

②　原因を発見する能力を強化するため

・説明に対する理解が可視化されやすい題材（描画手順の説明など）で、相手が自分の書いた説明文を読む様子を観察させる。

・相手が、どの記述で、首をかしげたり、想定外の反応をしたりするかを見つけながら自分の説明の適不適に気付かせる。

③　方針決定の能力や対案提出の能力を強化するため

・相手に描いてもらいたかった正解の絵などを見せ、「〜と書いてあったから〜だと思ったんだよ」「それならこう書いてくれたらよかったのに」といった具体的な評価をもらう。

④　相手の立場になって説明するために

・同じような題材で説明者になったり相手になったりしてみて両者の立場を体験する。

3　批正の対象

　授業における「自己批正」の能力を高めるために批正の対象とするものとしては、以下の３つが考えられる。本来、批正の対象は「自己の表現」であるためAが最も実際的である。集団で高め合うために、BやCを吟味

させることもある。

    A   自分の表現を思考・判断・表現させる方法

    B   互いに思考・判断・表現を批正して交流させる方法

    C   教材における架空の説明者の表現から思考・判断を推測させる方法

第2項　課題

1　内言で行う批正活動を外言化させる活動

「自己批正」する能力は、本来、自分が自分の思考・判断・表現を批正するために発揮する能力である。これを指導として意図的意識的に高めていくには、説明のプロセスにおける気づきを外言化させることが有効だが、何を外言化させるかを吟味しなくてはならない。

2　指導と発達段階との適時性

自己批正を支える土台は、相手に立場になろうとする態度的な能力である。いくら思いやりのある優しい学習者でも、相手の立場になろうという構えを有していても、自己を一旦捨てて客観的に「メタ認知」できる発達段階にないと不可能である。そのため、学習者の発達段階をふまえた自己批正する能力の育成指導のステップを工夫することが肝要である。

【注】

1   萩中奈穂美「教材文の再構成により、「内容」と「形式」を関連づけながら文章を読み解く力を高める―この説明で「一本の木」がかけるかな？―」須田実編『読解表現力強化プログラム第2学年』（2009 明治図書）37-48 頁

2   萩中奈穂美「説明を理解する力や分かりやすく説明する力を高める国語科学習指導を求めて―楽しみながら進める読み書き関連学習を通して―」『富山教育学窓 vol.32』（2008 富山大学教育学窓会）25-32 頁

第12章　研究のまとめ

第1節　解明されたこと

第1項　分かりやすい説明を支える4つの説明する能力

　説明は、相手が理解しようとする対象についてそのニーズをつかみ、説明対象をその事柄だけでなく事柄相互の関係性も含めて分析し、それを相手の関心や理解の筋道に沿いながら分かりやすく説き明かす、という高次の言語行為である。先行研究や学習者の様相などから説明の全体像と説明に関わる諸要素をまとめた（**図12－1**）。そこには大別して4つの「説明する能力」が機能していることが分かった。また、さらには、学習者の説明を書く過程でのつまずきなどから、それぞれの能力は具体的な下位の能力に支えられており、これらを育成する必要性も明らかになった。

◇　問いを把握・想定する能力　――　説明する能力1　――
◇　対象認識する能力　　　　　――　説明する能力2　――
◇　文章表現する能力　　　　　――　説明する能力3　――
◇　自己批正する能力　　　　　――　説明する能力4　――

第2項　4つの説明する能力を高める指導のあり方

　現在のところ、これらを育成する系統的な指導は十分とはいえず、学習者の自然習得に任されている実情にある。国語科の授業をとおして、これらの説明する能力を育成する指導をしていくことが求められる。そのために、指導者は、上記4つの能力の必要性を自覚し、高めたい能力を明確にした上で、それにふさわしい題材を用い、それにあった指導法を工夫す

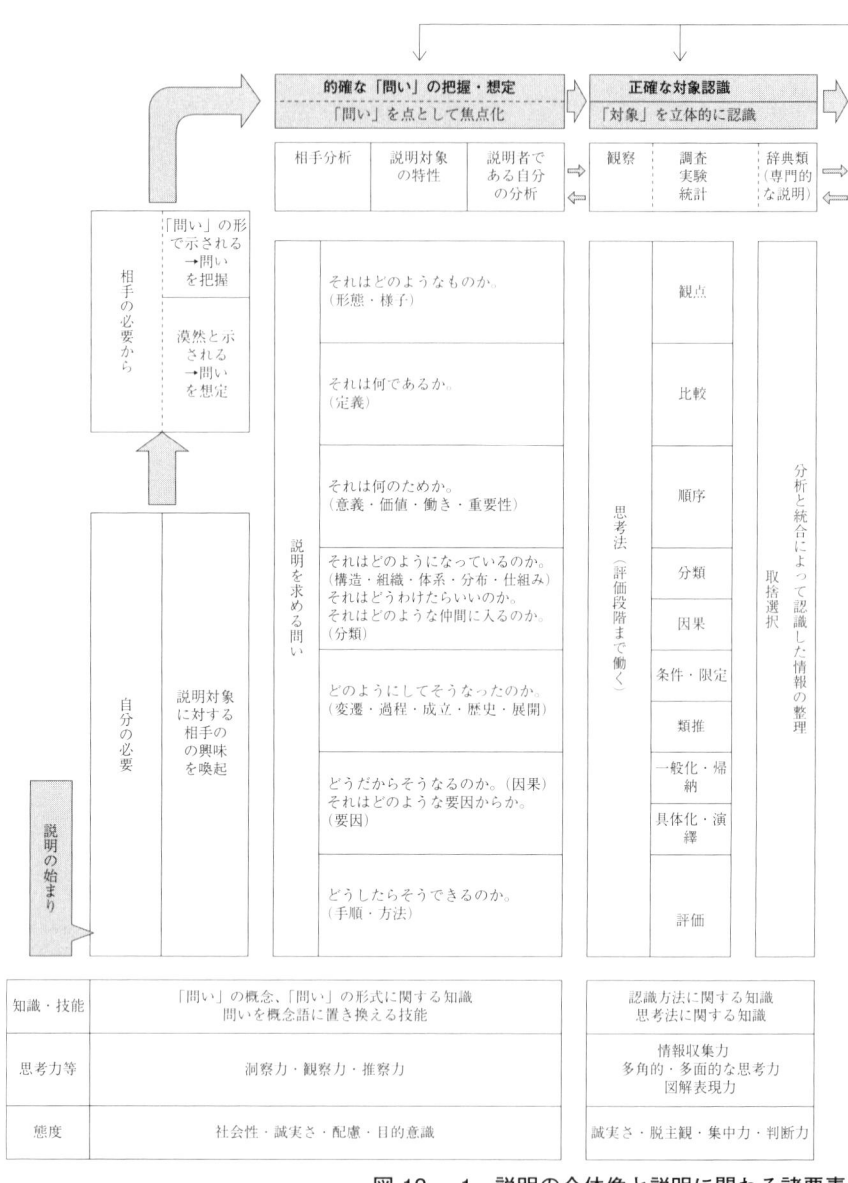

図 12 － 1 説明の全体像と説明に関わる諸要素

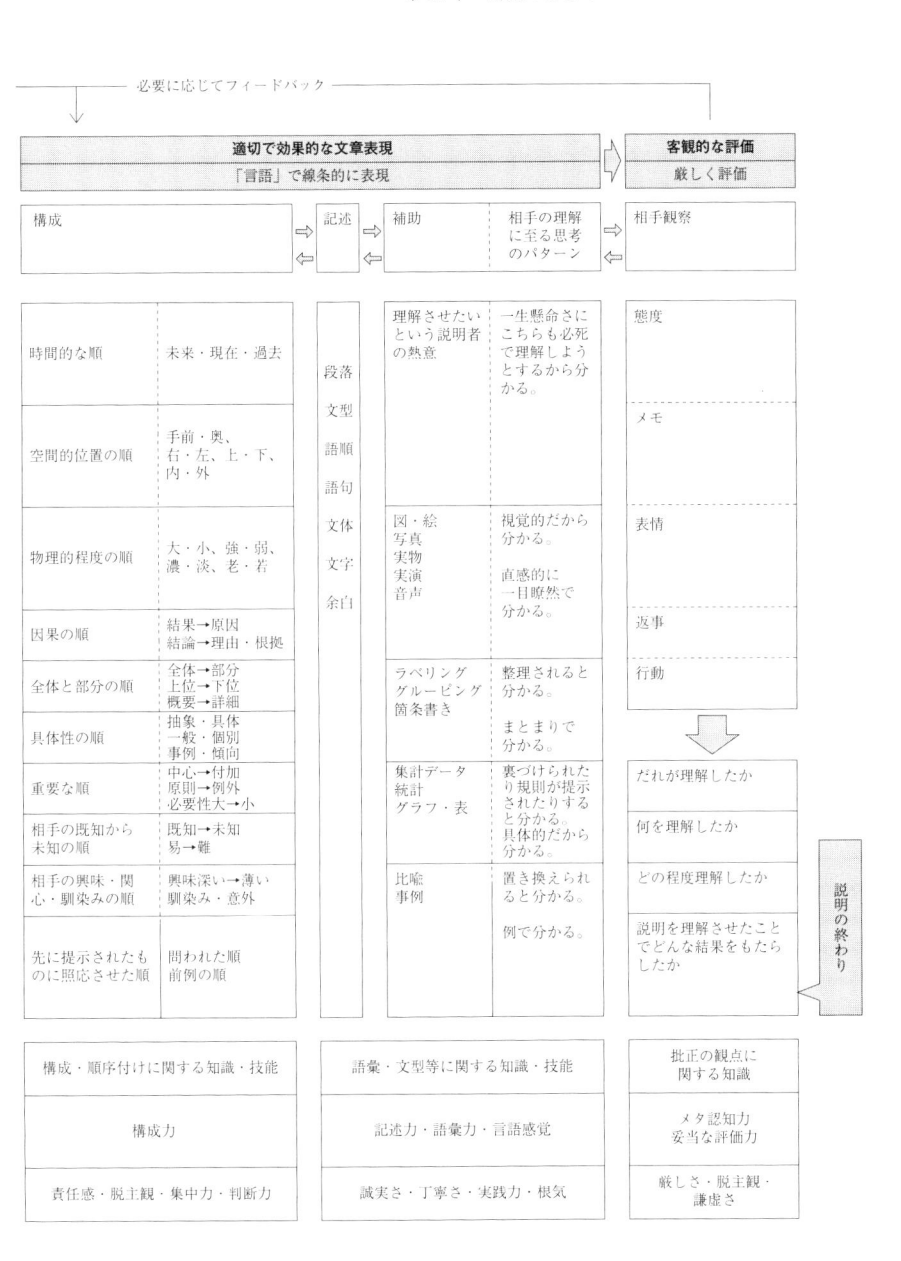

る。これにより、学習者の説明する能力は向上を図っていくしかない。

　指導のあり方として、以下のことを解明することができた。

（１）　問いを把握・想定する能力を高める指導のあり方

　問いの形式理解と、問いの多様な想起・取捨選択・優先を考えて順序付けをさせる指導によって、相手の問いを的確に把握・想定した上で、その問いに過不足なく答えようとする「説明する能力」を育成することができる。

（２）　対象認識する能力を高める指導のあり方

　適切な思考法を用いて、事柄や事柄相互の関係性を多面的・客観的に分析し、それらを整理するためのメモのかき方を指導することで、正確に認識した説明対象を相手に忠実に伝えようとする「説明する能力」を育成することができる。

（３）　文章表現する能力を高める指導のあり方

　対象に含まれる事柄や事柄相互の関係性を適切に表現する必要性や文章表現の方法を、構成レベル・記述レベル等で指導することにより、相手をより確かな理解にたやすく導く「説明する能力」を育成することができる。

（４）　自己批正する能力を高める指導のあり方

　説明の各プロセスにおいて、自己批正する活動を適宜設定し、自分の判断・表現などを、相手にとって望ましい説明表現と照らし合わせ適否を判断させたり、対案を考えさせたりする指導により、よりよい説明表現を求めて常に表現の適合性に対する直感を働かせ、自己批正しようとする「説明する能力」を育成することができる。

第 2 節　説明する能力の系統的な育成の構想

第 1 項　説明する能力の指導系統案

1　指導系統案の作成方法と留意事項

　説明を書くために育成したい能力の系統を思考法も含めて一覧表にしたものを次に示した（**表 12 － 2**）。換言すれば、ここに示した能力が身に付けば、説明を書くという言語行為を適切に遂行することができるということである。ここには書くこと全般に共通する能力も含めている。説明はすべての言語活動の土台であるためである。これら「説明する能力」の諸要素は、「説明を書く」という言語行為の特性と学習者の実態から折出したものである。また、それぞれ能力を低・中・高のどの学年で重点的に指導すればよいかについても試案を示した。学年系統については、ピアジェの思考発達段階説やそれへの批判[1]、先学の作文系統表（第 1 章：表 1 － 3）も参考にした。学校現場には、「説明」を書くことは難しく低学年では無理との声もある。しかし、川村久美子（1991）[2]や井上尚美（1993）[3]の「小さい子どもでも条件さえ整えてやれば論理的な思考が可能である」という趣旨の主張や 1 年生から 6 年生までを対象にした今回の調査結果に基づき、低学年でも説明を書く学習は可能であり、初歩的な能力を育成することができると考えて作成している。

2　指導系統案の活用法

（1）　各要素の見方と活用（表 12 － 2 の左欄）

　「説明を書く」指導系統表の諸要素は、上から順に「知識」・「思考力や技能」（プロセス順に）・「態度」・「題材や方法」に分けて配列した。「知識」と「態度」に関する能力は、説明の評価を受けるまで必要なため、説明を書く活動を支える土台としてどのプロセスでも意識し続けたいものであ

る。

　「課題の把握・想定」「対象認識」「文章表現」「評価」までの能力は、説明のプロセスに沿っているので、どの段階で何を指導するのかが明確になる。最下段の「題材や方法」は、様々な問いに答える説明能力や様々な説明方法を駆使する能力で、これらを増やしていけば、多種多様な説明を柔軟に行うことができる。

（2）　重点指導学年の見方と活用

　言語能力の育成には螺旋的な指導が必要であるが、意図的、系統的に指導を積み重ねていくために、重点的に指導する学年を小学校1・2年、3・4年、5・6年、中学校とに区分した。学年で示したものの、説明するもの・ことが何かによっても難易度が異なるため、それぞれ基礎・初級・中級・上級に置き換え、どの能力はすでに身に付いているのか、今回はどの能力を高めようとするのか、今後どんな能力を高めていくのか等、見通しをもった指導を検討していくときに活用できると考えている。

表 12 － 2 「説明を書く能力」指導系統表

育成すべき能力				小学校			中学校
				1・2年	3・4年	5・6年	
説明に関する知識		1	「説明」と「感想」を区別できる。	○	○		
		2	説明は、相手の「問い」に「答える」言語行為であることが分かる。	○	○		
		3	説明する内容は、正確でなければならないことが分かる。	○	○		
		4	分かりやすい説明には、相手の立場に立った思いやりが大切であることが分かる。			○	○
思考力や技能	課題の把握・想定	把握	1	相手が問うていることを受け取り、それに対して答えようとする。	○	○		
			2	「問い」の形式を理解し、「問い」を立てることができる。		○	○	
			3	「問い」を概念語にまとめたり、概念語を「問い」の形式に変換したりすることができる。			○	○
		想定	4	「問い」から相手の要求を想定する。その際、相手の知りたいことを想定しようとする。			○	○
			5	総合的な説明で説明対象の特性に合わせて「問い」を想定することができる。			○	○

対象認識		6	総合的な説明で相手の状況に合わせて「問い」を想定することができる。		○	○	
	分析	1	具体物を観察することによって対象認識ができる。	○	○		
		2	体験などの想起による対象認識ができる。	○	○	○	
		3	文献（辞書・資料等、説明されたもの）による対象認識ができる。		○	○	○
		4	調査・実験・統計などによる対象認識ができる。		○	○	○
		5	説明対象や自分の状況に応じた認識の手段を選択することができる。			○	○
	関係付け（思考法）	6	比較（類比）の思考法を用いて、もの・ことの共通点を見出すことができる。	○	○		
		7	比較（対比）の思考法を用いて、もの・ことの相違点を見出すことができる。	○	○		
		8	多角的・多面的にもの・ことを対象認識するために必要な観点を複数思いつくことができる。		○	○	
		9	分類の思考法を用いてもの・ことをグルーピングし、各々のグループにラベリングすることができる。		○	○	
		10	原因（理由）と結果（結論）の間に妥当な解釈をしながら対象認識することができる。		○	○	
		11	時間の順序・空間の順序・物理的な大小や高低の順でもの・ことを対象認識することができる。	○			
		12	具体と抽象、難と易、親と疎、原因と結果等、論理の順でもの・ことを対象認識することができる。			○	○
		13	上位・下位、あるいは全体・部分の観点でもの・ことを対象認識することができる。		○	○	
		14	ある一定の条件下で、あるいは限定をかけてもの・ことを認識することができる。		○	○	
		15	複数のもの・ことから共通項を取り出して一般的な事柄を見出すことができる。			○	○
		16	一般化されたもの・こととずれないように具体化（事例を提示）することができる。		○	○	
		17	ある一定の法則を他の事柄に転移させ、類推することができる。例を発想することができる。			○	○
	図解	18	集めた情報を、取捨選択したりキーワードにしたりしてメモをかくことができる。		○	○	
		19	対象認識したもの・ことについて、図や表、箇条書き、矢印等を使って整理メモをかくことができる。		○	○	○
文章表現	選材	1	必要な説明要素を不足なく取り込むことができる。		○	○	○
		2	不必要な要素を説明に入れない。思い切って削除しようとする。			○	○
	構成	3	対象認識した複数の事柄にまとまりを付けることができる。	○	○		

項目	No.	内容	1	2	3	4
	4	まとまりを付けた事柄を上位と下位、あるいは全体と部分の関係に整理することができる。		○	○	
	5	時間の順序・空間の順序に事柄を適切に並べることができる。	○			
	6	重要さの順、因果の順、一般から特殊（その逆順）など、説明対象に応じた順序付けができる。		○	○	
	7	分かりやすさの順、相手の知識や興味の順、馴染みの順など、相手に応じた順序付けができる。		○	○	
	8	全体像を示してから、部分の説明をすることができる。		○	○	○
	9	一つの内容で一つの段落を作ることができる。		○	○	
	10	思考法に応じた文型で文を書くことができる。	○	○	○	○
	11	主語・述語の対応にねじれのない明快な文を書くことができる。	○			
	12	説明の起こしと結びを必要に応じて記述することができる。	○	○		
	13	関係性、論理展開に応じた接続語を用いて書くことができる。		○	○	○
	14	何を指示しているのか相手が明解につかめるように指示語を用いることができる。		○	○	○
記述	15	必要に応じて、項目、見出し、項目番号を用いて書くことができる。		○	○	
	16	並列的な事柄は形式をそろえて記述することができる。		○	○	
	17	対象を言い当てるにふさわしい語句、相手の理解に配慮した語句を選んで書こうとする。			○	○
	18	内容に対する判断の確かさに応じて、適切な文末表現を選んで書こうとする。			○	
	19	目的や相手や場面に応じて、適切な文字や文体を選んで書こうとする。			○	
	20	内容の誤解が生じないよう配慮しながら、適切に読点、符号、かぎ等を用いて書くことができる。		○	○	
	21	一文が長すぎず、５０文字程度に収めながらねじれのない文を書くことができる。			○	
	22	適切な比喩や事例を用いて書くことができる。			○	○
	23	箇条書きを使って簡潔に書くことができる。		○	○	
	24	必要や条件に応じて、精叙と略叙を分けながら書くことができる。		○	○	
	25	正確で丁寧、適切な大きさの文字で文章を書いていくことができる。	○	○		
	26	効果的に行間や余白をとって書くことができる。			○	○
	27	文章だけより分かりやすくなる効果を見通して、図、表、グラフ、写真などを用いることができる。		○	○	
推敲	28	書いた文章を相手の立場になり求められている問いに答えているかという視点で読み返そうとする。		○	○	

分類	No	内容				
	29	文法、表記等の誤りがないか注意して読み、辞書などを使って確かめたり訂正したりしようとする。	○	○	○	
	30	自分の説明は、条件（分量・形式・期限）の範囲で書けているか確認しようとする。		○	○	
	31	不適切さに敏感になり、説明のどの段階に不備があるかを原因を見付けてやり直そうとする。		○	○	
評価	1	相手の反応（態度・表情・返事・メモ・行動など）から、誰が何をどの程度理解したかを把握する。			○	○
評価	2	自分の説明は、相手の要求に十分答えられたのか振り返ろうとする。			○	○
評価	3	十分理解されない場合に、どこが説明として不適切だったのかを振り返って分析しようとする。			○	○
態度	1	正しく誠実に説明しようとする。		○	○	○
態度	2	ねばり強く、慎重に、対象を認識したり表現を吟味したりしようとする。			○	○
態度	3	説明に際して、相手の立場に立とうという心構えをもっている。			○	○
態度	4	相手の立場に立って、要求や目的をつかもうとする。			○	○
態度	5	相手の要求の背景、理解や興味の程度等を分析しようとする。（要求・興味・知識の程度など）			○	○
態度	6	相手を分析した結果を説明に生かそうとする。			○	○
態度	7	説明に対する相手の誤解や困難さを予想しようとする。		○	○	○
態度	8	相手の暗黙知と自分の暗黙知のずれを明らかにしようとする。				○
態度	9	自分の知識や関心に影響されず、自律心をもちつつ取り組もうとする。			○	
態度	10	対象に対する自分の知識を自覚し、見通しをもったうえで説明を引き受け、責任を果たそうとする。				○
態度	11	相手の立場に立って、相手の既有知識を使いながら説明しようとする。			○	○
題材や方法	1	単線型の手順説明ができる。（例　手の洗い方）	○			
題材や方法	2	列挙的な説明ができる。（例　この学校のよさ）	○			
題材や方法	3	質疑応答的な説明ができる。（例　Q&A式）	○	○		
題材や方法	4	内容的な説明ができる。（例　校歌の説明）		○	○	
題材や方法	5	定義的な説明ができる。（例　コンパスの説明）		○		
題材や方法	6	比較による説明ができる。（例　ころころとごろごろの違い）	○	○		
題材や方法	7	概念の説明ができる。（例　かけ算とは）			○	○
題材や方法	8	現象の説明ができる。（例　少子化）				○
題材や方法	9	制度の説明ができる。（例　裁判員制度）				○

第２項　説明する能力の育成のための題材案

　次に示すのは、説明する能力の育成のための題材案一覧表である（**表12−3**）。作成に当たっての留意事項は５点ある。

・思考法も指導の対象とするため合わせて示している。
・説明が求められる問いにも留意している。
・他教科において説明が求められるような内容も取り入れている。
・学習者にとっての説明対象に対する関心や難易度にも配慮している。
・問いを想定しなければならない総合的な説明も取り入れている。

第３項　説明する能力を高める単元構想の方法

　説明する能力を高めるための国語科の単元構想の方法には、以下２とおりある。
（１）それぞれの能力を個々に育てるという考えに立った単元構想
　４つの説明する能力は、関連しているもののそれぞれの能力を重点的に高めるのに適した題材を開発し、適した指導法で授業を行う。育てたい能力を焦点化して育成していくことができるので、時間数が少なくても実践が可能である。学習者にとっての必然性に留意して題材を設定することが重要である。
（２）一連のプロセスの中で育てるという考えに立った単元構想
　同一の題材で、文章の仕上がりまでのプロセスをすべて踏み、４つの能力を育てる方法である。学習者の生活上必要なものに合わせることができる。最終的に「文章」が出来上がるため、学習者は達成感を味わうことができる。ただし、まとまった時間数が必要なため、年間指導計画において留意しなくてはならない。
　４つの説明する能力は、大筋としてプロセスにそっているので、上記（１）（２）どちらの方法でも単元構成できるが、本研究の検証授業では、

「能力」を解明し、育成しうるかという考えから、原則的には（1）の方法をとり、適宜（2）の方法も取り入れた。

本研究で提案した単元構想

第1能力 「問いを的確に把握・想定する能力」の育成 （第8章）	第1単元［3時間］ 「何を説明すればいいのかな」	第4能力「自己批正する能力」の育成（第11章）	第1単元の中で 「問い」の把握・想定における批正活動
第2能力 「正確に対象認識する能力」の育成 （第9章）	第2単元［4時間］ 「それはどうなっているのかな」		第2単元の中で 「対象認識」における 批正活動
第3能力 「適切に文章表現する能力」の育成 （第10章）	第3単元［5時間］ 「どう書けばすっきり分かるかな」		第3単元の中で 「文章表現」における 批正活動

表12－3　説明の題材案一覧表

「説明」（狭義）における題材案を提示したが、実際には感想文、報告文、意見文等別の文種の中に含まれる「説明」の部分を取り上げて指導することもできる

説明を求める問い*1		説明対象の内容　具体・現象・外観・単純・個人的・親近感　←　（内容として）　→　抽象・背景・内実・複雑・社会的・疎遠						
		小学校・初級		小学校・中級		小学校・上級		中学校	
		題材例	思考法*2	題材例	思考法*2	題材例	思考法*2	題材例	思考法*2
問いが示される	内容・事実・状態・形態「どのようなものか」	ハムスターはどんな動物か	観点・比較	コンパスはどんなものか（孫の手）	観点・因果	ゴーヤチャンプルーはどんな料理か	観点・比較・分類	どんな制服か	観点・比較・分類・
		「も」と「モ」、「シ」と「ツ」など、似ている文字はどうちがうか	観点・比較	「ころころ」と「ごろごろ」はどう違うか（擬態語・擬音語）	観点・比較・分類・一般化・具体化	「とぶ」と「とばす」はどうちがうか（自動詞・他動詞）	比較・一般化・具体化	「開始」と「始める」と「スタート」の違い（漢語・和語・外来語）	比較・一般化・具体化
	定義「どんなものと定められるか」	まご（孫）とは何か	観点・一般化・具体化	ことわざとはどんなものか	観点・一般化・具体化	俳句とはどんなものか	観点・一般化・具体化	敬語とはどんなものか	観点・分類・条件・一般化・具体化
	理由・要因・因果「どうしてそうなのか」	なぜ～がすきなのか	観点・因果	時間を守るのはなぜか	因果・類推・条件・具体化	なぜけんかになったのか（お話を読んで）	因果・類推	狂言「附子」がおもしろいのはなぜか	因果・条件・類推
	目的・意味・ねらい・価値・機能「何のためか」	はしご車のはたらき	因果	チャイムの役割	因果	横断歩道の信号に青点滅があるのはなぜか	因果・類推	逆引き国語辞典はどんな役に立つのか	因果・類推

問い（※1）	題材（例）	思考法（※2）
組織・構造・仕組み／分類・仕組み・原理「どのようになっているか」	生活科の生き物コーナーの展示場所はどのようになっているか	観点・分類・条件
	スーパーマーケットの中はどのようになっているか	観点・分類・順序（空間）
	漢字を分類しよう	観点・分類・条件
	生徒会の仕組み	観点・分類・条件
	1ドル100円から120円になったのをなぜ円安というか	因果・条件・比較
変遷・過程・成立・展開・変化「どのようにして今に至ったか」	毎日の給食はどこでこんだてをえらんだで	観点・分類・一般化・具体化
	空気でっぽうがとんだのはどうしてか	因果・条件・類推
	物語の登場人物の相互関係	分類
	縄文時代から弥生時代へのくらしの変化	観点・比較・因果・条件・類推
	どのように今の市町村になったのか	観点・比較・因果・条件・類推
方法・手段・手順・手続き「どうすればよいか」	ホットケーキの作り方（単線型）	順序
	水の変化	観点・順序・条件・一般化
	絵の描き方（ピクチャーゲーム）空間認識	順序
	ドッジボールの遊び方（複線型）	順序・条件
	だるまさんがころんだの遊び方（複線型）	順序・条件
	手の洗い方（単線型）	順序
	洋服のしまい方	分類・順序
	ひっ算の仕方	分類・順序
	漢字辞典の引き方	順序・条件
	音楽室はどこにあるか	順序（空間）
	道案内をしよう	順序（空間）
	道案内をしよう（交通機関）	順序（空間）・条件
	道案内をしよう（交通機関・料金・時間・相手の要求）	順序（空間）・条件
総合的な説明「～について」のまとめ	自分のこと（自己紹介）	観点
	くさかんむりについて	観点・順序・因果・条件・一般化・具体化
	じゃんけんについて	観点・順序・因果・条件・一般化
	校章（市章・県章）について	観点・順序・因果・条件・一般化

※1 問いについては第3章：表3-2参照　※2 思考法（主として対象認識段階で必要）については第4章：表4-2参照

第3節　今後の課題

第1項　効果的な題材や指導法の開発・指導系統案の検討

　今回は、説明を求められている問いの種類、対象認識で用いる思考法を重視した、説明を書くプロセスに応じた単元を構想した。さらに、米田猛 (2006)[4] の指摘する「説明要素を分析する視点をできるだけ多く提案し、それらの違いによる指導方法を系統化する」という国語科教育上の課題を解決すべく、説明要素と指導の関連を明らかにした指導方法の系統化に取り組みたい。その際には、学習者の発達段階的な見地から、意欲と思考と表現を促す効果的な題材開発も進め、他の校種、他の学年、他の学習者を対象に、授業実践し、提出した指導系統案等の妥当性を高めたい。

第2項　音声による「説明する能力」の解明と指導のあり方の追究

　「説明表現」は、その表現媒体から「書くこと」と「話すこと」に大別される。本研究は前者に絞ったが、実際の頻度としては話して説明する機会が圧倒的に多い。両者に共通する「説明する能力」も多いと推察されるが、独自の能力も要求されよう。吉川芳則 (2009)[5] は「これら二種類の説明は別個に捉えるのではなく、書くことで意識された説明文の展開、論理表現を口頭で説明する際の展開、言葉遣いに生かすよう気をつけるなど、相互作用的に指導する発想で取り組みたい」と指摘する。「書くこと」よりも場面適応性が要求される「話すこと」による「説明する能力」を解明し、育成のための「話すこと」指導のあり方（題材開発・指導法開発）を提案したい。その場合、本研究では対象外とした非言語要素（図表やジェスチャーなど）の活用についても話して説明する際には必要性が増す。こうした能力の育成のあり方についても追究したい。

第3項　説明的な文章を「読むこと」の指導との関連

　「書くこと」（表現）と「読むこと」（理解）は表裏一体をなし、双方向で能力の転移が推測される。実際に国語科の授業では、説明的な文章を読解し、その後で筆者の説明の仕方や同類の題材を用いながら説明文を書き、それを読み合うといった単元が提案されている。学習者にとって相乗効果のある学びとなる有効な指導を図るため、両者の能力を関連させた育成方法を明らかにしたい。

第4項　他の言語活動の中での「説明する能力」の育成の可能性の追究

　「説明する能力」は「説明」のみならず大内善一（1994）[6]は、説明を「実用的な表現機能」の一つとし、「生活説明文」「学習説明文」「読書説明文」という形で目的や相手を明確にし、伝達意識をもたせて学習者の思考の集中を促すよう提案している。これに学び、狭義の説明に特化せず、それを他の言語活動にうまく位置付けながら「説明する能力」を育成する方法を追究したい。

【注】

1　スイスの心理学者ピアジェ（1896 ～ 1980）は、子どもの知的発達を次の4つの段階に分けている。ただし、最近ではピアジェが考えていたより年少の子どもが有能であるとの指摘が多く出されている。
　　Ⅰ　感覚運動期（0歳～ 1.5・2歳）　行動（感覚運動）による思考の段階
　　Ⅱ　前操作期（1.5・2～ 7・8歳）　イメージ（直観）による思考の段階
　　Ⅲ　具体的操作期（7・8歳～ 11・12歳）　具体事物に対する論理的思考の段階
　　Ⅳ　形式的操作期（11・12歳～ 14・15歳）　形式的・概念的・抽象的思考の段階
2　川村久美子「知識の獲得」丸野俊一編『新・児童心理学講座5　概念と知

識の発達』（金子書房 1991）12 頁には、以下のような見解が示されている。

　　　条件が整えば就学前の幼児でさえ、自己中心的な行動を見せず、まど
　　わせるような知覚情報を無視して、ものの抽象的・不変的関係について
　　の理解を見せる。

3　井上尚美『レトリックを作文指導に活かす』（1993 明治図書）123 頁には、
以下のような見解が示されている。

　　　低学年の子どもの文章にも、生活文だけではなく説明文や意見文など
　　が未分化の形で入っているのです。…（略）…身近な題材について無理
　　のない形でなら低学年でもできるはずです。つまり、各文種についてそ
　　れぞれ低・中・高学年に応じた発達があると考えるべきなのです。指導
　　系統案を作るときにも、このことは重要です。

4　米田猛「説明表現を支える思考力・感性・表現力」　日本国語教育学会『月
刊国語教育研究』No.445　（2009）　31 頁

5　吉川芳則「説明することの指導の機会と内容の充実」　前掲書 4 に同じ。33
頁

6　大内善一『思考を鍛える作文授業づくり―作文授業改革への提言』（1994 明
治図書）20-23 頁

参考文献

文部科学省ほか

- 文部科学省『小学校学習指導要領解説国語編』（2008 東洋館出版社）
- 文部科学省『小学校学習指導要領解説総則編』（2008 東洋館出版社）
- 国立国語研究所『児童の表現力と作文』（1978 東京書籍）
- 東京都立教育研究所『児童・生徒の作文力の発達に関する研究―論理的文章を書く能力を高める学習指導―』（1）（2）（3）平成2・3・4年
- 国立国語研究所「国語学習指導アンケート―結果報告」（2004）

国語教育事典など

- 大槻和夫編『重要用語300の基礎知識3　国語科重要用語300の基礎知識』（2006 明治図書）
- 国語教育研究所編『国語教育研究大辞典』（1988 明治図書）
- 国語教育研究所編『「作文技術」指導大事典』（1996 明治図書）
- 田近洵一・井上尚美編『国語教育指導用語辞典』（1984 教育出版）
- 日本国語教育学会編『国語教育辞典』（2001 朝倉書店）
- 日本国語教育学会編『国語教育総合事典』（2011 朝倉書店）
- 藤原宏・渡辺富美雄監修『表現事項事典－国語資料図解－』（1985 全教図）
- 藤原宏・長谷川孝士・八田洋彌編『小学校作文指導実践事典』（1982 教育出版）

説明力など

- 井上一郎『誰もがつけたい説明力』（2005 明治図書）
- 梅津信幸『「伝わる！」説明術』（2005 筑摩書房）
- 米田猛『「説明力」を高める国語の授業』（2006 明治図書）
- 櫻本明美『説明的表現の授業―考えて書く力を育てる―』（1995 明治図書）
- 奈良県国語教育研究協議会編『表現指導音声言語授業分析研究(2) 説明能力育成指導の研究』（2001）
- 奈良県国語教育研究協議会編『表現指導音声言語授業分析研究(3) 説明能力育成指導の研究』（2004）
- 藤沢晃治『「分かりやすい説明」の技術』（2002 講談社）
- 増田信一先生退官記念論集刊行委員会編『増田信一先生退官記念論集』（2000）
- 村松賢一・花田修一・若林富男『相互交流能力を育てる「説明・発表」学習への挑戦』（2004 明治図書）

思考力など

- 青木幹勇『授業技術集成4　話しことば・作文』（1976 明治図書）
- 井上尚美『言語論理教育入門　－国語科における思考』（1989 明治図書）
- 井上尚美編『言語論理教育の探究』（2000 東京書籍）
- 井上尚美『思考力育成への方略－メタ認知・自己学習・言語論理〈増補新版〉』

（2007 明治図書）

- ・宇佐美寛『作文の論理　わかる文章の仕組み』（1998 東信堂）
- ・西郷竹彦『西郷竹彦文芸・教育全集第 3 巻　国語科の全体像』（1996 恒文社）
- ・西郷竹彦『西郷竹彦文芸・教育全集第 4 巻　教育的認識論』（1996 恒文社）
- ・田中保成『使える学力　使えない学力　国語で一生使える論理的思考力を育てる方法』（2009 ディスカヴァー・トゥエンティワン）
- ・益地憲一『国語科学習指導と評価の探究』（2002 渓水社）

認知心理学など

- ・岸学『説明文理解の心理学』（2004 北大路書房）
- ・比留間太白・山本博樹 編『説明の心理学 説明社会への理論・実践的アプローチ』（2007 ナカニシヤ出版）
- ・比留間太白『よい説明とは何か』（2002 関西大学出版部）
- ・佐伯胖『わかり方の根源』（1984 小学館）
- ・山鳥重『「わかる」とはどういうことか―認識の脳科学』（2002 筑摩書房）
- ・三宮真智子『メタ認知　学習力を支える高次認知機能』（2008 北大路書房）

発達心理学など

- ・岡本夏木『子どもとことば』（1982 岩波書店）
- ・岡本夏木『ことばと発達』（1985 岩波書店）
- ・内田伸子『子どもの文章―書くこと・考えること』（1990 東京大学出版会）

文章心理学など

- ・秋田喜代美『読む心・書く心　文章の心理学入門』（2002 北大路書房）
- ・川村久美子「知識の獲得」丸野俊一編『新・児童心理学講座 5 概念と知識の発達』（1991 金子書房）

国語科指導・表現指導など

- ・倉沢栄吉・小海永二・増淵恒吉編『中学校国語科教育講座第四巻　書くことの指導』（1972 有精堂）
- ・西郷竹彦『西郷竹彦文藝教育著作集別巻Ⅰ「国語」科教育の全体像』（1982 明治図書）
- ・小林喜三男・荒木茂『論理的思考を高める表現指導』（1974 一光社）
- ・全国大学国語教育学会編『講座国語教育の探究 3　表現指導の整理と展望』（1981 明治図書）
- ・全国大学国語教育学会編『国語科教育研究 4　表現教育の理論と実践の課題』（1986 明治図書）
- ・飛田多喜雄『国語科教育方法論大系 3　表現教育の理論』（1984 明治図書）
- ・巳野欣一先生喜寿記念国語科教育論集刊行委員会編『巳野欣一先生喜寿記念国語科教育論集』（2007）

作文指導など

・井上尚美『レトリックを作文指導に活かす』（1993 明治図書）
・大内善一『発想転換による 105 時間作文指導の計画化』（1991 明治図書）
・大内善一『思考を鍛える作文授業づくり―作文授業改革への提言』（1994 明治図書）
・大内善一『作文授業づくりの到達点と課題』（1996 東京書籍）
・大熊徹『文章論的作文指導－論理的思考力・認識力の育成』（1994 明治図書）
・大槻一夫『作文能力の開発』（1967 明治図書）
・貝田桃子『作文教材の開発に関する研究』（2000 溪水社）
・木村正幹『作文カンファレンスによる表現指導』（2008 溪水社）
・国語教育研究所『紀要3 論理的に表現する力を伸ばす作文指導』（1992 明治図書）
・輿水実『輿水実独立講座国語科教育学大系 11 巻　国語科作文教育』（1975 明治図書）
・西郷竹彦『作文の指導』（1983 明治図書）
・瀬川栄志『生きる力を育む実用作文 4 確かで説得力のある説明文・解説文の指導』（1998 明治図書）
・中西一弘『子どもとともに学ぶ作文指導の課題と方法』（1996 明治図書）
・奈良国語教育実践研究会編『課題条件法による作文指導　小学校編』（1990 明治図書）
・野地潤家『作文指導実践入門』（1978 共文社）
・日本作文の会編『作文指導系統案集成』（1964 百合出版）
・飛田多喜雄・野地潤家監修、大内善一編『国語科教育基本論文集成第 9 巻　国語科表現教育論Ⅱ　作文教育論（2）』（1994 明治図書）
　　　36　蓑手重則　「作文指導における伝達能力」
　　　38　井上敏夫　「作文教育と文章表現力指導」
　　　39　小林喜三男「文章表現・系統的指導（試案）」
　　　40　井上尚美「思考のはたらきをどうとらえるか」
・飛田多喜雄『表現能力を伸ばす新作文指導法の開発』（1969 明治図書）
・飛田多喜雄・大熊五郎『文章表現の理論と方法』（1975 明治図書）
・平井昌夫・須藤明『作文の練習学習』（1963 明治図書）
・実践作文の会編『思考力を高める作文指導』（1990 教育出版）
・森岡健二・永野賢・宮地裕・市川孝『作文講座第 3 巻』（1967 明治書院）
・八島詮『作文能力の分析と指導』（1968 児童憲章愛の会）

表現学・文章学など

・石黒圭『文章は接続詞で決まる』（2008 光文社）
・中西一弘編『基礎文章表現法』（1996 朝倉書店）

・中村明編『講座日本語の表現 4 表現のスタイル』（1984 筑摩書房）
・長田久男編『表現学大系各論篇第 30 巻　表現指導の原理と方法二』（1992 教育出版センター）
・樺島忠夫編『表現学大系各論篇第 26 巻　説明・記録の表現』（1989 教育出版センター）
・林大・林四郎・森岡健二編『現代作文講座 4 作文の過程』（1976 明治書院）
・速水博司『大学生のための文章表現入門　正しく構成し、明快に伝える手順と技術』（2004 蒼丘書林）
・平井昌夫『文章表現法』（1969 至文堂）
・平井昌夫『新版文章を書く技術』（1972 社会思想社）
・森岡健二『文章構成法文章の診断と治療』（1963 至文堂）
・森岡健二『指向と研究　現代作文』（1967 三省堂）
・木原茂『現代作文』（1963 三省堂）

研究方法

・海保博之・原田悦子　『プロトコル分析入門　発話データから何を読むか』（1993 新曜社）

おわりに

　本書にまとめたものは、遡ること私が国語科教育学に志したばかりの頃の経験知をベースにした拙い研究で、真に科学的な研究とは言い難いものです。具体的には、先行研究の成果を詳細に分析し整理を行う必要、文献研究と調査と授業実践との関係の不明瞭さ等、授業研究の成果の検証結果の妥当性等、挙げればきりがありません。今後の私自身に課したい研究課題です。

　それでも、こうして拙い研究の成果を世に問うことに意を決しましたのは、分かりやすい説明を書くための具体的な能力とそれらを育成できる可能性がおぼろげながら見えたからです。また、本研究を通して学んだことは、少なくとも自身の国語教室において、小学生に中学生に、教育実習生に、しかもどの領域の指導にも予想以上に役立っています。

　特に表現指導では、説明にかぎらず「書くこと」がいかに深い思考と正しい判断が求められるかを実感しました。安易に「書きなさい」と指示するのではなく、最終的な「表現」に至るまでの学習者のつまずきや困難を解消するために私たち教師はいるのだ、指導すべき課題は山積しているのだと再認識することができました。

　「はじめに」でも述べましたとおり、本書は、平成20年4月より取り組んだ、富山大学大学院教育学研究科教科教育専攻国語教育専修における調査研究活動を土台としています。恩師である米田猛先生には、本研究の構想段階から懇切丁寧にご教導賜りました。深謝申し上げるとともに先生がいつもおっしゃる「研究的実践」「実践的研究」を今後とも積んでいくことをお約束いたします。

　また、様々な学会、研究会でご指導・ご助言を賜った先生方、職場で校務と研究活動の両立を励まし支えてくださった先生方、ご多忙中アンケートに回答くださった先生方にも、心よりお礼申し上げます。ありがとうご

ざいました。今後ともどうかよろしくお願い申し上げます。

　本書に示した調査や授業実践にかかわってくれた児童の皆さんにも感謝申し上げます。本研究は皆さんが私に心を開いてありのままを語ってくれなければあり得なかった研究であり、皆さんが教えてくれたことが多くの学習者の国語の力を高めていく糧になっています。ありがとうございました。提供してくださった作文等を、次は困難点ではなく、発想のよさや表現の工夫からも分析し、学習指導のあり方を探究していきたいと考えています。

　そして今、教育活動と研究活動にばかり向かう私を認め、見守り協力してくれた主人、息子、娘、また二人を慈しみ優しい子に育ててくれた四人の両親、こうした温かい家族がいることの有り難さを改めて感じています。心から、いつもありがとう。

　最後に、本書の出版まで未熟な書き手に寄り添い、力強く支えてくださった渓水社木村逸司社長、細やかに配慮くださったご担当の木村斉子様をはじめ、すべての方々にこれまでの深謝の意をお伝えしたいと存じます。本当にありがとうございました。

　2017 年 9 月 1 日

萩中　奈穂美

人名索引

事項索引

著者

萩中　奈穂美 (はぎなか　なおみ)

1968 年　富山県生まれ
1981 年　富山大学教育学部小学校教員養成課程卒業
　　　　富山県公立小学校教諭
2010 年　富山大学大学院教育学研究科教科教育専攻国語教育専修修了
2012 年　富山大学人間発達科学部附属中学校教諭

〈所属学会・研究会〉
全国大学国語教育学会、日本国語教育学会、国語教育実践理論研究会

〈主な著書〉
『読解表現力強化プログラム小学校第 2 学年』須田実編著 2009 明治図書（共著）
『新提案　教材再研究循環し発展する教材研究～子どもの読み・学びから始めよう～』国語教育実践理論研究会著 2011 東洋館出版社（共著）
『〈書く〉で学びを育てる－授業を変える言語活動構造図－』国語教育実践理論研究会著 2014 東洋館出版社（共著）
『中学校国語科　単元を通して課題解決をめざす言語活動プラン 15』富山哲也・杉本直美編著 2015 東洋館出版社（共著）
『主体的・協働的に学ぶ力を育てる！中学校国語科　アクティブ・ラーニング GUIDE　BOOK』冨山哲也編著 2016 明治図書　（共著）
『アクティブ・ラーニングを位置づけた中学校国語科の授業プラン』吉川芳則編著 2016 明治図書（共著）

「説明表現能力」育成のための学習指導論

平成 29 年 9 月 17 日　発行

著　者　萩中　奈穂美
発行所　株式会社　渓水社
　　　　広島市中区小町 1-4　（〒 730-0041）
　　　　電話 082-246-7909　FAX082-246-7876
　　　　e-mail: info@keisui.co.jp
　　　　URL:www.keisui.co.jp

ISBN978-4-86327-406-8 C3081